국가건설사상 Ⅱ

국가건설사상 Ⅱ

김기승/오문환/이승현/임형진
장현근/조현수/홍원표 지음

인간사랑

이 연구는 2002년도 한국학술진흥재단의 지원에 의하여 연구되었음
(KRF-2002-073-BS1002).

서문

일제강점기의 국가건설사상

이 책은 학술진흥재단의 지원을 받아 한국 국가건설사상에 대해 행한 연구 결과물입니다. 이 연구는 2003년도에 시작하여 2005년도에 종료하였습니다. 연구팀은 1차년도에는 조선조 말기의 국가건설사상, 2차년도에는 일제강점기의 국가건설사상, 그리고 3차년도에는 해방공간에서의 국가건설사상을 다루었습니다. 이 책은 2차년도, 즉 일제강점기의 국가건설사상에 대한 연구의 최종 결과물입니다.

조선조가 일제에 병탄이 된 것은 조선조가 안고 있었던 대내외적인 모순이라는 부담을 극복할 수 없었기 때문이라고 하겠습니다. 식민지 지배 밑에서 이른바 지식인들은 그 모순을 극복하여 자주·독립국을 만들기 위한 처방을 여러 모로 생각하지 않을 수 없었고, 그 처방들이 일제강점기의 국가건설사상에 나타났다고 하겠습니다.

조선조 말과 해방 직후의 국가건설사상은 각각 제1권과 제3권으로 출간되었지만 이해를 돕기 위하여 한국 국가건설사상을 개관하는 서론을 이 책에 실었습니다. 이 서론은 일제강점기에 나타난 각기 다른 국가건설사상들의 차이를 개관하였습니다. 뿐만 아니라 강점기의 국가건설사상이 그 이전, 즉 조선조 말에서 어떠한 궤적을 그으면서 도달하게 되었는지, 그리고 강점기의 축적된 국가건설사상이 해방공간에서 어떻게 표출되고 변모하였는지에 대해 개관하게 하였습니다.

먼저 이 책에 실린 논문의 필진들에게 감사의 말씀을 드리고자 합니다. 이분들의 노력이 없었다면 이 책은 세상의 빛을 보지 못했을 것입니다. 그리고 무엇보다도 절실했던 연구를 가능하게 해준 한국학술진흥재단의 재정적 지원에 감사를 드리며, 또한 한국정치사상학회에도 이 자리를 빌려 감사의 마음을 전하고자 합니다. 그리고 이 책의 중요성을 인식하고 출판을 맡아준 인간사랑 출판사의 여국동 사장님과 편집부 직원들에게도 감사의 마음을 전합니다.

2006년 11월 30일
학술진흥재단 2004년도 국가건설사상 연구팀

연구책임자 **이 종 은**

차례

contents

서론

조선왕조의 붕괴, 일제의 한반도 강점, 해방에 이어 일어나는 미·소의 분할 점령이라는 일련의 격동적인 역사적 과정에서 한반도에는 국가라고 부를 만한 것이 없었다. 1948년에 건국함으로써 대한민국은 비로소 국민국가(nation-state)가 되었다. 국가를 형성하여 살게 된 우리는 1948년 이후 국가라는 정치적인 조직에서 살아가는 것을 당연한 것으로 여기게 되었다. 그러나 국가라는 것은 장구한 역사의 안목에서 보면 당연히 있어야 되는 것도 있어 왔던 것도 아니었다.

일제강점기에는 말할 것도 없이 조선왕조를 두고 서구의 근대국가와 같았다고 말할 수는 없을 것이다. 주권이라는 개념이 없었기 때문이다. 게다가 서세가 동점할 무렵에 우리에게 민족, 국민, 주권 그리고 국가라는 개념은 낯설었다. 이러한 여건 하에서 우리는 우리 자신의 국가를 만들기 위하여 전력을 다하였다. 이 과정에서 등장한 것이 우리의 국가건설사상이라고 하겠다.

우리의 국가건설사상이 어떠한 모습을 띠고 있는지를 살펴봄이 본서의 목적이다. 사상이란 무릇 위기에 처했을 때 나타난다. 국가건설사상은 사유의 결과이며, 국가건설은 실천행위이기 때문이다. 우리의 사회와 국가가 위기에 직면했을 때, 이를 해결하는 처방으로 다양한 국가건설사상이 제시되었다. 그러므로 조선조 말기, 일제강점기 그리고 해방정국에서 나타난 국가건설사상을 살피면서 당시에 처한 위기상황을 언급하지 않을 수 없다. 그래서 본서의 필자들은 어떠한 위기상황에 처하여 특정한 국가건설사상이 왜 제시되었는지를 고찰한다.

우리의 국가건설사상을 고찰해야 하는 당위성은 어디에 있는가? 우리가 의지하고 살아가는 국가의 모습이 어떻게 하여 특정한 모습을 가지게 되었는지를 천착함이 우리에게는 중요할 것이다. 그리고 분단국가 내에서 살아가는 우리는 통일국가가 어떠한 모습이 되어야 할 것인가라는 미래의 국가상을 그리는 작업에 있어서도 과거에 우리가 생각하였던 국가의 모습들을 참고하는 것도 의의가 있을 것이다. 나아가 국민국가의 기능이 축소된다는 논의가 분분한 21세기의 문턱에서 국가건설사상을 살펴봄으로써 한국에서 국가가 가지는 의미를 검토하는 것 또한 미래상을 그리는 데 중요한 의미가 있을 것이다.

1. 조선조 말기

서구의 내셔널리즘이 제국주의적 양상을 띠고 동점함에 따라 조선왕조는 누란의 위기에 처하게 되었다. 이 위기에 처하여 우리는 어떠한 모습의 국가를 어떻게 만들 것인가에 대하여 고심하였다. 중국은 1860년에 베이징이 점령당하는 굴욕을 감수해야 했으며, 이어서 조선조는 1866년 병인양요, 1871년 신미양요, 1876년 강화도 사건 등을 통해 제국주의 세력으로부터 무력적 침략을 경험했다. 이러한 서구의 충격에서 야기된 위기상황에 대처하는 방법은 크게 두 가지로 대별할 수가 있었다. 하나는 외부의 것을 사악한 것으로 보고 우리 것을 견실하게 지켜내는 것이며, 다른 하나는 외부의 것을 받아들이고 변화를 꾀하는 개화(開化)였다. 요컨대, 대내적인 모순이라고 할 수 있는 전근대적인 봉건사회의 탈피 여부, 그리고 봉건사회를 지탱하였던 사상체계로부터의 탈피 여부, 즉 개화의 수용 여부 혹은 과거에로의 복귀 여부를 논란의 축으로 하여 대외적으로 독립을 인정받을 수 있는 국가를 건설하고자 하였다.

위정척사파의 중심 인물이었던 이항로(1792–1868)는 전통적인 질서를 옹호함으로써 조선조를 지키고자 하였다. 그의 노력은 근대국가 건설을 지향하지 않고 왕조국가의 재건을 지향하는 보수주의적 개혁론이지만 근대국가의 바탕이 될 수 있는 민족주의의 선구자였다는 점을 간과할 수는 없을 것이다. 그리고 이항로처럼 유교적 · 도덕적인 이상국가의 전형으로서 중화질서를 이 땅에 재구축함으로써 서양과 일제에 맞설 수 있다고 생각하였던 이들로는 최익현(1833–1906)과 유인석(1842–1915)을 들 수 있을 것이다. 그렇지만 그들 역시 내정개혁론이 서구의 침략에 맞서서 전통적인 왕조사회의 복귀나 재건을 지향했다는 점에서 서양문명의 성격과 역사성을 이해하지 못하였다고 볼 수 있다.

봉건적 모순과 민족적 모순이 중첩된 사회에서 국가의 틀을 새롭게 하자는 노력은 지식인에게만 나타났던 현상은 아니었다. 민중종교사상으로서 동학의 창립은 교조신원운동을 거쳐 동학농민혁명으로 발전하였다는 점에서 농민층, 즉 민중의 정치개혁사상으로서의 성격도 지니고 있었다. 동학 종교는 교리상으로 인간의 영성적 주체성, 평등성, 존엄성의 철학을 제시했으며, 1894년의 동학농민혁명은 민중 주체의 정치적 실천으로 나타났다. 동학농민혁명 시기의 집강소는 평등사회 실현을 위한 농민의 주체적인 정치적 실천이었다. 이러한 의미에서 동학은 새로운 국가에 바탕이 될 수 있는 민의 새로운 모습을 부각시켰다고 하겠다.

반면에 개화파는 서세동점을 거역할 수 없는 대세로 여겼으며, 서구 문명을 수용하여 부국강병의 국가를 건설하는 길이 바람직하다고 생각했다. 초기 개화파의 이론가였던 유길준(1856–1914)은 서구문명의 전면적인 수용을 주장하지 않고 주어진 사상체계와 여건을 감안하여 서양의 사상을 선별적으로 받아들이고자 하였다. 서구의 부국강병형 국가를 지향했지만 왕조체제의 군주권을 유지 혹은 강화하는 것을 전제로 했다. 그는 장기적으로는 입헌군주제, 단기적으로는 근세의 천단군주제를 제안하였다. 그래서 그는 점진적 개화론자로 규정될 수 있을 것이다.

이 시기에 나타난 국가건설사상은 전통적인 사고와 근대적인 사고가 혼재되어 있었으며, 위정척사파가 갑신정변(1884), 갑오개혁(1894) 그리고 단발령(1895)을 비판한 것으로 보아 전통이 근대를 구속하는 상황은 지속되었다고 하겠다. 그런데 1880년대 중반 이후로 청국, 일본 그리고 러시아가 한반도에 개입하고, 급기야 1890년대 중반 이후로 일본이 우세를 보이기 시작하였다. 이러한 상황에서 조선 왕조는 1897년 대한제국을 수립하여 근대적 주권 개념에 의거한 국가 체제를 정비하고자 했고, 이를 계기로 근대국가 수립을 위한 새로운 움직임이 나타나게 되었다. 대한제국의 국권을 한편으로 뒷받침하면서 국민주권주의에 의거한 정치개혁을 추구했던 것이 독립협회운동이었다.

서재필(1866–1951)과 윤치호(1865–1945)는 독립협회(1896)의 활동을 통해 자유를 확립하고 제도화하여, 민의 위치를 앙양하여 입헌군주제를 지향하고자 하였다. 다른 한편, 독립협회에서 같이 활동하였던 이상재(1850–1929)는 서구 시민사상과 개신유학의 전통을 융합하여 군권과 민권에 같은 중요성을 부여하면서 입헌군주국가를 건설하려 했다. 그런데 독립협회 급진파는 이상적인 국가상으로 공화제에 바탕을 둔 근대적인 국민 주권국가를 상정하기도 하였다. 어쨌든 독립신문과 독립협회는 소수의 지식인에 의한 위로부터의 개혁이 아니라, 민의 중요성을 인식하고 아래로부터의 대중의 정치의식을 진작시켰다는 점에서 중요하다고 하겠다.

독립협회운동이 서구 사상 중심의 개혁론이었다고 한다면, 유교의 근대적 개혁을 통해 새로운 국가건설사상을 수립하고자 했던 개신 유학자들도 있었다. 주자학을 넘어 양명학으로 기울면서 제국주의적인 국제정치적 상황에서 사회진화론을 받아들였던 유학자, 보수주의적 주자학자였다가 개화사상가로 전화했던 박은식(1859–1926)과 장지연(1864–1921)은 주자학 대신에 실천지향적 양명학을 통한 유교의 혁신 혹은 유교의 '근대적 종교화'(근대화)를 통하여 유교적 질서에 바탕을 두는 한민족국가라는 새로운 민족국가를 구상했다. 그들은 군주 중심의 유교에서 인민 중심의 유교로 개혁할 것을 주장했지만 군주권을 부정하지는 않았다. 오히려 군주에 대한 충성과 애국애족의 정신을 일맥상통하는 것으로 간주했다. 따라서 그들의 국가사상은 공화주의라기보다는 입헌군주제론에 가까운 것이었다. 이들 개신 유학자들의 입헌군주제론과 유교개혁론은 1905년 이후 시민사회를 중심으로 전개된 애국계몽운동이 전개되는 과정에서 구체화되었다.

1898년에 독립협회가 해산된 후에 개화자강노선의 많은 애국단체들이 구국민족운동을 전개하였다. 1905년의 을사늑약 이후로는 국권회복운동을 위한 의병운동(1907–1911), 애국계몽운동(1905–1910), 의열투쟁 등의 저항운동이 일어났다. 애국계몽단체로는 대한자강회, 신민회, 대한협회 등이 있었다. 이들 단체들은 신교육, 언론계몽, 실업, 국채보상, 국학, 민족종교운동 등을 벌였으며, 신민회와 애국계몽 운동가는 1911년에 신흥무관학교를 설립하기도 하였다. 애국계몽운동은 을사늑약 이후 5년간에 걸쳐 민족역량을 증강시켰다고 하겠다.

그 이전의 민족주의는 운동 주체의 신분이 어떠하였는가에 따라 그 입장이 달랐지만, 의병운동과 애국계몽운동을 전개함에 따라 이제는 국권회복이라는 하나의 목표 아래 신분적인 제약을 넘어서서 민족주의가 광범하게 유포되었다는 점에서 의의가 크다고 하겠다. 이것이 나중에 국민을 형성하는 데에 기여한 바가 크다고 할 것이다. 그러나 양자는 차이가 있다. 의병운동은 전통적인 질서의 고수를 주장한 반면에, 애국계몽운동은 서구 문물의 수용을 통한 국가의 근대화를 꾀하고자 하였다. 전자는 위정척사파의 전통을, 후자는 개화파의 전통을 이었다고 할 수 있겠다.

2. 일제강점기

19세기 후반에 조선조는 갑오경장(1894)을 통하여 근대적인 개혁과 부국강병책을 추진하였지만 결국 1910년에 일제에 병탄되었다. 이렇게 되면서 국가건설을 밑바탕에서부터 생각하고 실천에 옮기지 않을 수 없었다. 그간의 과정을 돌이켜 보면 역사적으로 형성된 한국인의 문화적 우월의식 또한 설 자리를 잃게 되었다. 아편전쟁, 청불전쟁, 청일전쟁 등에서 중국이 몰락하는 것을 보고 더 이상 중국을 이상형으로 생각할 수도 없게 되었으며, 서구 문물을 받아들인 일본이 러일전쟁에서도 승리하게 되면서 동아시아에서 힘만이 아니라 문명의 축도 중국에서 일본으로 옮겨졌다. 이에 한국의 지식인들은 유교에 대한 회의를 가지지 않을 수 없게 되었으며, 특히 지배 이데올로기로서의 성리학은 그 지도적인 지위를 잃게 되었다. 게다가 조선왕조의 전통적인 가치체계를 위험하게 한다고 여겨 배척하였던 서학과 서양종교는 어느 틈에 우리에게 들어오고 말았다. 이와 같이 구미가 세계의 주무대를 형성하는 상황에서 그들의 사상과 제도에 영향을 받지 않을 수 없게 되었다.

조선이 일제에 병탄이 되고 새로운 사상과 제도에 접하게 되면서 문명화(근대화)하여 자주 · 독립적인 국가를 만들겠다는 염원을 가진 이 땅의 지식인들은 많은 것을 돌이켜 보지 않을 수 없게 되었다. 조선왕조 이래의 화이론적인 세계관은 자국의 국가에 대한 자아준거적인 인식을 결여하게 만들었다. 이것은 자아준거적인 국가의식의 부재를 의미하였다. 이에 대한 대안을 마련해야 했다. 게다가 조선조의 역사에서 문벌에 대한 충성은 있었겠지만 국가에 대한 충성이라는 것이 있었는지에 대한 의심을 가지게 되었다. 또한 국왕과 양반 사대부 사이의 권력의 분점은 근대국가의 근본적인 요소라고 할 수 있는 하나의 주권, 하나의 법이 없었다고 볼 수 있었다.

그리고 돌이켜 보면 일제에 병탄이 된 것은 조선조가 재정파탄으로 인해 국가를 운영할 수 있는 재정적인 능력이 없었기 때문이라고도 할 수 있다. 그리고 일제침략에 대항할 수 있는 군대가 없었기 때문이라고도 지적할 수 있다. 재정능력이 없으니 군을 유지할 수 없으며, 군을 유지할 수 없으니 일본군이나 청국군에 의지할 수밖에 없게 되고, 타국의 군대에 의존하게 되니 주권을 행사할 수 없게 된다. 하나의 법과 하나의 주권을 행사하기 위해서는 군대와 관료기구가 있어야 한다. 군대를 유지하는 데 소용되는 재원을 효율적으로 동원하는 정부 관료기구의 설립을 전제해야 했다. 그래서 군대와 관료의 관계는 '강제추출순환'(强制抽出循環 ; coercion-extraction cycle)이라고 부를 수 있다. 강제추출의 능력을 강화한 과정이—이를 정당화하는 이데올로기의 대두와 더불어—서구 근대국가의 발전과정이라고 할 수 있다. 조선조는 요컨대 강제추출 능력이 결하였기 때문에 멸망한 것이라고 할 수 있겠다.

이렇게 돌이켜 보면 조선조가 맥없이 허물어진 이유를 알 수 있을 것이다. 그런데 이렇게 맥없이 허물어지는 것을 보고도 체념하게 한 것이 있었다. 서양에서 들어온 진화론이다. 한국의 진화론은 약자가 어떻게 하면 강자가 될 수 있는지를 알려주기도 하였지만, 강자인 일본이 약자인 조선을 병탄하게 되었을 때, 이를 자연의 법칙으로 받아들이게 하는 역할도 했던 것이다.

을사늑약 이후 1905년 12월에 천도교를 창건하여 동학을 근대적 종교로 발전시킨 손병희(1861-1921)는 민회를 통하여 민을 문명화하면서 '교정쌍전(敎政雙全)'이라는 개념으로 도덕에 바탕을 두는 새로운 국가건설사상을 제시하였다. 그리고 그후에—해방공간에까지 연관이 되는 일이지만—천도교의 전위단체로 결성된 청우당은 자본주의와 공산주의의 한계를 극복하고 동학의 이상국가론으로 보국안민을 실현하려는 조선적인 신민주주의를 국가건설사상으로 제시하였다.

여기서 병탄 전후와 일제강점기에 형성된 민족, 공화정 그리고 자유주의와 사회주의 사상의 대두가 국가건설사상에 가지는 의미를 통시적으로 간략하게마나 짚어보는 것이 좋을 것 같다. 그렇게 하여야만 일제강점기와 해방공간에서 배태된 국가건설사상의 전모를 파악할 수 있기 때문이다.

조선조가 외세의 개입과 내분으로 강한 힘을 가지지 못하게 되자 조선조라는 정치조직체를 전제하지 않고서도 범주화할 수 있는 새로운 공동체를 상정할 필요가 있었다. 그리고 강점기에 접어들게 되면서 우리는 국가는커녕 자주적인 정치적인 조직조차도 향유할 수 없었다. 그래서 우리가 의존할 만한 것은 결국 민족뿐이었다. 이에 조선조에서 백성에 해당하는 실체를 '종족', '동포' 그리고 '민족'이라는 개념으로 보게 되었다.

그런데 곧바로 민족이라는 개념에 의존한 것은 아니다. 동포라는 개념에 우선 의존하였다. 그런데 조선시대에는 동포애를 실현하는 주체는 국왕과 관인(官人), 유생들로 이루어진 지배층에 한정되어 있었다. 이 주체가 백성을 대상으로 동포애를 실현하고자 하였던 셈이다. 그러므로 백성은 동포애를 실현하는 대상에 지나지 않았다. 이에 반하여 독립협회 시기에는 동포애의 실현 주체는 문명개화론자들이었다. 그런데 이 실현하는 주체는 만민공동회를 거치면서 문명개화운동에 참여하는 인민에게 확대되었다. 이러한 맥락에서 이제까지 정태적이고 수동적이며 도덕적인 책임이 강조되었던 동포가 동태적이고 주동적이며 정치적 동원을 의미하는 운동체로서의 동포로 전환되었던 것이다. 그런데 동포를 강조한 사실에서 나타나듯이 혈통이 민족의 가장 본질적인 구성요소로 이해되었다.

그런데 개항 이후에 민족이나 민족주의라는 개념이 생성되는 과정에는 세계질서에 대한 인식과 관련이 있었기 때문에 사회진화론적인 인식과 인종론적 관점에 기반을 두고 있었다. 이들이 인식한 세계질서가 바로 인종경쟁의 모습이었다. 그래서 이에 기반을 두고 자연스럽게 동양 삼국의 황인종의 연대를 주장할 수 있었다. 따라서 적어도 러일전쟁 개전 초기까지는 황인종이라는 인종에 의존하는 동양주의와 조선의 독립은 양립 가능하다고 보게 되었다.

그러나 러일전쟁이 발발한 직후에는 공동운명체로서의 한반도 주민집단의 생존의 위기가 절실해져 인종경쟁의 논리에서 벗어나서 종족보존의 논리가 등장하였다. 그래서 러일전쟁 이후 한반도의 주민집단을 의미하는 개념으로 '민족'이라는 용어가 사용되었다. 즉, 황인종의 연대를 통한 국가 독립이 여의치 않다는 점을 깨닫게 되자 인종이 아닌 민족에 의존하게 되었다

동포를 강조한 데에서 나타나듯이 혈통이 민족의 가장 본질적인 구성요소라고 이해되었고, 민족은 언어, 역사 그리고 문화를 공유

하는 인종집단(ethnic group 혹은 ethnos)이라는 의미가 강했다. 이것은 전근대의 영역에 속하는 인간집단으로 나중에 '네이션' (nation ; 국가를 구성할 자격을 갖춘 집합적인 공동체)을 구성하는 모체, 즉 민족체(nationality)에 해당될 뿐이다. 기껏해야 인종집단이나 민족체에 해당하는 것을 네이션으로 간주하다 보니 마치 민족(네이션과 일치시켰지만 실제로는 인종집단)이 초역사적인 자연적 실재인 것처럼 부각되었다. 어쨌든 일제강점기를 거치는 사이에 백성이 아니라 민족이라는 개념이 국가를 구성하는 원재료로 등장할 수 있게 되었다.

또한 이 과정을 거치는 사이에 주요한 의식 변화가 생겼는데, 이는 다름 아닌 공화정을 수립하는 것을 당연한 것으로 여기게 되었다는 점이다. 대외적으로 자주독립을 요구한 1919년의 3 · 1운동은 대내적으로는 왕정에서 공화정으로 전환하는 결정적인 분수령이 되었다. 국권의 상실로 인한 조선왕조의 해체, 인권 및 민권사상의 대두, 중국의 공화제 채택, 3 · 1운동, 그후 임시정부의 민주공화제의 채택 등으로 군주제에로의 복고는 우리의 뇌리에서 서서히 사라지게 되었다. 공화제를 채택하기로 한 것은 신분제와 봉건제가 존속하는 한에는 모든 사람을 평등하게 하여 평등한 동포 혹은 민족을 바탕으로 하여 애국심을 함양하게 할 수 없었기 때문이기도 할 것이다. 그렇다면 민족을 바탕으로 하여 공화정을 만들어야 한다는 데에는 어느 정도 합의가 형성되었다고 할 수 있을 것이다.

여기서 어떠한 형태의 공화국을 만들 것인가 하는 문제가 제기되었다. 바로 이 점에서 자유주의와 사회주의 사상의 분열이라는 문제에 직면하게 되었다. 이러한 사상의 분열은 결국 대외적인 민족해방운동과 대내적인 계급해방(봉건제청산), 즉 근대적인 사회구조의 정립과 국가의 건설이라는 문제를 해결하는 데에 있어서 우선순위와 방법에 대한 문제라고 하겠다. 그래서 결과적으로 근대적인 사회와 국가의 모습을 어떻게 규정할 것이라는 문제로 나타나게 되었다. 이것은 다른 말로 하면 민족을 바탕으로 하여 공화정을 수립하였을 경우에 민족은 국민(네이션)이 되게 마련인데, 그렇다면 국민의 어떠한 계층이 국민이라는 집합체 내에서 주도권을 장악하는 것이 옳은가 하는 문제이다. 여기서 사회주의 사상은 조선조의 피지배층, 즉 백성에 해당하는 이들, 혹은 일제강점기의 피지배층, 농민과 노동자들이 주도권을 장악하여야 하는 것이 옳다고 보는 것이다.

강점기의 국가건설사상을 짚어볼 경우 신민회를 언급해야 할 것이다. 1907년과 1911년 시기의 신민회의 사상적 지주는 발기인 안창호, 윤치호 그리고 신채호였다. 이들은 유교적인 가치에 근거를 둔 위정척사파와는 다르게 근대적 가치에 입각하여 국가를 건설하고자 하였다. 애국계몽단체처럼 초기에는 자강독립론을 제시하였지만 후기에는 선독립론을 제시하였다. 즉, 신민회는 국내에서의 국권회복운동의 한계를 느끼면서 비밀리에 해외에서 항일독립운동을 전개할 것을 계획하였다. 따라서 1910년 국권이 상실된 이후 중국 지역에서 전개된 독립운동은 신민회의 국권회복운동의 연장선상에서 이루어졌다. 이렇듯 신민회가 1910년대 이후 전개된 독립운동에 계승되면서 신민회가 추구했던 공화주의적 국가건설 지향성은 독립운동에 계승·발전되면서 확산되어 갔다. 그 결과 3·1운동과 대한민국임시정부의 수립을 계기로 독립운동사에서 공화주의 국가건설 이념이 정착되었다.

다른 한편, 사회주의 사상은 3·1운동을 전후하여 수용된 이래

1920년대 민족운동 진영에 급속하게 확산되었고, 대중적 조직을 갖춘 유력한 운동으로 자리잡았다. 그 결과 1923년 이후에는 민족주의 운동과 사회주의 혹은 공산주의 운동은 민족운동의 양대 진영으로 뚜렷하게 나뉘면서 두 세력의 대립과 연합이 반복되는 상황이 전개되었다. 민족해방운동 진영이 좌우익으로 양분되었던 1920년대 사회주의 운동을 이끌었던 배성룡(1896–1964)과 안광천(1897–?)은 민족해방을 위해서는 좌우익의 분열과 대립을 극복하고 우익 민족주의자와의 연합을 주장하면서 이를 뒷받침하기 위한 이론을 제시했던 대표적 이론가였다. 제1세대 사회주의자로서 제2차 조선공산당의 이론가였던 배성룡은 민주공화국 건설을 지향한 데에 반하여, 제2세대 사회주의자로서 제3차 조선공산당을 이끌면서 신간회 결성을 주도하고 그 이론적 기초를 마련했던 안광천은 혁명적 인민공화국 건설론을 제시했다. 두 사람의 국가관은 국민주권주의에 의거한 공화주의 국가라는 점에서는 공통적이었다. 그러나 국가 권력의 주체가 누가 되어야 하는 점에 있어서는 차이가 있었다. 배성룡은 부르주아 계급에 의한 일정 기간의 주도권을 인정했으나 안광천은 프롤레타리아 계급의 실질적인 주도권 확립을 겨냥하고 있었다. 두 사람이 갖는 국가관의 차이는 1945년 해방 이후 좌우 통합적인 중도세력과 좌익의 국가건설론의 차이의 단초가 되었다. 즉 해방정국에서 배성룡은 '신형민주주의'를 제시함으로써 다른 중도파 지식인들과 유사하게 계급연합 정권적인 국가건설을 제시했는데, 박헌영은 안광천의 혁명적 인민공화국 건설론과 유사한 프롤레타리아트의 주도에 의한 부르주아 민주주의 혁명론을 제시했다.

이족전제와 군주전제를 경험한 조소앙(1887–1959)은 복국, 건국 그리고 치국을 혁명의 목표로 규정하고 민족의 대동단결과 참여 조직의 자율성이라는 실천이념에 입각해 이 목표를 실현하려는 삼균주의 사상을 정립하였다. 그는 개인 간, 민족 간, 국가 간의 균등(광의의 균등)뿐만 아니라 균권, 균부, 균지(협의의 균등)가 구현되는 전민적 민주주의라는 국가의 상을 제시하였다. 그의 사상은 동서양 사상의 융합뿐만 아니라 좌우의 합작을 모색하였다는 점에서 특기할 만하다.

3. 해방공간

일제의 강점이 종식되고 일제로부터 해방이 되었다. 엄밀히 말해 이 해방은 자력이 아니라 미국과 소련에 의한 것이었다. 우리는 해방에서 곧바로 독립(independence)을 열망하였지만 미국과 소련은 점령군의 자격으로 적국 영토에 대한 통치권의 접수를 원하였다. 타인이 우리를 그렇게 평가하고 있다는 것을 우리는 올바르게 깨닫지 못하였다. 게다가 해방 전후의 독립운동 세력은 국제정치의 기본적인 속성에 대해 일반적으로 잘 알지 못했다.

일제로부터 독립된 1945년 8월 15일로부터 '대한민국'이 수립되고 '조선민주주의 인민공화국'이 수립된 1948년 9월 9일까지를 '해방 3년'이라고 부른다. 해방자에 의하여 해방이 강요된 해방공간에서 점령군과 피해방자 사이에 독립국가의 부재라는 민족적인 갈등만이 있었던 것이 아니라, 피해방자들 사이의 지배계층과 피지배계층 사이에는 '계층적인 갈등' 혹은 '계급적인 갈등'이 나타났다. 따라서 일제강점기에 누적되었던 민족적인 모순과 계급적인 모순을 해결할 수 있는 국가건설사상을 제시해야 했다. 일제 잔재의 청산과 토지개혁은 이 모순을 해결하는 최소한의 과제였다. 그런데 1920년대 말에 우익 민족주의 운동과 좌익 사회주의 운동의 결합을 추구하였던 신간회 운동이 끝나면서 민족주의 운동과 공산주의 운동은 분화하여 대립적인 관계에 들어서게 되었다. 이러한 상황에서 해방정국에서 사회를 재편하는 방향을 제시하면서 새로운 국가상을 제시하여야 하는 과제에 직면하게 되었다.

이렇게 본다면 일제 말기에 중도좌파적인 민족해방조직으로 조선건국동맹을 결성하였으며 해방공간에서 건국준비위원회와 인민공화국을 급조하였던 여운형(1885–1947)은 진보적인 사상을 가졌던 이로 볼 수 있다. 그가 목표로 삼은 것은 식민지 상황에서는 자주독립이며, 해방정국에서는 좌우합작에 의한 진보적 민주주의 통일국가의 건설이었다. 비록 실패는 하였지만 여운형은 각 참여집단의 자율성을 인정하면서 연대를 통해 진정한 민주국가를 건설하고자 했다.

좌우익의 정치연합 필요성을 역설하였던 이로는 백남운(1895–1974)을 또한 들 수 있다. 그는 '민족해방과 사회해방의 이중적 과제가 조선민족에 부과된 정치적 사명'이라고 주장하면서 프롤레타리아트의 주도에 의한 박헌영의 부르주아 민주주의 혁명단계론을 반대하고 연합성 신민주주의론을 제창하였다. 당시의 사회주의자들이 고심한 것은 자본주의의 미발달로 인해 프롤레타리아트 계층이 두텁지 않았던 점과 민족의 해방이라는 문제를 동시에 해결해야 했다는 점이다. 그래서 인민민주주의 형태를 띠면서 인민에 누구를 포함시켜야 하는가라는 문제를 놓고 고심하였다. 백남운은 민족독립을 위해 일부의 유산자와 전 무산자가 동맹을 형성할 가능성이 있으며, 민족주의자와 공산주의자 간의 상호 이해가 필요하다고 판단하여 연합성 신민주주의론을 주장하였던 셈이다.

건국준비위원회로부터 이탈하였던 안재홍(1891–1965)은 신민족주의를 제시하였다. 자본주의와 공산주의라는 좌우파 간의 이념대결과 계급투쟁이 지양되어야만 민족통합과 자주독립이 가능하다는 자각 하에 이념대결과 계급투쟁을 지양할 수 있는 제3의 이념으로 신민족주의가 제창된 것이다. 그래서 '통일민족국가'를 완성하기 위하여 안으로는 '만민개노'와 '대중공생'을 원리로 하여 계급독재를 지양시킨 초계급적 전 민족의 국가를 건설하고, 밖으로는 자주독립의 토대 위에 '인류대동'의 국제협동에 이바지하는 것을 목표로 하고 있다. 현실적으로 그는 임정을 보강함으로써 외세를 극복하자는 대안을 제시하였는데, 이것이 당시 국내외의 정치적 정황에 적합하였다고는 볼 수 없다.

누구를 인민에 포함시키느냐라는 문제에 관해서는 일제강점기 공산주의 운동을 전개했으며 해방 직후 국내 공산주의 운동의 지도자로 활동했던 박헌영(1900–1955)은 친일파, 민족반역자 등을 배제할 것을 주장하였다. 이렇게 민족통일전선을 형성하여 자주, 독립, 자유 그리고 평등에 바탕을 두는 "완전한(진보적) 민주주의 독립국가" 혹은 사회주의 국가건설을 제시하였다. 박헌영은 자신의 의도를 실천하는 데 있어서 첫 번째 장애요소였던 여운형을 정치영역의 중심에서 밀어내고자 하였다. '좌우'의 공존이 강조되고 인정되는 한, 박헌영은 '힘의 투쟁'에서 자신의 정치적 위상을 강화시킬 수 없었기 때문이다.

통일한국을 건설하는 데에 이념대립을 지양하겠다는 일념은 김구(1876–1949)에게서도 나타난다. 그 이면에는 민족의 혈통은 영원하며, 영원하여야 한다는 생각이 담겨져 있다. 그래서 그는 북행을 감행하여 남북협상을 시도했다. 실패는 하였지만 민족자주에 의한 통일된 민주주의 국가, 그리고 문화력에 바탕을 둔 아름다운 국가를 건설하고자 한 그의 열망은 그후에 한국인에게 큰 영향을 미쳤던 것이다. 그러나 그의 자주노선은 외세의 불신을 가중시킨 측면도 있다고 하겠다. 그렇지만 민족주의적인 법통을 이어서 통일 자주정부를 수립하고자 한 노력은 높이 평가되어야 할 것이다.

이어서 봉건적인 사회구조 및 질서를 타파하고 자유, 평등 그리고 정의에 기초를 두는 국가를 건설하려는 노력을 사회주의자인 조봉암(1898–1959)에게서도 찾을 수 있다.[1] 그는 발전적 민주주의와 사회적 · 시장경제적인 관점에서, 그리고 농가회의라는 상설조직을 통하여 참여를 통한 평등을 달성하고자 하였다. 그러나 그의 국가건설사상이 사회주의 이념이 아니라 민주사회주의 정치이념에 토대를 둔 국가건설사상을 제시하였다고 하겠다.

이념의 통합을 기대하지 않고 자유민주주의적 국민국가의 건설을 성공시킨 주역은 어디까지나 이승만(1875–1965)이라고 하겠다. 그의 반공, 친미적인 성향은 정치의 여정에서 찾을 수 있다. 혈통이 같은 민족이 자유민주주의란 정치적인 원칙에 합의한 것으로 간주함으로써 대한민국이라는 자유민주주의적인 국민국가를 만들었던 셈이다.

1. 원래 본 연구에서 계획한 조봉암의 국가건설사상은 일제강점기였다. 하지만 그의 국가건설사상이 구체적으로 표현되는 것은 해방정국과 1950년대였던 까닭에 이 연구에서는 이 시기를 중심으로 조봉암의 국가건설사상을 고찰했음을 밝혀둔다.

해방 이후에 정치지도자들은 거의 대부분 민족을 국가건설의 중요한 요소로 제시하였다. 이 무렵의 국가건설사상은 민족과 계급의 관계, 그리고 혈통에 의한 민족과 정치적 원칙에 합의한 국민(nation)의 관계를 어떻게 정립하는가라는 것이 문제였다고 볼 수 있다. 그런데 민족과 계급의 관계라는 문제는 민족해방과 사회해방이라는 과제와 연관이 된다고 하겠다. 이 두 가지 당면과제를 어떻게 해결하여 어떠한 방식으로 민족을 국민으로 만들 것인가라는 문제가 국가건설사상의 핵심적인 문제였다고 볼 수 있다.

이 문제는 또한 해방정국 시기 국가건설 지향을 둘러싸고 보수와 진보라는 편가름과 연관된다고 하겠다. 일반적으로 자유주의 계열은 보수로, 사회주의 계열은 진보로 간주되었다. 그러나 조선조가 무너지고 일제강점기를 거치는 사이에 공화정의 수립이 우리에게 자연스러운 열망이 된 상황에서 보수의 기점을 잡는다는 문제는 어려운 일이다. 왕정복고를 보수의 기점으로 삼을 수도 없고, 그렇다고 일제강점기를 보수의 기점으로 삼을 수도 없다. 그렇기 때문에 조선조와 일제강점기에 비추어 보면 자유주의 국가와 사회주의 국가건설사상은 모두가 진보라고 볼 수 있다. 자유민주주의에 의한 국가건설사상을 보수, 사회주의에 의한 국가건설사상을 진보라고 하는 것은 세계사적인 조류에서 사회주의가 보다 평등을 위하는 진보적인 사상이라고 여겨졌기 때문이라고 할 수 있다.

우익과 좌익 그리고 보수와 진보라는 문제는 국민이 되는 과정에서 결국 어느 계층이 주체적인 역할을 해야 하며, 그후 국민이라는 집합체에서 어느 계층이 주도권을 장악하여야 하는가라는 문제이다. 그렇기 때문에 이는 1920년대 이후의 국가건설사상과 밀접하게 연관된다고 하겠다.

프롤레타리아트 계층이 허약한 한국의 실정에서는 진정한 의미에서 사회주의 국가를 건설할 수 없었다. 그리고 대외적, 즉 민족적 모순을 우선적으로 해결하여야 할 과제가 있었기 때문이었기도 하지만 사회주의자들이라도 이념대결의 지양, 연합성 신민주주의, 민주통일전선이라는 구호를 전면에 내걸지 않을 수 없었을 것이다.

마찬가지 이유에서 인민민주주의에서 출발할 수밖에 없었던 김일성(1912−1994)은 공산주의자 여부가 아니라 친일파 여부라는 기준에서 자본가와 지식인의 일부를 국가건설의 주체에서 배제하였다. 김일성의 이상적인 국가상은 공산주의 국가였지만 상황적 적합성이라는 점에서 볼 때, 노동자와 농민이 동맹을 맺는 좌파적인 농민국가를 건설하지 않을 수 없었다.

그는 이러한 국가를 건설하는 과정에서 민주기지노선을 정치노선으로 삼았다. 그의 민주기지노선은 장기적으로 통일국가를 목표로 하기 때문에 논리적으로는 통일노선이었지만, 단기적으로는 단독정권 수립을 목적으로 하였기 때문에 분단노선이었다. 이와 같은 복합적인 성격을 갖고 있는 민주기지노선으로써 현실정치를 이끌어 갔으며, 사실상의 완전한 정부라고 볼 수 있는 '북조선임시인민위원회'를 1946년 2월에 조직하여 모스크바 결정에 반대하는 우익의 조만식(1882−1950)을 제거한 후에 결국 그는 1948년 9월 9일 조선민주주의인민공화국을 탄생시켰다.

4. 해방공간에서 표출된 국가건설사상에 대한 해석과 그 전망

국가건설을 주도한 이들은 자력이 아니라 미국과 소련에 의해 한반도가 해방되었다는 사실을 잘 알고 있었다. 하지만 이들은 국가건설에 작용하게 되는 외세의 실질적인 역할을 현실적으로 깨닫지 못하였다. 그나마 국제정세를 읽는 현실주의자는 남한에서는 이승만뿐이었다. 그러나 그는 이념적으로 편향되어 국가건설에 있어서 그 한계가 출발부터 노정되었다.

반면에 친미친소라는 균형적인 입장을 취하였던 중간파들은 외세에 의한 해방이기 때문에 외세를 인정하기는 하였지만 외세에 대한 타협과 조정에 대한 인식은 철저하지 못하였다. 비현실적으로 자주적인 역량만을 강조하면서 당위론적인 자주정부의 수립만을 주장했던 것이다.

그렇다면 이승만과 김일성은 반쪽에서나마 국가건설을 할 수 있었던 이유는 무엇인가? 크게 보아 김 구의 임정은 반탁운동을 거치면서 국내적인 분단구조를 야기시켜서 이승만을 중심으로 하는 극우파에게 세력을 유실당하였다고 하겠다.

1948년 5 · 10 총선에서 반공 · 친미노선의 이승만과 한민당이 최후의 승리자가 되었다. 그렇게 될 수 있었던 것은 크게 보아서 탁치안(託治案) 공방에서 우익세력이 반탁을 지지하였기 때문이라고 하겠다. 이렇게 함으로써 해방공간에서부터 좌익이 선점하였던 민중의 호응을 민족주의의 기치를 내건 우익이 이어받을 수 있었다. 그래서 미소공동위원회가 결렬된 상황에서 이승만은 1946년 6월 3일에 정읍발언을 시발로 하여 남한만의 단독정부 수립을 공개적으로 추진하였다. 해방정국 초기에는 민중의 광범한 지지를 받던 좌익은 제2차 미소공동위원회가 결렬되자 남로당이 무장투쟁노선을 걷게 되어 급기야 대중정당의 기반을 상실하고 1946년 9월 이후로 불법화되었다. 이러한 상황에서 남한에서 단독으로 1948년 5월 10일에 제헌국회의원 선거가 실시된 것이다. 즉 북한지역의 대표가 없는 제헌의회가 소집되어 1948년에 8월 15일에 정부가 수립되었다. 반면에 북한은 남한 대표 360명을 포함한 572명의 최고인민회의를 1948년 9월 2일에 평양에 소집하여 '조선민주주의 인민공화국 헌법위원회'를 구성하고 이에 따라 1948년 9월 9일에 정부를 수립하였다. 대한민국의 헌법을 제정하는 데에는 북한의 대표가 없었다는 점을 들어서 북한은 자신에게 정통성이 있다는 것을 아직까지 주장하고 있다.

결국 일제강점기에 대내외 모순을 해결하는 청사진에 대한 합의가 없었기 때문에 해방 후에도 사상의 분열은 지속되어 사회적으로는 친일분자 청산문제, 평등의 문제(토지개혁)를 중심으로 대립이 되고, 독립국가의 모습에 대한 주장이 상반된 데에다가 국제정치적인 권력의 역동성으로 인하여 결국 남북이 분단된 셈이다.

대한민국이 건국되었다고는 하지만 어떤 면에서는 주어진 국가였다는 점에 유의하여야 한다. 그래서 국경선으로 구획이 지어지는 일정의 영역으로 성립된, 주권을 갖춘 국가로서 그 중에 사는 사람들(nation ; 국민)은 국민적 일체성(national identity)에 대한 의식을 공유하고 있는 국가를 국민국가(nation-state)라고 부른다면, 한반도 내에는 두 개의 주권과 두 개의 법이 있으므로 '1민족 2국가'이며, 대한민국의 국민과 북한의 공민 사이에는 국민적인 일체성이 없으므로—형식적으로 보아도 각기 다른 헌법을 준수하기 때문에—같은 네이션이라고 보기 힘들다. 그리고 남한, 즉 우파 혹은 자유민주주의자가 한민족 공동체라고 하였을 때의 민족에는 모든 한국 사람이 포함되지만 인민민주주의에서 출발한 북한의 입장에서는 그 민족 중에서 일부를 배제하여야 한다. 그래서 같이 민족이라고 하더라도 그 의미가 다를 수가 있다. 나아가 대한민국 내에서 아직까지 보수와 진보 내지는 좌우익의 논쟁이 있다는 것이 정치적인 원칙에 대한 합의가 없다는 것으로 볼 수 있다면 대한민국 내에서도 국민적인 일체성이 있는지, 나아가 진정한 의미에서의 네이션이 형성되었는지를 의심할 수도 있다.

남북한 사람을 두고 흔히들 '같은 민족'이라고 부른다. 그러나 준봉하고 있는 정치적인 원칙을 달리 하고 있기 때문에 같은 네이션이라고 볼 수는 없다. 같은 민족이라고 부를 때의 민족은 언어, 역사 그리고 문화를 공유하는 인종집단이라는 의미가 강하다. 그런데 남북의 사람들은 근 60년간 다른 역사를 걸어왔다. 분단 이전의 오랜 역사에서 문화를 같이 하였기 때문에 민족이라고 부를 수 있다면, 분단이 장기화되어 문화도 차이가 날 정도로 다르게 된다면 예전에 같은 언어, 역사 그리고 문화를 공유하였기 때문에 같은 민족이라고 부를 수 있다는 근거도 희박해진다. 예를 들면, 오늘날의 독일인과 프랑스인들은 프랑크왕국에서 갈라져서 형성된 것이다. 갈라져서 살게 된 역사가 오래 된 오늘날에 와서 독일인과 프랑스인을 같은 네이션이라든가 같은 민족이라고 부르지는 않는다.

어쨌든 같은 민족인 남북한 사람들이 통일국가를 형성하는 것은 바람직한 일이다. 하지만 통일국가를 향해 접근함에 있어 유의해야 할 점은 이상의 것만이 아니라, 후발국가인 대한민국이 건국될 무렵에 이미 유럽은 오늘날의 유럽공동체에 대한 논의, 즉 결과적으로 국민국가의 해체에 대한 논의가 시작되었다는 점에도 유의해야 할 것이다.

참고문헌

❖ 강광식 외, 1998, 『조선시대 개혁사상 연구』, 성남시 : 정신문화연구원.

❖ 權用基, 1998, 「《독립신문》에 나타난 '동포의 검토'」, 한양대학교 대학원 사학과 박사논문.

❖ 김영국 외, 1993, 『한국의 현대정치』, 서울 : 서울대학교 출판부.

❖ 남광규, 2004, 「해방초 국내외 정치세력의 대외인식과 대외노선을 둘러싼 세력투쟁」, 『한국외교사논총』, 제24집, 제2호, 서울 : 한국정치외교사학회, 49-86.

❖ 朴明圭, 2001, 「한말 '사회' 개념의 수용과 그 의미체계」, 『사회와 역사』 투고논문(2001, 4, 14).

❖ ______, 1998, 「근대 한국의 타자인식의 변화와 민족정체성」, 『사회사연구의 이론과 실제』(서울 : 한국정신문화연구원). 113-155.

❖ 심시년, 1994, 『허헌연구』, 서울 : 역사비평사.

❖ 유미림, 2002, 「서학에 대한 인식과 대응의 역사적 추이」, 『한국외교사논총』, 제23집, 제2호. 서울 : 한국정치외교사학회, 33-60.

❖ 장인성, 2002, 「동아시아의 문명과 국제사회」, 『한국외교사논총』, 제24집, 제2호, 서울 : 한국정치외교사학회, 63-92.

❖ 전복희, 1996, 『사회진화론과 국가사상』, 서울 : 도서출판 한울.

❖ 鬼頭淸明, 1994, 「國民國家お遡る」, 歷史學硏究會(編), 『國民國家お問う』, 東京 ; 青木書店 ; 219-241.

❖ 木畑洋一, 1994, 「世界史の構造と國民國家」, 歷史學硏究會(編), 『國民國家お問う』, 東京 ; 青木書店 ; 3-23.

❖ Finer, S. E. 1997, *The History of Government From the Earliest Time*, Oxford :

Oxford University Press.

❖ Forsyth, Murray, 1987, "State" in David Miller(ed.), *The Blackwell Encyclo-paedia of Political Thought*, Oxford : Oxford Publishing Services ; 503-506.

❖ Hobsbawm, Eric, 1990, *Nations and Nationalism since 1780*, Cambridge : The Press of the University of Cambridge.

제 1 장

유교 근대화와 계몽주의적 한민족국가 구상 :
박은식 · 장지연의 국가건설사상

장현근(용인대)

Ⅰ. 서론 : 유교 지식인

조선은 유교국가였고 조선의 지식인은 한결같이 유학을 공부하였다. 유학은 공자에 기원하며, 중국적 성취가 조선의 지적 전통과 어울리며 조선 성리학을 일구어냈다. 조선시대 지식인이라면 많고 적은 차이일 뿐 누구나 조선 성리학, 즉 주자학의 영향 아래 한문으로 공부하며 성장하였다. 완전히 신식 교육에 의해 한글을 깨치고 일본 혹은 서양을 배우고 돌아온 극히 일부를 제외하고는 구한말(舊韓末) · 일제시대 초기 이 땅의 지식인들 거의 대부분은 주자학자였다고 해도 크게 틀리지 않을 것이다. 박은식(朴殷植, 1859-1925)과 장지연(張志淵, 1864-1921) 또한 그러하였다. 이 글은 유교 지식인들 가운데서도 비교적 개명한 이들의 근대국가에 대한 생각을 통해 당시 유학자들이 바라는 새로운 국가가 무엇이었는지 알아보고자 한다.

유교는 적극적인 현실참여를 통해 보다 나은 세상을 구현하려는 정치학 체계이다. 두 차례의 왜란(倭亂)과 호란(胡亂)을 겪고 난 뒤 조선 성리학자들은 현실문제에 부딪히면서 커다란 변화를 맞게 되었다. 소위 경세치용(經世致用)·실사구시(實事求是)·이용후생(利用厚生)을 얘기하게 되면서 조선사회는 내적인 변화의 길에 들어섰다. 의리(義理)논쟁에서 벗어나 민생문제로 나가려는 실학자들의 논리는 중국 중심의 존화(尊華)질서에서 벗어나는 계기를 잉태하고 있었다. 세계질서의 격변기를 몸으로 겪으며 살다 간 박은식·장지연은 이와 같은 실학적 논리의 내재적 변화경로를 따라간 것으로 보인다.[1]

> 옛날에 공자는 … 나라를 다스리는 일을 논하시면서 4대를 짐작하여 빼고 더하고 하셨으니, 만약 오늘날 태어나셨다면 서양인들이 이용후생하는 제조품과 새 법률의 통행과 신학문의 잘 갖추어진 것들을 순수하게 거절하셨겠는가? 아니면 시대적 요청에 부응하여 그 장점들을 취하셨겠는가? 이는 두 말을 기다릴 것도 없이 분명한 일이다(「舊習改良論」『西友』 제2호 1907, 『白巖朴殷植全集』 제5권, p. 338, 이하 생략하여 『전집』[2]).

1. 박은식의 실학과의 연계성에 대해서는 신용하 1984 ; 1986과 이만열 1985, 장지연의 실학과의 연계성에 대해서는 김도형 2000 등에 상세함.
2. 그동안 박은식 연구에 가장 많이 쓰인 책은 1975년 단국대출판부에서 발행한 『朴殷植全書』 上中下 3권이었다. 그후 발굴된 자료를 더하고 한문자료에 대한 현대어 번역을 덧붙여 2002년 동방미디어출판사에서 『白巖朴殷植全集』 전6권이 발간되었다. 이 논문에서는 백암박은식선생전집편찬위원회가 펴낸

박은식은 40이 넘도록, 장지연은 30이 넘도록 주자학에 천착하였다. 그런데 어떻게 "공자도 오늘날 태어났더라면 서양의 신학문을 받아들였을 것"이라는 이와 같은 커다란 사고의 전환이 가능했을까? 주자학을 넘어 양명학(陽明學)으로 기울면서 서양의 사회진화론을 받아들이게 된 이유는 무엇인가? 끝내는 중국 중심의 전통적 국가관을 무너뜨리고 한민족국가라는 새로운 민족국가의 틀을 구상함으로써 근대 국가건설사상의 한 축을 형성한 사상적 변천과정은 어떠했는가? 이러한 의문에 대한 해답을 찾아가는 것도 이 글의 목적이다.

19세기 말 유교 지식인들은 각종 수호조약 · 통상조약의 이름으로 이 땅을 넘나드는 제국주의 세력 앞에 위험한 나라를 보고 여러 가지 대안마련에 고심하였다. 일본 또는 서양을 전폭적으로 수용하여 부국강병을 이룩하자는 개화파(開化派), 일본 또는 서양을 전적으로 배제하고 전통적인 중화질서를 재구축하자는 위정척사파(衛正斥邪派), 이 둘의 절충적 입장에 서서 동도서기론(東道西器論)을 주창하는 파로 나뉘어 시대인식을 달리했다.[3] 개화파는 중앙무대에 진출했다

이 6권을 기본 문헌으로 한다. 이하 인용은 편명 · 출전을 쓰며, 예컨대 『전집』 5, 338이라 하면 『백암박은식전집』 제5권 338쪽에 기재된 내용을 뜻한다. 박은식의 저술은 기본적으로 순 한문 글이 대부분이나 이 글에서 인용할 때는 독해의 편의를 위해 한글을 위주로 하고 필자 자의로 띄어쓰기, 부호 및 국한문혼용의 국문전환 등 작업을 하였다. 張志淵의 『韋庵文稿』의 경우도 마찬가지임. 참고로 이 인용문의 원문은 다음과 같다 : "昔에 孔子ᄂᆞᆫ … 論爲邦ᄒᆞ사되 斟酌四代ᄒᆞ야 損之益之ᄒᆞ셧스니, 假使 生於今日이시면 泰西人의 利用厚生ᄒᆞᄂᆞᆫ 製造品과 新 法律의 通行과 新學問의 盛備ᄒᆞ거슬 純然 拒絶ᄒᆞ시겟ᄂᆞᆫ가? 抑 因時制宜ᄒᆞ야 取其所長ᄒᆞ시겟ᄂᆞᆫ가? 此ᄂᆞᆫ 再言을 不俟ᄒᆞ고 可辨ᄒᆞᆯ 것이오."

가 갑신정변(甲申政變, 1884)으로 좌절하고 갑오경장(甲午改革, 1894)으로 다시 정치의 중심에 섰으나 전 국민의 역량을 결집하는 데 실패하였고, 유림의 지지도 얻어내지 못하였다. 위정척사파는 재야의 광범한 유림세력을 등에 업고 고종의 정치에 거침없는 압박을 가했으나 끝내 세계 자본주의와 제국주의 침탈을 이겨내지 못하고 일부는 의병운동으로, 일부는 변화하는 세태에 영합하고 말았다. 위 두 흐름, 그리고 민중적 역량에 기댄 동학운동이 실패한 이후 유생들 가운데 가장 많은 수는 절충적 입장의 동도서기론자들이었다. 그들은 중국의 변법자강(變法自强)운동에 보이는 중체서용론(中體西用論), 일본의 명치유신(明治維新)에 보이는 화혼양재론(和魂洋才論)[4] 등을 본받으려 노력했으나 매우 제한적이었고, 새 시대를 여는 획기적인 대안창출에는 이르지 못한 것으로 보인다. 그러나 양명학을 수용한 변법론 계열의 동도서기론자들과 의병운동으로 방향을 바꾼 위정척사론자들 일부는 삼일운동에 이르러 통합의 길을 걷는다. 이들은 비교적 열린 민족주의적 자세를 갖게 되면서 전통과 근대의 다리를 놓은 선각자적 세계주의자이기도 했다. 박은식 · 장지연이 각각 다른 의미의 동양평화론을 수용한다.[5] 이들이 동도서기론적 입장을 벗어나 보편주의적이

3. 물론 종교와 민중의 역량에 기대어 後天開闢을 꿈꾸는 東學에 동참하는 유생들도 일부 있었으나, 이들이 전통 유교의 내재적 경로 전개선상에서 한 부분을 차지할 만큼 세력을 지니지는 못하였다.

4. 이 시기 지식인 · 관료층은 "일본의 明治維新을 모델로 하여 구래의 지배층이었던 지주층을 중심으로 한 자본주의화, 입헌적 정치체제를 달성하여 富國强兵을 꾀하고자 하였으며, 이러한 과정을 '文明開化'라고 생각하였다"(김도형 2000, 25).

면서도 세계주의적인 근대적 민족의식에 도달하게 되는 과정의 탐색은 매우 중요한 우리 근대 이해의 방법이다.

청일전쟁에서 일본이 승리하고 국모 민비가 시해되고(1895), 고종이 러시아 공관으로 옮겨가고(俄館播遷), 독립협회 등이 발기하여 대대적으로 항의하고(1896), 다시 환궁하여 대한제국을 선포하고(1897), 만민공동회 · 관민공동회의 성립(1898)으로 급물살을 타던 정치개혁은 1899년 다시 수구정권으로 회귀하고 말았다. 이러한 정치적 격랑기에 중앙으로 진출한 주자학자 박은식 · 장지연은 언론, 특히《황성신문(皇城新聞)》[6]을 통해 재야에서 정치 · 사회의 개혁을 외치는 계몽사상가로 거듭 탄생하였다. 두 사람이 독자층인 유생들을 계몽하려는 내용과 목적이 무엇이었는지 살펴보고, 이를 통해 그들의 근대국가에 대한 구상을 밝혀보는 것도 이 글의 주요 관심거리이다.

1904년 러일전쟁을 둘러싼 국론의 재분열, 1905년 치욕적인 을

5. 동양평화에 대한 다른 길에 대해 박은식의 『한국독립운동지혈사』에 기록한 여운형(呂運亨)과 일본인 고하렴조(古賀廉造)의 논쟁을 참고할 만하다. 고하는 조선이 일본의 힘에 기대어 부강한 힘을 길러 여건이 성숙된 뒤 차츰 자치권을 얻어가는 것이 동양평화의 길이라 주장하고, 몽양은 독립국 조선이 즉각 수립되어 일본과 평화로운 관계를 맺으면서 자발적 성장을 해가는 것이 세계평화에 도움이 된다고 주장한다(『혈사』, 남만성 옮김 1999, 148–165). 박은식은 대체로 후자의 입장을, 후기의 장지연은 대체로 전자의 입장을 취한 듯하다.

6. 1898년 9월 5일 윤치호 등에 의해 창간된 신문. 1901년 장지연 · 남궁억 등이 반주간이던《대한황성신문》판권을 인수하여《황성신문》으로 제호를 바꾸어 일간지로 창간, 1905년 을사조약에 반대하는 논설「是日也放聲大哭」게재로 정간되었다가 몇 달 뒤 복간되었다. 1910년 8월 30일부터 제호를《漢城新聞》으로 바꾸어 발간하다가 동년 9월 14일 폐간되었다.

사보호조약을 겪으며 박은식 · 장지연은 통한의 논설로 감옥을 넘나드는 열렬한 애국주의자의 모습을 유감 없이 보여준다. 그러나 제국주의를 이해하고 있었음에도 서양의 근대, 혹은 세계사적 흐름 속에서 근대국가의 추세에 대하여 '근대적' 인식보다 '전통적' 인식을 함으로써 현실사회에 대한 전통과 근대의 조화를 일궈내진 못한 것으로 보인다. 두 사람의 사상사적 한계와 의의에 대해선 결론에 다루었다.

Ⅱ. 박은식 · 장지연의 현실인식

박은식 · 장지연의 생애는 크게 주자학을 연마하던 전반기와 애국계몽사상가로서의 후반기로 나뉘어진다. 그 가운데 근대국가 건설과 관련하여 의미 있는 시기는 그들이 중앙무대로 진출한 후반기이다. 그들의 후반기 인생은 3단계로 나누어 고찰해 볼 수 있다.[7] 대한제국의 성립과 더불어 시작하는 1단계는 신문을 통하여 열성적으로 개혁과 자강을 부르짖었으며, 2단계는 1905년 을사5조약을 계기로 국민의 애국심에 호소하며 실력양성으로 일제를 벗어나려 노력하는 데 집

7. 박은식의 사상변화에 관하여 김기승은 4시기로 나눈다. 제1기는 1898년 이전 朱子學 修學期, 제2기는 1898－1905 東道西器論的 立場 채택기, 제3기는 1906－1911 自强論과 大同思想 제창기, 제4기는 1911년 世界人權의 平等主義를 내걸고 國魂維持論을 전개한 시기이다(김기승 1987, 1－2).

중하였고, 3단계는 어쩔 수 없는 한일합방을 계기로 박은식은 망명하여 독립운동을 계속하고 장지연은 낙향하여 칩거하였다. 이렇게 나누어 볼 수 있는 이유는 두 사상가가 위기의 현실을 어떻게 인식하고 대처하였는가와 관련이 있다.

1. 을사늑약 이전

아관파천으로 친러 수구파가 정권을 장악하고 개혁세력이 협조하는 형태로 대한제국이 출범하였다(신용하 1984, 106). 그러나 곧 이어진 절영도(絶影島, 부산 영도) 조차를 둘러싸고 강경 러시아와 자강을 주장하는 개혁세력은 이 시기 내내 대립하였다. 1898년 만민공동회는 친러 수구파의 퇴진을 요구하고 독립협회 등 개혁세력은 의회설립을 요구하였다. 한반도에서 일본과 러시아의 세력균형으로 내부개혁의 호기였던 이때 독립협회의 일시적 개혁정부[8]가 있었지만 끝내 고종과 친러 수구파가 독립협회를 해산시키고 개혁세력은 1904년 2월까지 일체의 정치적 발언을 금지당한 채 재야로 밀려났다. 중앙에 진출한 지 얼마 안 된 박은식 · 장지연의 이 시기의 논설은 정치개혁이나 새로운 국가건설보다는 주로 학문과 종교문제에 집중되어 있다.

박은식의 『겸곡문고(謙谷文稿)』(1901), 『학규신론(學規新論)』

8. 신용하는 독립협회의 활동에 착안하여 이때 단시일(22일)이었지만 의회설립이 승인된 개혁세력의 정권장악이 있었다고 보았다(신용하 1984, 106-109).

(1904)은 삼대의 정치가 학문이 있어서 가능했으니 우리나라도 교육에 힘써 자강해야 한다고 주장하며,[9] 특히 「흥학설(興學說)」[10]엔 교육이 흥해야 국가가 생존한다며 세계 각 국의 학문을 통한 강한 국가건설을 소개하고 유학생 파견을 주장하기도 한다. 이런 주장들은 고루한 유생들에 대한 계몽이 목적으로 「종교설(宗教說)」[11]과 『학규신론』엔 유학의 종교화와 양명학으로 서양 근대교육사상에 접목시키려 하고 있다.[12]

한편, 장지연은 1896년 고종 환궁을 요청하는 「만인소(萬人疏)」란 상소문을 짓고 1897년 황제즉위를 요청하는 글을 지으며 중앙 정치무대에서 인정을 받는다. 그러나 곧 만민공동회 총무위원으로 정부 실정을 규탄하고, 광문사(廣文社)를 설립하여 정약용(丁若鏞)의 『목민심서(牧民心書)』·『흠흠신서(欽欽新書)』 등을 간행하는가 하면, 1902년 황성신문사 사장이 되어 민중계몽과 자립정신 고취에 전력을 다하였다. 이때의 장지연은《독립신문》등 지식인의 사회참여 열기가 한창이라 "정부의 관리보다는 신문을 통한 개화운동이 더 시급하다"는 시대인식을 보인다(정진석 2001, 13).

이 시기 박은식·장지연의 위기인식은 대체로 전통적 유교 지식인의 틀을 크게 벗어나지 않은 듯하다. 그들이 언론을 통한 계몽운동을 활발하게 한 것은 "백성들의 숨은 뜻을 알아서 정사하는 데 선도하여 태평성대의 정치를 하는 데 보탬이 되었기 때문에 신문이 이를

9. 예컨대 「擬上學部大臣書」『겸곡문고』, 『전집』 3, 323–326.
10. 『겸곡문고』, 『전집』 3, 348–364.
11. 『겸곡문고』, 『전집』 3, 366–373.
12. 「論維持宗教」『학규신론』, 『전집』 3, 479–482 참조.

모방한 것으로" 보았고, 이 시기 장지연은 신문을 예전의 사기(史記)로 취급하기도 하였다(정진석 2001, 63-65). 초기 그의 상소문을 보아도 아직 소중화(小中華)의식에 갇혀 있음을 알 수 있다.[13] 그후 소중화의식은 벗어났으나 여전히 대한제국과 황제권을 중시하였는데, 예컨대 "황제의 절대권을 인정하는 가운데 민권도 일정하게 보장받는 형태, 가령 외견적 입헌군주제 혹은 개명군주제를 구상한 것이었다"[14]고 볼 수도 있다. 이 시기《황성신문》주필로 민중계몽에 앞장선 박은식도 종래 주자학 중심의 그의 사상이 양명학에로 전환되는 큰 전환을 맞고 독립협회와 만인공동회를 통해 자강을 외치지만[15] 여전히 실학자의 좀더 진전된 형태인 전통 유교 지식인의 틀을 크게 벗어나지 않은 것으로 생각된다.[16] 이 시기 그들의 저술을 보면 자유 · 평등 · 민권 등 근대국가 개념에 대해 이해는 하고 있었으나 깊이 천착한 것으로 보이지는 않는다.

13.「請定皇儀疏」『韋庵文稿』권3, 86-87.『朝鮮儒教淵源』·『逸士遺事』등 단행본 외 장지연의 저술은 국사편찬위원회에서 國學資料叢書4로『韋庵文稿』란 이름으로 1971년 간행하였다. 이하『문고』라 약칭.

14.《황성신문》1904. 3. 19 잡보「樞院獻議」참조 ; 김도형 2000, 95-96.

15. 박은식이 독립협회 등에 참여했다고 하여 그가 민중 주도의 반봉건 · 반외세 투쟁에 나섰으며 항일구국의 선봉이 되었다고 강조하는 것(예컨대 이만열 1985, 193 등)은 과장된 표현으로 여겨진다. 이 시기 박은식의 저술에 '민중'은 읽을 수 없으며, 조선 말 유교 지식인의 내적 발전경로로 보아야 한다.

16.『겸곡문고』,『학규신론』참조.

2. 을사조약에서 한일합방까지

을사5조약 이후 박은식 · 장지연의 현실인식은 크게 달라진 것으로 보인다. 계몽의 대상도 단순한 유생들에서 한민족 전체로 관심의 폭을 넓힌다. 일본과의 실력차이가 현저함을 객관적으로 인식하였으며, 제국주의 앞에 무력한 자신을 발견한 것이다. 그리고 궁극적인 성공을 위해서는 민력(民力)을 양성하여야 하고, 그것은 대대적인 외국경험의 수용과 교육에 의한 것이어야 한다고 주장하기에 이른다. 사회진화론이 이들의 논설에 직접적으로 영향을 미치기 시작한 때이기도 하다. 을사늑약 이전 위기인식이 유교 내에서 온 것이었다면, 이 시기의 위기인식은 국가 외적인, 구체적으로 일본제국주의에 대한 것이었다. 경술국치 이전까지 주로 신문과 잡지의 논설[17]로 표현된 박은식 · 장지연의 키워드는 교육 · 대한정신 · 애국이었다. 전통적인 존화적 세계질서로부터 독립된 한민족국가로서의 근대적 의식을 갖게 된 것도 이 시기로 생각된다.

박은식은 사회진화론을 받아들이며 공자가 살아 있다 해도 당연히 변화에 힘썼을 것이라고 수구적 유생들을 계몽하려 들었다.[18] 그는 또 민족경쟁 입장에서 제국주의의 침략행위를 인식했다. "보살의

17. 신문으로는 주로 《皇城新聞》, 《大韓每日申報》, 잡지로는 주로 『大韓自强會月報』, 『西友』, 『西北學會月報』 등이다.
18. 「舊習改良論」 『서우』 제2호 1907, 『전집』 5, 337－341 ; 홍원식 2000, 274 등.

말을 하면서 야차의 행동을 한다"는 것이다.[19] 그리고 이 강권주의에는 도덕이 없다고 강조함[20]을 보면 여전히 유교 지식인의 틀 안에서 위기를 인식하고 있었음을 알 수 있다.

장지연은 더욱 심한 혼란을 겪은 듯하다. 대한자강회 고문을 지낸 일본인 대원장부(大垣丈夫)가 일본을 맹주로 하는 삼국동맹설을 주장하자 "그는 스스로를 동양의 영원한 평화를 위해 조선에 왔다"고 장지연은 평하였으며, 대원(大垣)의 주장이 일본의 입장에서 눈앞의 이익보다 원대한 이익을 도모한다고 평한[21] '황당한 주장' (김도형 2000, 71–73)을 보면 잘 알 수 있다. 그러나 이 시기 장지연의 기본 입장과 목적은 애국계몽이었다. 을사5조약 체결 후 장지연은 국가를 외적 형상과 내적 정신으로 양분하여 국력증진에 있어서의 후자의 역할을 강조하기 시작하였다. 그리하여 그는 대한자강회, 대한협회등 각종 사회단체를 통하여 국권회복의 희망을 갖고 교육과 식산에 의해 한민족의 내적 정신을 고취하고 실력을 향상시키기를 주장하였다(이훈옥 1989). 즉 그들이 논설을 통해 유교 지식인들을 계몽하려는 주목적은 그들이 중국과 다른 '대한(大韓)'이란 의식을 갖게 되기를 희망한 때문이었다.

이 시기 박은식 · 장지연은 구시대의 유교로는 국권회복이 불가능하다고 판단하여 신학문을 적극적으로 수용하려 들었다. 그러나 이것이 유교를 근본적으로 부정한 것은 아니다.[22] 유교를 전제정치 · 계

19. 「自强能否의 問答」『大韓自强會月報』 제4호 1906, 『전집』 5, 320 참조.
20. 《대한매일신보》 1909. 10. 21 논설 「世界에 唯一 强權」 참조.
21. 《황성신문》 1907. 6. 26 논설 「附日이 卽 排日」에 있음.
22. 이 점에서 김도형의 "신학문을 적극적으로 수용하기 위해서는 무엇보다 유교를 근본적으로 부정하지 않을 수 없었다" (김도형 2000, 29), "기독교가 서

급사회와 상고주의의 유물로 규정하긴 했으나, 이 때문에 이들이 제국주의의 침략을 받게 된 원인을 내부의 미개로 돌리는 패배주의적 현실인식이라는 비판(김도형 2000, 66)은 가능하다. 그리하여 "약자의 강자화와 근대화가 제국주의와의 결탁 아래 이루어진다고 하여도 하등의 갈등을 느끼지 못하게 되었"다는(위와 같음) 비판에서도 자유로울 수 없어 보인다. 그러나 두 사람 모두 국가를 외적 형식과 내적 정신으로 구분하여 형식이 없어진 국가보다 내적 정신을 살리는 데 노력했다는 점에서 혁신을 거친 유교에서 여전히 대안을 찾고 있다고 보여진다. 즉 중화주의 질서 하의 유교국가 조선을 벗어나 그들이 만들려고 하는 새로운 한민족국가도 여전히 '유교적' 질서 하에서 이루어져야 한다고 생각한 것이다.

3. 경술국치 이후

경술국치 이후 한 사람은 중국으로 망명하여 '국사' 연구에 몰두하고, 한 사람은 중국에서 좌절하고 돌아와 낙향한 뒤 '조선 유교' 연구에 천착한다. 이로부터 두 사람은 식민주의와 탈식민주의에 대한

양 근대문명의 근본이라는 판단에서 문명개화를 위해서는 기독교를 수용해야 한다는 것이었다" (위와 같음, 30) 등은 《독립신문》 1897. 1. 26 논설과 《대한매일신보》 1905년 12. 1 「信敎自强」에 근거하고 있으나 박은식 · 장지연의 사상이라 보기 어려운 아전인수로 여겨진다.

인식에서 큰 차이를 보인다. 박은식은 저항쪽으로 기울며 독자적인 평화논리를 전개하였으나, 장지연은 포섭되면서 근대성과 식민성에 대한 이중적 인식논리에 갇힌다. 그러나 박은식의 국사연구는 한국 근대 국사학의 선구가 되었고, 장지연의 조선 유교연구는 한국 근대 유교연구의 선구가 되었다. 한 사람은 독립운동으로 임시정부 대통령까지, 한 사람은 총독부 기관지에 친일적 논술까지 써가며 불우한 말년을 보내다 일찍 생을 마감한다. 큰 차이를 보인 삶의 궤적과는 달리, 결과로 볼 때 이 시기 두 사람의 근대국가 인식은 여전히 유학자의 도덕계몽주의적 시각을 일관적으로 유지한다.

합방이란 국가적 위기에 대해 두 사람은 더욱 치열한 글쓰기로 대응하였다. 장지연은 "식민지로 전락한 것은 바로 서양의 신학문을 수용하는 데 소홀했기 때문이라고 생각"(김도형 2000, 54-55)하면서 1914년 말경부터 조선총독부 기관지 《매일신보(每日申報)》에 그의 글을 게재하였다.[23] 논지의 핵심은 여전히 신학문을 대대적으로 수용한 유교의 개혁에 그 뜻이 있었다. 그는 유교에 대한 해박한 한학지식으로 대표작인 『조선유교연원(朝鮮儒教淵源)』(1917 연재) · 『일사유사(逸士遺事)』(1916 연재) 등을 이 시기에 완성했다. 이 점에서 장지연은 끝까지 유학 내부로부터 위기를 인식하고 유학 내에서 그것을 해결하려고 했음을 알 수 있다.

박은식의 대부분 역사저술 또한 이 시기에 이루어진다. 『몽배금태조(夢拜金太祖)』 · 『천개소문전(泉蓋蘇文傳)』을 비롯하여 명저 『한

23. 이 부분에 대해선 심각한 논란이 있다. 이 시기 장지연의 몇 편의 글이 일본제국을 칭송하는 부분이 있기 때문이다.

국통사(韓國痛史)』·『한국독립운동지혈사(韓國獨立運動之血史)』 등에서 박은식은 유교적 지식을 바탕으로 위정척사의 주자학적 명분과 존화(尊華)의식을 철저히 극복한다. 민족의 우월성을 강조하고 민족영웅을 대망하는 방식으로 민족의 위기를 이겨내려 노력하였다. 전반기가 대체로 영웅주의적 역사의식이었다면 『통사』와 『혈사』에서는 이를 극복하고 민중중심으로 해석한 것으로 보인다(이만열 1985, 47–48). 그가 한국사에 대한 주체적 의식을 정립해 존아(尊我)로 나아간 것은 주권국가에 대한 의식이 있었음을 반증한다. 그러나 기본적으로 그가 공맹학설에 기초를 둔 대동(大同)의 이상을 꿈꾸었다는 점에서 여전히 유교 지식인으로서 자기 정체성을 잃지 않고 있는 것으로 보인다.

이 시기의 박은식·장지연 모두 정치형태를 어떻게 바꾸어야 할 것인가에 대한 구체적 주장들은 보이지 않는다. 오래된 것은 유교, 새로운 것은 기술문명 하는 식으로 제한적인 언술을 하고 있을 뿐 서구적 의미의 '근대적인' 용어로 풀어내지 못하였다. 다시 말해 군주와 이념적 통일성을 가진 사대부 및 그들에 의해 이끌림으로써 의식·가치의 정합적 일체성을 보이며 살아가는 일반 백성들로 이루어진 조선시대의 '나라'가 이미 아님을 박은식·장지연은 알고 있었으면서도, 이와 같은 왕정국가를 탈각할 새로운 근대국가에 대한 구체적 언술에 이르지는 못했다는 것이다. 종교와 정치가 분리되고 민권이 살아나 의회를 통해 직접 민의가 전달되는 구조라든가, 모든 인격을 존중하여 자유·평등한 인민들의 주체적 의사를 통해 정부와 군권에 제한을 가하는 등 서구적 의미의 '근대국가' 건설 구상에 이르지 못했다. 박은식·장지연이 필생의 심혈을 기울인 역사연구나 언론활동은 유학자로서 결국 "사학은 경세학의 주요한 일부분이고 저널리즘은 일종의 경세학이었다."[24] 그러나 이처럼 유학 중심의 사유를 견지하면서도 기존 주자학자들의 존화적 사유에서 벗어나 존아적 한민족국가를 구상했다는 점은 근대성의 부족을 충분히 덮고도 남을 만큼 유학자로서는 근대적이었다. 중국으로부터 정신적 독립의 확보야말로 우리나라 근대 민족국가의 중요한 디딤돌이었음에 틀림없다. 이는 탈근대를 살아가는 오늘의 우리가 적극적으로 개발해야 할 사상적 자산으로 여겨진다.

Ⅲ. 군주전제주의 국가관의 탈피 : 유교의 개혁 및 구신(求新)

박은식은 『학규신론』(1904)에서 옛 것을 묵수(墨守)하여 의리만 공담(空談)하지 말고 신학과 신법을 배워야 한다고 강조하면서도(『전집』 3, 463-465) 끝내는 공자의 도에 입각한 유교적 예교국가로 나아가야 한다고 주장한다(『전집』 3, 479-482). 이때의 박은식은 삼강오륜에 입각한 왕조적 전제군주체제를 한국의 존립근거로 보았던 것이다(김기승 1987, 11-12). 그러나 을사늑약을 지나며 그는 중국서적을 통

24. 천관우, 「張志淵과 그 思想」(『白山學報』 제3호 1967, 506에서 재인용), 정진석 2001, 63.

해 대대적인 번역작업을 거치며 사회진화론 등 신학을 수용하는데, 「인민의 생활상 자립으로 국가가 자립을 이룸」이란 글에서 "국(國)은 다만 정부 몇 개인의 국이 아니오, 우리 이천만 동포의 공유한 국이라"[25]는 데 이르면 어느 정도 국민주권주의 개념으로 기울어 전제주의 국가관을 탈피한 듯 보인다.[26] 그런데 박은식·장지연의 이와 같은 사상적 변화가 새로운 그들만의 근대적 국가관 형성에 따른 것으로 보이지는 않는다. 이 시기 그들 저작 어느 곳에서도 근대국가 건설을 위한 구체적 국가이념을 담고 있거나 설명하고 있지 않다. 다만 그들 사상의 핵심은 유교에 대한 천착과 반성 및 그에 대한 대안 제시에 있었다. 그들은 유교 지식인으로서 유교 내적 전통(성리학)을 성찰하고 그에 대한 재인식(양명학)에 도달했으며, 유교 외적인 근대 서구문물을 수용·섭취하여 왕조국가를 혁신함으로써 그들 나름의 근대국가인 '민권과 민력에 기초한 민족국가'를 수립해야 한다고 주장한다. 여기서는 전자를 양명학을 동원한 개혁으로, 후자를 사회진화론을 수용한 구신(求新)으로 나누어 논하고자 한다.

25. 『西友學會月報』 8호, 『전집』 5, 362.

26. 이와 같은 박은식의 국가관의 변화를 東道西器論적 가치관의 변화라는 측면에서 접근한 연구로는 김기승 1987, 13−18쪽 참조. 그러나 박은식·장지연을 단순한 동도서기론자로 볼 수 없는 이유는 그들의 논리에 반드시 東道를 표준이나 근본으로 삼아 출발하고 있지 않기 때문이다. 오히려 어떤 경우엔 서양의 이론을 중심에 두기도 하였다. 예컨대 사회진화론의 대대적 수용은 동도든 서도든 장점을 취한다는 입장이다. 舊學과 新學의 장점을 취한다는 점에서 舊本新參의 당시 진보적 유교지식인들의 흐름에서 한 걸음 더 나아간 것으로 생각된다.

1. 주자학자에서 계몽사상가로

박은식 · 장지연은 어려서부터 정통 주자학에 심취하여 당대에 이름을 떨치기도 하였다. 박은식 만년의 명문장 「학(學)의 진리는 의(疑)로 좇아 구하라」[27]는 논설에서 그는 "어려서부터 오직 주자학을 강습하고 존신(尊信)하여 회암(晦庵)의 영정을 서실에 모셔놓고 매일 아침 우러러 참배한 사실도 있었다"고 회고한다. 그가 주자학에 대해 얼마나 전심했는지를 엿볼 수 있다. 그러나 20대에 한편으로는 관서(關西)의 대학자였던 박문일(朴文一) · 박문오(朴文吾) 형제에게서 정주학을 수학하면서도 신기영(申耆永) · 정관섭(鄭觀燮) 등을 통해 다산 정약용의 정치경제에 대한 학문을 섭렵하고 실학에 관심을 가졌다는 점에서 조선 말 국가적 위기에 초연해 있었던 것은 아니었음을 알 수 있다.

정주학에 심취하여 수구를 의리로 삼고 개화를 사설(邪說)로 배척하며 신학문을 듣기조차 싫어한 그가 1898년 독립협회 및 만민공동회의 자주민권자강운동에 참여하고 황성신문의 주필[28]로 사회활동에 큰 변화를 일으킨 것은 상기한 그의 시대인식과 무관하지 않다. 주자학에 대한 회의와 더불어 노자(老子) · 장자(莊子) · 양주(楊朱) · 묵자(墨子) · 신불해(申不害) · 한비자(韓非子) 등의 학설과 불교 · 기독교

27.《東亞日報》1925,『전집』5, 572-573.

28. 당시의 主筆은 오늘날의 논설을 쓰는 기자에 해당함.

등 서양사상까지 두루 섭렵한 것은 주자학만으로는 당시의 민족문제를 해결할 수 없음을 깨닫고 신학문과 신지식과의 조화를 모색한 때문이었다.

그러나 그는 끝내 유학을 버리지 않고 양명학으로 시대적 난점을 극복할 수 있다고 보았다. 이는 역시 유교의 틀 내에서 개혁과 민족보전을 할 수 있다고 생각했기 때문이다. 당시 사회여론이 유림에 대해 비판의 소리가 높았음에도 박은식은 스스로 "나는 대한 유교계의 일분자"(「유교구신론」)라고 자처하면서 계몽사상가의 길을 걸은 점에서도 알 수 있다.

장지연 또한 어려서부터 유학을 공부하여 31세(1894)에 진사과에 합격하였는데, 꾸준히 학문을 연마할 뿐 정치에 행동으로 참여하지는 않았다. 그는 박은식처럼 주자학의 깊은 경지에 오른 것으로 보이지는 않으나 탁월한 문장력과 적극적 행동으로 시세를 꿰뚫는 능력을 지닌 듯하다. 박은식처럼 구체적으로 양명학에 의한 유교개혁이라는 대안을 마련하지는 못했지만 구시대 유교에 대한 비판에 관한 한 박은식을 훨씬 능가하였다. 그는 스스로를 진유(眞儒)로 생각하였다. 진짜 유교지식이라면 전통 유학사상을 기본으로 삼되 개화적 신사조와 조화해야 한다는 것이 그의 기본 입장이었다.

장지연은 시대적 상황을 접하여 개화의 불가피성을 긍정하고 실효성 없는 고담준론은 국가와 민족의 좀이라 비난하였다. 「상정부서(上政府書)」(1897)에서 삼강오륜이야말로 불변의 진리이지만 당시 정부에선 의리의 실질을 모르고 공리공담만 일삼는다고 비판하고(『문고』, 104–106), 당시의 말폐적 유학풍을 혁신하고 당시 신학문으로 재무장해야 된다고 생각했다. 「중추원헌의서(中樞院獻議書)」(1901)

와 「후중추원헌의서(後中樞院獻議書)」(1901)에는 외견상으로는 황제권을 공고히 하자는 전통 유학자의 전제군주론을 내세우고 있으나 국가재정을 확보하고 산업을 발전시켜 자립경제를 이루자는 근대적 사유가 깊게 배어 있으며, 국민을 계몽하기 위한 각종 개혁안, 특히 교육을 통한 민족적 애국심의 고취와 실력향상을 주장하고 있다. 유학자로서 장지연은 그렇게 계몽사상가의 길을 걸었다.

이와 같이 박은식 · 장지연은 주자학에서 애국계몽사상가[29)]로 전환하였다. 그러나 그들이 신학문을 밝혔다고 하여 유교를 버린 것은 아니다. 그들의 기본사상은 여전히 유학에 있었으며, 그 계몽을 유학 내에서 이루려 하였다. 《황성신문》을 통해 이들은 '동서고금이 참작절충'이라는 이념에 입각하여 교육과 산업의 진흥을 제시했다. 이 시기 극단적인 보수 유생층 외의 광범한 유생층은 '동도서기론'의 입장, 즉 서양으로부터는 과학기술만을 수용하고 정치제도 · 사상 · 종교 등은 우리 것을 지키겠다는 태도를 취하였다(박찬승 1992, 41). 다양한 '신구절충'의 논의 중 박은식 · 장지연은 유교 내의 개혁에 깊은 관심을 보였다. 《황성신문》의 논조를 보더라도 1904년 이전에 실학에 대하여 깊은 관심을 보이고 있으나 그후에는 오히려 유학과 유학자들

29. 孫晉泰가 『國史大要』(1949)에서 '애국계몽운동' 개념을 채용하는데, "'보호조약' 이후 '사립학교를 창설하고 학회를 조직하고 종교단체를 창립하여 신학문을 교수하고 정치사상을 선전하고 민족정신을 고취하여 전민족을 일단의 대세력으로 하여서 완전한 독립을 전취하고자 하였던 운동'을 '애국계몽운동'이라고 처음 지칭한 데서 비롯되었다." 이후 강재언이 1905-1910 사이 언론 등 합법적 방법으로 실력배양 산업진흥운동 등 국권회복을 기도한 운동으로 다시 개념정의하였다. 신용하는 신민회 국외독립군기지 창건운동까지 이 운동범주로 확장하였다(박찬승 1992, 17 참조).

의 변화에 주목하고 있다(최기영 2001, 88).

2. 양명학으로의 개혁

박은식은 위기에 대한 자신의 인식에 기초하여 유교가 진작하지 못하고 민족의 위기를 초래한 이유를 "간이직절(簡易直切)한 양명학은 내친 채 지리한만(支離汗漫)한 주자학만을 높인"[30] 때문이라고 지적한다. 《황성신문》 1909년 11월 9일의 논설 「본 조 유림의 공과」에선 "당파의 결렬을 양성하며 산문을 틀어막아 족적이 향리를 못 벗어남으로 세계의 대세와 시무의 적절함을 모르는지라 구경 결과가 국가와 민족으로 하여금 이 지경에 빠졌으되 조금도 구하려는 자가 없으니, 이는 유림의 잘못"[31]이라며 민족위기를 유림의 죄로 보고 유교의 국가의식을 비판한다. 여기서 유림은 성리학에 훈도되어 변할 줄 모르는 고루한 유생들을 일컫는다. 장지연은 《황성신문》을 통해 수차례에 걸쳐 양명학의 유용성을 강조하고 있다.[32]

박은식 · 장지연은 조선의 유교가 첫째, 역사변화 및 변혁의지의 결핍으로 사회변혁에 대한 적응력을 상실한 데 대해 먼저 반성하

30. 「儒敎求新論」『西北學會月報』 제1권 제10호 1909, 『전집』 5, 432–438.
31. 당파의 결렬을 釀成ᄒᆞ며 牢鎖山門ᄒᆞ아 足跡이 不出鄕里홈으로 세계의 대세와 시무의 適宜를 不知ᄒᆞᆫ지라 究竟 결과가 국가와 민족으로 ᄒᆞ야곰 此境에 遂陷ᄒᆞ되 分毫의 拯救ᄒᆞᆫ 者ㅣ 未有ᄒᆞ니 此ᄂᆞᆫ 유림의 過.
32. 예컨대 《황성신문》 1909년 4월 25일 논설 「學說의 變遷」 등.

였다. 그리하여 교리의 개방적이고 현실적인 재해석을 시도하면서 합리적 유교개혁을 추구하였다. 둘째, 중화주의적 유교전통 및 유교문화 보편주의 때문에 민족의식이 자주성을 결핍하고 있다고 반성하였다. 따라서 유교문화를 민족문화로 발전·정립시켜 민족정신의 기초로 삼으려는 유교개혁을 시도하였다. 셋째, 지배층 통치권력을 옹호하고 신분윤리를 강화하는 데 치중함으로써 민중적 기반이 결핍되었다고 반성하였다. 그래서 원시 유교, 특히 공맹 본래의 민본정신 실천을 강조한다. 넷째, 종교로서 자기 정체성에 대한 유교 내의 자기 인식 부족을 반성하였다. 기독교가 서양문명의 기초이자 원동력이라고 이해하며, 종교로서 유교를 통해 동양정신을 확립하고 민중기반을 확보하는 것을 개혁과제로 상정하였다(금장태 외 2000, 97–98). 여기서 조선의 유교란 곧 성리학(주자학)을 뜻한다.

유교가 지배권력을 옹호하고 자주성과 민중적 기반을 결핍했다는 그들의 반성은 주자학 전체 체계에 대한 심각한 회의로 이어졌다. 인간의 선성(善性)에 기대 인간사회에 천리를 구현하려는 주자학적 정치사상은 리의 구현자로서 군주에 대해 관념적 충성까지를 포함하는 절대충성을 전제하고 있다는 점에서 근본적으로 위계질서적 권력구조를 함장하고 있기 때문이다(장현근 1999 참조). 박은식·장지연이 주자학의 권력구조 분석을 구체적으로 시도한 적은 없으나 자강의 새로운 근대 민족국가를 수립해 가는 데 주자학의 권위성이 문제라는 지적(「유교구신론」)은 핵심을 간파한 것으로 보인다. 이 점에서 그가 양명학을 주자학보다 시의적절하다고 판단한 것은 순전히 양계초 등 외적 영향에 의해서 이루어진 것[33]이라기보다 성리학의 내적인 경로 위에서 생각해 볼 수도 있다.

박은식 · 장지연이 양명학을 통해 유교를 개혁하려는 까닭은 박은식의 「일본 양명학회 주간에게(公函한 全文)」에 잘 나타나 있다. 요약하면, 첫째 양명학은 간단 명료해 시간이 유한한 우리에게 적합하고, 둘째 주자학 때문에 우리 사기가 떨어졌으니 새롭게 하는데는 양명학이 적합하며, 셋째 이설이 난무함에 양명학으로 민중의 뜻을 하나로 모으고, 넷째 인류에 도덕을 밝히는 학술이 되려면 '양지(良知)'의 학문인 양명학이 적합하다는 것이다.[34] 주자학이 지리한만한 반면 양명학은 간역직절하여 각종 이설이 분분한 당시로 볼 때 중지를 하나로 모아 유학 자체의 변화를 새롭게 이룰 수 있다는 점도 중요하고,[35] 뒤에 언급하겠지만 인류평화와 민생의 행복을 이루려면 양명학에 의거한 대동주의로 나아가야 한다는 이유도 중요하다. 그러나 근대국가 건설이라는 입장에서 박은식 · 장지연의 양명학 개혁론을 보면, 단순히 주자학의 교조적 수구성 때문이 아니라 근대 서양을 인식하는 인식론적 틀의 전환을 염두에 둔 때문으로 생각된다. 후반기에 박은식은 이런 말을 한 적이 있다 :

33. 신용하와 김기승은 박은식이 1905년 이전 양명학을 수용한 흔적을 발견하기 어렵다며 순전히 양계초의 영향을 받은 것으로 보고 있다(김기승 1987, 21). 그러나 1905년 이전 조선 유학의 폐습을 비판한《황성신문》의 논설들을 보면 박은식 · 장지연이 주자학 범위를 벗어나 양명학적 대안을 찾아가는 내용을 얼마든지 찾을 수 있다.

34. 『서북학회월보』 제1권 제20호 1910, 『전집』 5, 124－125 참조.

35. 박은식이 양명학으로 기운 근대 한국사상에서의 철학적 인식론적 전환 등에 대한 철학적 탐구에 대해서는 신용하 1986 ; 박정심 1999 ; 홍원식 2000 ; 배용일 2002 등 참조.

> 청조의 증국번(曾國藩)은 주자학의 정신으로 중흥의 공업을 이루었으며, 일본의 길전구방(吉田矩方)은 양명학의 활기로 유신의 대업을 개창하였다. 우리나라의 유자들이 이런 일을 벌인 적이 언제 있었는가?(「雲人先生(鑒)」(1924. 1. 10), 『전집』 5, 161)

그는 길전구방의 양명학이 일본 명치유신을 이끌었으며, 그 핵심은 서양사상의 일본적 수용을 가능케 했다는 사실을 잘 알고 있었다.[36] 바로 양명학에서 근대의 희망을 보았기 때문에 박은식은 서구사상을 수용한 유교구신(儒敎求新)의 이유를 양명학에서 찾고자 한 것이다. 박은식이 장지연에게 준 편지를 보면 왕양명을 "도학가요 군략가요 정치가요 기절가(氣節家)요 문장가"라고 치켜세운 뒤 "서양철학자 소크라테스, 칸트, 버클리(G. Berkeley)의 학설이 지행합일이란 취지에서 부합한다"[37]고 하였고, 임종을 얼마 남기지 않고 쓴 논설에서는 소크라테스, 데카르트, 베이컨의 학설과 부합된다"[38]고 하였다. 이 점에서 볼 때 박은식·장지연이 지행합일과 치양지(致良知)의 양명학에서 어쩌면 개인을 강조한 서양사상과의 접목 가능성을 발견했기 때문

36. "幕末·維新의 격동기에 있어서는 적지 않은 일본 지식인이 양명학으로 기울어져 그것을 축으로 하여 근대적 사유로의 전환을 성취하고 있었다. … 明治의 지도적 기독교도들이 봉건적 신분질서를 중시하는 주자학으로부터 良知=良心을 강조하는 양명학으로 관심을 기울이고, 그 과정에서 기독교에 入信했다는 것도 그러한 예라고 할 수 있을 것이다"(尹健次 지음, 교육출판기획실·심성보 역 1987, 390−391).
37. 「與韋庵書」 1910, 『전집』 5, 126.
38. 「學의 眞理는 의로 쫓차 求하라」《東亞日報》1925, 『전집』 5, 572−573.

인지도 모른다. 박은식 · 장지연은 양명학적 유교개혁을 통해 두 가지 실천방안을 구상하였다. 하나는 교육을 중심으로 유교조직을 지탱하려는 전통적 방법이었으며, 둘째는 먼저 정부로부터 유림의 자립을 이루어내는 동시에 유교 지식인에서 민중 중심으로 사유를 확산하려는 것이었다(금장태 외 2000, 108 참조). 여기에 큰 역할을 한 것이 사회진화론이었는데, 박은식 · 장지연의 사회진화론 수용은 분명 양명학과의 접목이라는 맥락에서 이해해 볼 수 있다.

3. 유교의 구신 : 사회진화론 수용

유교가 새로워져야 한다는 박은식 · 장지연의 인식은 유교를 뛰어넘는 새로운 사상으로 나아가자는 말이 아니다. 새로움을 수용하는 온고지신의 자세는 유교 본연의 것이므로 끊임없이 새로워지는 유교 본연의 자세로 돌아가 유교 자체를 새롭게 만들어야 한다는 주장이다. "『상서(尙書)』에 왈 '작신민(作新民)'이라 하며, 맹자가 왈 '역이신자지국(亦以新子之國)'이라 하셨거늘" 유자들은 변통에 능해야 한다는 것으로 서구사상 수용의 필요성을 역설한다.[39] 유교의 구신을 위한 서구사상의 수용이 위기의식의 산물이라기보다 유교의 고유한 사상이라는 것이다. 박은식은 「유교구신론」에서 다음과 같이 주장한다 :

39. 「舊習改良論」『서우』 제2호 1907, 『전집』 5, 337–341.

> 유교계에 삼대문제가 있는지라. 이 삼대문제에 이르러 개량 · 구신을 하지 않으면 우리 유교는 비단 흥성할 수 없을 뿐만 아니라 필경 멸절을 면치 못할지니 … 소위 삼대문제는 무엇이오? 하나는 유교파의 정신이 오로지 제왕측에 있고 인민사회에 보급할 정신이 부족함이오. 하나는 열국을 철환(轍環)하며 천하를 생각한 주의를 말하지 아니하고 내가 동몽(童蒙)을 구함이 아니라 동몽이 나를 구한다는 주의를 지킴이오. 하나는 우리 대한 유가에서 간역직절한 법문을 요청하지 않고 지리한만한 공부를 오로지 숭상함이라.[40)]

한국 유교를 구제하기 위해 극복해야 할 3대 문제란 제왕 중심을 벗어나 인민사회 중심으로 전환하고, 원시 유교의 정신을 되살려 소극적 폐쇄성을 벗어나 적극적 전파활동을 추구하며, 주자학을 버리고 간역하고 직관적인 양명학을 추구하라는 것이다.

원래 유교는 "공자 대동의 의의와 맹자의 백성 중시 주장을 보면 실로 인민에게 보급한 정신이 있던"(『전집』 5, 433) 인민 중심이었는데, 순자(荀子)의 유학이 향후 동양사회를 지배하면서 '군권존중의

40. 『서북학회월보』 제1권 제10호 1909, 『전집』 5, 432−433 : "儒教界에 三大問題가 有ᄒᆞᆫ지라. 該 三大問題에 就ᄒᆞ야 改良求新을 不爲ᄒᆞ면 我 儒教ᄂᆞᆫ 不惟不能興旺이라 究竟 滅絶을 不免ᄒᆞᆯ지니 … 所謂 三大問題는 何也오? 一은 儒教派의 精神이 專히 帝王側에 在ᄒᆞ고 人民社會에 普及ᄒᆞᆯ 精神이 不足ᄒᆞᆷ이오. 一은 轍環列國ᄒᆞ야 思易天下의 主義ᄅᆞᆯ 不講ᄒᆞ고 匪 我求童蒙이라 童蒙이 求我라ᄂᆞᆫ 主義를 是守ᄒᆞᆷ이오. 一은 我韓 儒家에서 簡易直切ᄒᆞᆫ 法門을 不要ᄒᆞ고 支離汗漫ᄒᆞᆫ 工夫를 專尙ᄒᆞᆷ이라."

의미'와 '우민(愚民)의 술'이 유행함으로써 그동안 유교 "정신이 오로지 제왕측에 있고 인민사회에 보급치 아니한 고로 세계상 대발전을 얻지 못함이니"[41] 맹자의 학을 확장하여 인민을 중시해야 한다는 것이 첫 번째 주장이다(『전집』 5, 434–435). 그러나 박은식 · 장지연의 인민 중심으로의 관심의 전환이 민주적 사회의식과 관련된 근대국가를 지향한 것(금장태 외 2000, 109)으로 보이지는 않는다. 분명히 전통 유교의 문제점을 지적한 점은 동일하지만 그는 끝내 공화정을 주장하지는 않았으며,[42] 서양사상을 전폭적으로 수용한 제2기에 있어서도 민

41. 尊君權을 荀子사상의 핵심으로 보고 愚民을 법가적 사유의 문제점으로 지적한 것은 박은식의 중국 고대사상에 대한 탁월한 식견이다. 그러나 주자학을 비판하면서 주자학에 의해 되살아난 맹자를 다시 추켜올리고 주자학에 의해 비판받았던 순자를 다시 비판하는 것은 일견 모순으로 보인다. 순자 비판과 맹자를 통한 민본주의 찬양은 당시 박은식 · 장지연 등 유교개혁론자들에게 지대한 영향을 미친 梁啓超의 저작 『飮氷室文集』(특히 순자 비판에 대해서는 『淸代學術槪論』)을 따르고 있다(유준기 1999, 55–68 참조).

42. 박은식이 공화정을 주장했느냐의 여부는 논란이 많다. 1911년 『몽배금태조』에선 전제시대가 지나고 '평등시대'가 왔다는 말을 하고 있으며, 1919년 『한국독립운동지혈사』에선 갑신정변과 갑오농민전쟁을 '평민혁명'이라 말하고 있으며, 1925년엔 공화국을 표방한 임시정부 2대 대통령을 역임한 것이 주 이유이다. 그러나 초기 박은식은 위 논의에서 밝혔듯이 공화정에 부정적이었으며, 『몽배금태조』에서 '평등' 운운은 공화정과 같은 의미로 볼 수 없다. 장지연이 「大同教育會趣旨文」에서 "전제시대가 가고 평등시대가 도래하였다"고 할 때도 그렇다. 『혈사』에서 '혁명' 운운도 마찬가지다. 그의 1924년 논설에서 강하게 공산주의 혁명을 부정한 것도 그 예이다. 신채호 등의 공화주의에 부정적인 입장을 표명하며 신민회(新民會) 가입을 않은 등에서도 증거를 찾을 수 있다. 짧은 임시정부 대통령이 된 것은 주지하다시피 임시정부의 분열에 대한 원로로서의 중재자 역할 뿐이었다. 나중 의회구성의 회의를 주선하고 뒷선으로 물러난 것도 같은 이유에서 볼 수 있다. 1925년 그의

중들의 정치참여에 긍정적이지 않았다. 사회가 새롭게 변해야 한다는 데 대해 그들은 정열과 신념에 충만하였지만 당시 우후죽순처럼 솟아나고 있던 서구적 근대국가 모델에 대해서는 도덕적이지 못하다고 보았으며,[43] 따라서 서구 근대국가를 닮은 구체적인 사회제도의 구상엔 소극적이었다.

물론 우리는 절대평등을 주장한 박은식의 대동사상을 통해 근대적 이성을 매개로 한 서구적 자유민권 주장과 유사한 유교적 도덕을 매개로 한 자유민권 혹은 평등주의를 얘기할 수도 있다. 양명학의 '심즉리(心卽理)설'이 도덕적 개아의 존재가 확장되어 동양적인 '근대적 개인'의 출현을 상상할 수 있기 때문이다(홍원식 2000, 288). 그러나 박은식 · 장지연의 주안점은 어디까지나 양명학을 채용하여 근대사회에 맞는 도덕문화를 정립하는 데(朴正心 1999, 172) 있었을 뿐 근대적 민권국가를 구상했다고 보기는 어렵다.

유교구신을 위한 두 번째 문제는, 천하를 걱정하며 열국을 철환하던 공맹의 뜻이 불교나 기독교처럼 다 구세주의인데도 유독 유교가 세계적 발전을 못 이루었다는 데 대한 것이다. 박은식은 그 이유를 소극적 고집에 빠져 "자기의 견문도 고루한 데 빠져 물정과 세상 무서움을 전연 모르기" 때문이라며, "지금은 세계의 문호가 넓게 여리고 인

최후의 논설 「學의 眞理는 疑로 쫓차 求하라」에서도 공화주의 경향은 전혀 드러나지 않는다. 결과적으로 박은식은 공화정을 '부정'하다 말년에 '동의'하기에 이르렀으나 끝내 '주장'하지는 않는 것으로 보인다.

43. 예컨대 「몽배금태조」『전서』 4, 176 · 212–213 ; 「自强與否의 問答」『대한자강회월보』 제4호 1906. 10, 『전집』 5, 317–318 ; 《대한매일신보》 1909. 10. 21 논설 「世界에 唯一 强權」 등.

류가 경쟁하는 시대라" 열심으로 새로운 것들을 수용하자고 주문한다.[44] 박은식 · 장지연이 사회진화론을 받아들인 이유도 여기에 있는 듯하다. "사회진화론은 1880년대에는 유길준의 「경쟁론」에 의해 처음 수용되었고, 1890년대 후반에 이르러서는 《독립신문》과 《황성신문》에 의해 적극적으로 수용되었다. 그리고 1900년대 중반에 이르러서는 철저한 사회진화론에 입각한 양계초의 『음빙실문집』이 들어와 유교 지식인들에게도 널리 읽히면서 사회진화론은 지식인들 사이에서 완전히 대중화된 이론이 되었다. 그리고 사회진화론은 이 시기 크게 늘어난 일본 유학생들을 통해서도 본격적으로 수입되었다" (박찬승 1992, 38).[45]

사회진화론을 수용한 자강 논의에도 불구하고 박은식 · 장지연은 여전히 유교 지식인의 틀 안에 존재하였다. 즉 사회진화론에 입각하여 힘의 경연장인 현실 속에서 우리가 살 길은 오직 스스로 힘을 기르는 길밖에 없다고 하면서도 장지연이 『주역』에서 그 근거를 찾음(「自强會問答」 「自强主義」)을 보면 알 수 있다. 그들은 사회진화론을 전면적으로 수용하지도 않았다. 자연계에 적용되는 생존경쟁 이론을 인간사회에다 무차별적 · 무제한적으로 적용하고 있지 않으며, 인간의 능동적 대처능력을 강조한 점(홍원식 2000, 276)에서 그렇다. 특히 「구습개량론」[46]에서는 끝없이 새로움을 추구하는 사고가 유교의 고유한

44. 「유교구신론」, 위와 같음, 435.

45. 한국에서 사회진화론이 유길준의 '경쟁론'에서부터 받아들여졌다는 주장은 자유주의적 경쟁과 사회진화론적 경쟁의 차이가 무시된 견해라는 비판이 있다.

46. 『서우』 제2호 1907, 『전집』 5, 337−341.

사고이며 밖으로부터 들어온 것이 아니라고 말하고 있다.

박은식은 경쟁과 도태의 원리를 국가 · 민족 간의 문제로만 한정하여 살피고 국가 내의 국민들과 민족 성원들의 문제로는 받아들이기를 꺼려 했으며, 때때로 이를 받아들이는 경우에도 장래에는 반드시 극복되어야 한다는 생각을 가지고 있었다(「教育이 不興이면 生存을 不得」).[47] 사회진화론의 경쟁원리를 구태여 대외적 경쟁에만 국한시키려 한 점에서 볼 때도 사회진화론을 완전히 수용하지는 않고 있었다(노승윤 1999, 49)고 볼 수 있다.

박은식 · 장지연은 진화론을 받아들이면서도 제국주의는 극복하려 애쓰는데, 이는 유학자로서의 자세를 견지한 채 끊임없이 도덕정치에 대한 희망을 잃지 않은 때문으로 보인다. 이 이상성 때문에 이들은 현실 국제정치 세계에서 사회진화론에 감추어진 식민주의 이론성향[48]을 부각시키지 못했으며, 이를 뛰어넘는 새로운 국가이념이나 정치제도로 나아가려는 '근대적' 노력을 기울이지도 못하였다. 《대한매일신보》가 개혁파보다 혁명파를 더 동정적으로 보도한 것에 비해 《황성신문》은 입헌군주제를 추구하는 개혁파 인사와 청조의 개혁에 동정적이었지만 공화정을 주장하는 혁명파에 대해서는 부정적인 인식을 갖고 있었던(최기영 2001, 117-118) 사실도 이를 증명한다. 박은식 · 장지연은 레닌에 의한 사회주의 혁명에 대해서도 인도주의는 긍정할 수 있으나 너무 큰 희생이 따른다며 매우 부정적이었다(「理想與

47. 『서우』 제1호 1906.12, 『전서』 하 86.
48. 박찬승은 이런 식민주의 민족성론은 1920년대 초 이광수 등에 의해 '민족성 개조론' 으로까지 발전해 갔다고 주장한다(박찬승 1992, 36).

實行」).[49] 그들이 사회진화론을 수용하여 다다르고자 한 것은 현실적으로 국민의 정치의식을 성장시켜 서양과 같은 근대국가를 만들어 가려는 데 있지 않았다. 국가의식의 고취와 계몽을 위한 필요성(전복희 1996)에서 받아들였으며, 계몽과 유교개혁을 통한 독립된 한민족국가의 건설을 구상하였다. 박은식 · 장지연은 결국 자강의 민족국가 건설을 통해 국권을 회복하고 한민족국가를 건설하자는 계몽주의적 입장을 견지하고 있었다고 할 수 있다.

Ⅳ. 계몽주의 국가건설 : 자강의 민족국가

시대상황 · 나이 · 생활 · 자신의 처경 때문에 유학자 박은식 · 장지연의 사상은 세 번의 커다란 변화를 겪으며 유교에 대한 개혁론을 달리해 왔으나 그 변화 가운데서도 일관되게 견지한 사유가 있었다. 그건 바로 목표에서의 '자강'과 방법에서의 '계몽', 수단에서의 '교육'이다. 즉 교육을 통한 계몽으로 자강을 이루어야 한다는 주장이다. 한일합방으로 국권을 상실한 뒤 한민족의 위대성을 복원하는 작업을 통해 민족정신을 살려내는 데 집중하던 시기에도 이와 같은 사고의 길을 걸었다. 둘 다 우리 역사 연구에 더욱 정렬을 쏟으며, 국권회복의 길은 국혼 · 민족혼 · 대한정신을 살리는 일이라고 생각하였

49. 『四民報』 1922. 6. 10, 『전집』 5, 530.

고 서구 근대국가의 다양한 경험에도 관심을 쏟았다. 그들의 사유방식이 '서구적'이라기보다 여전히 유교적 도덕에 입각한 계몽으로 한민족국가를 건설하려 했다는 점 때문에 그들의 자강론이 폄하될 수 없는 중요한 이유는 바로 여기에 있다. 즉 '민족혼'에 매달린 그들의 자세야말로 근대한국의 국가건설을 위한 이 땅 안의 자생적인 유교지식인의 바른 태도를 보여주고 있다. 자문화의 정신에 대한 진지한 반성 위에 국권회복을 위한 정신적 바탕을 마련하는 한편, 회복 후 건설될 국가에 대한 지성의 준비를 하는 박은식 등의 태도야말로 지식인의 시대정신으로 보인다.

1. 구습타파와 민족계몽 : 중화주의 탈피와 한민족국가 구상

박은식 · 장지연의 유교개혁은 한민족 내, 즉 우리나라 유교의 병폐를 극복하는 데서 찾는다. 장지연은 한국인의 나쁜 구습으로 당파의 고질, 기질(忌疾)의 악벽(惡癖), 의뢰의 정신, 나태의 고증(痼症), 국가사상의 결핍 등(「團體然後民族可保」)[50]을 들고 있다. 유교와 보다 직접적 관련성이 있는 병폐로는 보수, 전제, 독선, 문약, 단협(單狹), 허위를 지적한다(「大同敎育會趣旨文」『문고』, 244-245). 특히 당파성을 유교 병폐의 가장 큰 원인이라고 주장하며(「儒敎者辨」),[51] "한 마디로 줄

50.『대한자강회월보』 第5호 1906, 1-7.

51.『朝鮮儒敎淵源』「儒敎者辨」, 조수익 역 1998, 30-31.

이면 당파가 분열된 뒤 유학자들은 눈앞의 관념에만 빠지게 되었고, 도덕 또한 이로부터 쇠퇴하게 되었다"[52](「朝鮮儒敎觀」『문고』, 405)고 한다. 장지연은 그의 대표적 저서 중의 하나인 『조선유교연원』「유교자변」에서 유교의 진면목과 관련하여 진유(眞儒)와 부유(腐儒)를 혼동하지 말 것을 밝힘과 동시에 유교사상 자체에 폐단이 있는 것은 아니라고 하였다.

> 『한서(漢書)』에 이르기를 '유가는 음양을 따르고 교화를 밝힌다' 고 하였고 또 이르기를 '육예의 글을 널리 배워 천도를 밝히고 인륜을 바로하며 이상적인 정치를 이루는 성법(成法)인 소이이다' 라고 하였으니 유자의 학문이란 본래 이와 같은 것이니, 어찌 일찍이 명예나 벼슬을 꾀하는 마음이나, 유당을 세워 사계(私計)의 영위를 꾀하는 꼴이 근세에 명색이 소위 산림학자라는 따위들 같겠는가?(장지연 지음 · 조수익 옮김 1998, 29-30)
>
> 율곡의 현명함으로도 동서의 당쟁을 조정하려고 하였으나 이루지 못하였고, 영조의 성명으로도 노론과 소론을 탕평하려고 하였으나 실효를 거두지 못했으니, 전현의 이른바 오래도록 선치가 없는 것은 어찌 붕당의 해독이 아니겠는가? 그러나 이런 것이 어찌 유교가 그렇게 한 것일까? 실은 바로 정치가 점차로 그렇게 길들여진 것이다. 그리고 또 유교의 이름을 가차하여 세상을 속이고도 아닌 듯이 위장하여 부끄러운지조차 알지 못하는 자의 죄이다. 이는 다만 선왕에 죄인일 뿐이 아

52. 一言以蔽, 黨派分裂之後, 儒敎之學者, 亦未免於色目之觀念, 道德亦從此而衰退矣.

니라 바로 공맹의 죄인이거늘, 이것을 가지고 유교를 죄책하면 유교가 어찌 이를 수긍하겠는가?(위의 책, 32)

장지연은 구습에 빠져 진작하지 못하고 마침내 국권을 상실한 데 이른 문제가 유교 자체에서 생긴 것이 아니라 우리나라 유교의 폐해에서 비롯된 것임을 드러내고자 한 것이다. "당쟁은 진유가 등용되지 못하는 결과를 빚었고 … 유교는 국망에 아무런 책임이 없으며, 도리어 유교가 당쟁의 가장 큰 피해자"(「儒敎辨」『문고』, 216−217)라고 주장하기도 한다. 물론 그의 주장이 사뭇 일본 제국주의자들이 부풀린 침략논리와 맞닿은 점[53]이 없지 않으나 조선 유학의 문제를 조선의 시각에서 해결하려는 주장으로 보인다.

박은식 · 장지연이 우리나라 유교의 폐습을 질타하고, 유교개혁을 부르짖는 더 중요한 이유는 중화주의적 유교전통에 대한 반성에서 출발한다. 유교문화 보편주의에 따른 민족의식과 자주성의 결핍에 대한 반성이었다. 이들은 유교문화를 민족문화로 발전 · 정립하여 민족

53. 누구에게나 존재할 수 있는 나쁜 습관을 유독 한국인의 것으로 단정한 것은 상당부분 일본 제국주의자들의 계산된 침략 · 보호 논리로 창조되거나 부풀려진 것이다. 실제로 한국인의 잘못된 습성에 대한 지적은 상당부분 외국인, 그 가운데서도 대부분은 일본인에 의해 지적되고 확대재생산된 것이기 때문이다. 일본에서 광범하게 거론되어 한국민족열등성론이 한국인들에게 영향을 주어 한국인들 사이에서도 자기 비판이 일어나길 기대한 것으로 보인다. 실제로 한국민족의 습성으로서 고루하고 수구적이며, 모험심과 진취성이 결여되어 있고, 당파성 · 나태성 · 의뢰성이 강하고, 애국사상이 결핍되어 있다는 지적은 장지연 등 당시 자강운동론자들에게 일반적으로 지적되기에 이르렀다(박찬승 1992, 36).

정신의 기초로 삼으려는 유교개혁을 구상한 것이다(금장태 외 2000, 97–98). 박은식 · 장지연이 만들어낸《황성신문》은 1904년 이전에 실학에 대하여 깊은 관심을 보이고 있었으나 그 이후에는 오히려 조선 유학과 유학자들의 변화에 주목하고 있었다.《황성신문》논설「조선혼」(1908. 3. 20)은 국혼으로서의 조선혼을 중시하고 있는데, 나중 박은식 역사학의 특색인 혼백론(魂魄論)[54]의 기초가 이때에 이루어지는 것으로 보인다(최기영 2001, 88).

장지연은 누백년 화하(華夏)주의를 숭배함으로써 그 풍속 · 습관이 의뢰 · 고착적인 것이 되고, 허문부사(虛文浮詞)만을 추구하는 경향이 생겼으며, 압제에 속박을 받아 위미유약(萎靡柔弱)에 나태 · 구차한 성격들을 갖게 되어 나라가 진작되지 못하였다고 지적한다(「自强主義」).[55] 블라디보스토크에서 또는 낙향 후 자신이 할 수 있는 최선의 방법으로서 국민정신을 고취시키고자 그는 중단 없이 이 땅의 유교문헌을 간행하였다. 국민정신의 통일과 국교의 필요성을 강조하였고, 그 근거를 고대로부터 한국문화의 형성에 지대한 영향을 주던 유교에서 찾고자 하였다. 그는 특히 한민족 정체성을 강조하기 위한 영토인식을 높이려 노력하였다. 단군의 실존과 단군의 후손인 부여족이 한민족을 이루는 중요 종족 중의 하나임을 밝혀 일제가 제기한 타율성론(他律性論)을 배격하는 한편, 반도 중심의 영토인식을 탈피하여 만주를 고대 한민족의 영토로 확장하고자 하였다(이훈옥 1989).[56] 장지연

54. 박은식의 魂魄論에 대해서는 신용하 1986, 101–104쪽 참조.

55. 『大韓自强會月報』 제3호, 5.

56. 장지연은 任那問題, 漢四郡 問題 등에 대한 역사적 고찰을 많이 했는데, 그의 글에선 의식적 · 무의식적으로 고대 異民族에 의한 한국지배의 기간, 범

은 근대인식에서도 한국 내의 내적 역사발전 경로를 중시함으로써 유학자이면서도 중화주의의 그늘을 크게 벗어나고 있다. 그가 굳이 『조선유교연원』을 고집한 것도 그런 이유 때문일 것이다.

박은식은 자국정신을 강조하며 "여기 대한이 곧 내 조국이라. 삼천리 강역은 내 가족의 유택(攸宅)이오, 사천년 문물은 내 가족의 세전(世傳)이라 … 우리 삼천만 동포도 뇌수 중에 대한정신을 함유함은 타국 민족과 다름이 없다"고 주장한다(「대한정신」).[57] 중화문명과 다른 독립된 문명으로서 대한을 얘기하며, 그의 후반기 인생은 한민족의 역사를 복원하는 데 투자하였다. 특히 1911년 서간도(西間島)에서 박기정(朴箕貞)이라는 이름으로 펴낸 『몽배금태조』(1911. 11) 등 일련의 저술[58]은 한민족국가 건설을 위한 민족계몽의 교과서로 삼기 위함이었다.

> 세계 만국의 모든 사람이 모두 자기 나라를 존중함으로써 의리를 삼는 까닭에 중국인은 존화양이(尊華攘夷)를 주장하거니와, 오늘날 조선 사람들은 자기 나라가 아닌 다른 나라 즉 중국을 존중하는 것으로 일대 의리로 생각하니 이는 자국의 정신을 소멸케 하는 것이 아니고 무엇인가?(『夢拜金太祖』, 『전집』 4, 182)

위 등을 축소시켜 이해하고 있다.

57. 『대한자강회월보』 제1호 1906, 『전집』 5, 314.

58. 예컨대 『泉蓋蘇文傳』(1911. 9), 『明臨答夫傳』(1911. 9), 『渤海太祖建國誌』(1911. 10), 『夢拜金太祖』(1911. 11), 『大東古代史論』(1911), 『東明聖王實記』(1911), 『檀祖事攷』(1911) 등.

청일전쟁에서 청국의 패배가 가져온 중국 내에서의 충격 못지 않게 우리나라 유교 지식인들 사이에서의 혼란도 컸다. 중국에선 만주족을 몰아내는 중화민족주의가 촉발되어 마침내 중화민국 건설로 이어졌으며, 그 사이 중국의 유교 지식인들은 유교를 통한 개혁에서 유교 자체를 송두리째 부정하는 논의에 이르기까지 다양한 정치사상의 스펙트럼을 형성하였다. 구한말 한국도 그에 못지 않았다. 초야에 묻혀 향음주사(鄕飮鄕射)하던 존화적 주자학자였던 박은식 · 장지연이 중앙에 진출하여 간고한 언론생활을 통해 유교 개혁주의자의 길을 걷게 된 이유 중의 하나는 그런 충격의 소산 때문이었다. 그들은 주로 강유위(康有爲)와 양계초(梁啓超)의 영향을 받아 유교개혁과 새로운 국가건설에 대한 구상을 전개하였으나 중국을 보는 시각은 기존의 유학자와는 판이하게 달랐다. 단순히 존화를 탈피한 수준에서 나아가 반(反)중화적 입장에서 한민족국가를 구상했다는 사실은 그들이 일정 수준의 근대국가 인식에는 도달했다는 표시이다.[59)]

유학자, 그것도 조선 주자학의 학맥을 계승할 정도의 탁월한 성취를 이룬 주자학자가 스스로 중화주의의 울타리를 벗어났다는 점에서, 그리고 국혼과 대한정신을 부르짖으며 민족사 정립에 매진했다는 점에서, 그리하여 마침내 정신적으로 완전한 한민족 독립국가를 구상

59. 차기벽은 근대 개화운동이 "근대 국민국가 형성을 위한 민족주의 운동이란 기왕의 中華主義的 事大秩序인 천하 안에서 종속적 지위를 가진 '나라'를 유지, 회복하려는 것이 아니라 세력균형의 원리에 따르는 새로운 국제질서 속에서 '생존'을 위해 서로 경쟁하는 서구 근대국가와 같은 '주권국가'를 만들려는 움직임을 뜻한다"(차기벽 1978, 『한국 민족주의의 이념과 실태』, 서울 : 까치사, 176)쪽에서 원용함)고 한다(이만열 외 2000, 87−88 참조).

하기에 이르렀다는 점에서 박은식 · 장지연은 근대한국의 국가건설 사상사에 있어 대단히 중요한 역사적 성취를 한 것으로 보인다. 이것은 국권회복이라는 시대적 과제에 대한 지식인으로서 두 사람의 진지한 고민에서 비롯하였다.

> 대체로 나라끼리 생존경쟁하는 판에 약한 나라가 강한 나라에 병탄되는 것은 흔히 볼 수 있는 일이다. 그러나 만약 그 인종의 자격이 상등(相等)하고 종교와 역사, 말과 글 및 풍속에 불멸의 나라 혼[國魂]이 존재한다면, 비록 한때에 병탄을 당할지라도 마침내 분리하여 독립하는 것을 세계사에서 많이 볼 수 있다(『한국독립운동지혈사』, 남만성 옮김 1999, 3-4).

상실된 국권에 대해 그저 울부짖지도 타협하지도 않으면서 망해도 망하지 말아야 할 것이 있다는 주장이야말로 국권회복에 대한 확고한 의지의 표현일 수 있다. 박은식의 역사관에 따르면 외적 형(形)인 백(魄, 주로 물질)으로서 국가가 이미 망했다 하더라도 내적 혼(魂)이 존재하면 국사 자체의 부활이 가능하다고 본다(이만열 1985, 210). 박은식의 이와 같은 인식을 관념론자로서의 역사인식의 한계라거나 "근대적인 역사 주체[民衆]의 발견 면에서는 한계"(이만열, 위와 같음)라고 지적할 수 없다. 그것은 박은식이 철저한 주자학자였던 점을 간과한 평가이며, 주자학이 얼마나 존화주의적인지를 고려하지 않은 평가이다. 유교 지식인으로써 한민족 정신을 강조하고 국혼 · 민족혼 · 대한정신 · 국성(國性) · 대한혼 · 국수를 애기한 박은식 · 장지연의 태도야말로 시대정신을 반영한 지식인의 태도라고 생각된다. 이미

1908년 3월 20일 《황성신문》 논설 「조선혼」에서 "4천 년을 계속해 온 국혼으로서의 조선혼"을 얘기할 때부터 그들은 이미 중화로부터 독립한 것이며, 더 이상 소중화주의도 아니며, 민족의 주체성에 대한 정신적 자각을 이룸으로써 근대적 의미의 독립된 민족국가 개념에 도달한 것으로 보인다. 박은식 · 장지연이 주장한 일체의 자강 교육은 국혼을 가르쳐 국권회복 후 독립된 민족국가를 이루어 가자는 의미로 볼 수 있다.

2. 교육을 통한 선실력양성론

애국계몽운동 주창자들은 대부분 교육을 통한 실력양성을 대안으로 제시한다. 박은식 · 장지연의 경우도 예외는 아니다. 특히 박은식의 경우 교육사상가로 부를 정도로 그의 1기(을사늑약 이전), 2기(을사조약에서 한일합방까지), 3기(경술국치 이후) 모두에 걸쳐서 교육에 활발한 저술과 구상뿐만 아니라 협성학교 교장으로부터 시작하여 실질적 교육자의 길을 걷기도 한다.

그러나 이들의 '교육'에 대한 구상은 여전히 유학자로서의 계몽을 벗어나지 않는다. 즉 그들이 새로운 방식의 교육을 얘기하지만 여전히 우매한 민중에 대한 지식인과 정치가의 위로부터의 가르침, 즉 '교화(教化)'의 의미를 강하게 띠고 있다. 민중에 대한 그들의 의식이 자유 · 평등을 지향한 것으로 보이지는 않는다. 민족의 실력을 양성하는 것이 자강이며, 국권회복운동이란 측면에서 민중들의 움직임과 애국계몽운동의 목표가 완전히 합일되었기에 구조적으로 애국 계몽운동과 의병운동은 상호 보완적이라는 견해(신용하 1984, 80)도 있다. 그러나 그들은 일관되게 의병운동 등 민중들의 움직임에 대해서는 무지의 소치로 폄하한다. 1905년 10월 13일의 논설 「경고의병지인(警告義兵之人)」, 1906년 5월 22일의 논설 「의요(義擾)를 의극행진압(宜?行鎭壓)」, 1906년 5월 29일의 논설 「경고의병지우매(警告義兵之愚昧)」 등 1907년 말까지 논설을 통해 신학문 수용을 거부하고 유학 개량에 반대하여 전통 성리학을 고수하면서 의병활동에 참여하고 있던 보수 유학자 계층에 대해 비판하고 있다.

그들이 주장한 것은 무장투쟁이 아니라 교육과 계몽을 통한 선 실력양성이었다. 애국계몽사상가들이 실력양성론을 국권회복의 1차적인 방법으로 제기한 것은 사회진화론 수용과 관련이 있으며, 실력양성이란 곧 자강의 다른 이름이었다. 박은식 · 장지연의《황성신문》계열은 유교개혁을 주장하면서 점진적인 문명개화를 통한 실력양성을 주장한다. 구습을 타파하고 양명학을 통해 유교를 구신하며, 서양을 수용하여 국권을 회복할 민족정신을 키워내자고 얘기한다.[60] 실력의 바탕을 한민족 정신의 회복에 두었으며, 그 목적은 국권회복을 넘

60. 이 점에서 유학을 지키면서 서양을 수용하자는 주장이 국권의 상실로 더 이상 무의미해지자 그들은 거의 유일한 대응방안으로 어떻게든 실력을 길러 국권을 회복하자는 것으로 통합되었다(尹健次 지음, 교육출판기획실 · 심성보 역, 1987, 33−39)는 주장은 民族魂으로 치달아 독립된 민족국가를 구상했던 박은식의 사상역정에 대한 오해에서 비롯된 듯하다. 박은식은 유학을 지키는 일이나 서양을 수용하자는 면에서 끝까지 무의미하다고 생각하지 않았다.

어 독립된 민족국가를 수립하는 일이었다.

따라서 박은식 · 장지연 실력양성 운동론의 기본논리는 '선실력양성 후독립' 으로 요약된다. 최종목표가 독립이라는 점에서 당시 친일주의자들의 실력양성론과는 다르며, 자강을 통한 국권회복운동으로 박은식은 특히 실업구국(實業救國)사상[61]을 전개한다. 여기서 말하는 실업진흥이 구래의 지주 · 상인층의 자본을 상공업으로 전환시키는 방향에서의 자본주의화를 의미하고(박찬승 1992, 35) 있는지는 더 천착해야 할 문제이지만, 그것이 사회진화론을 수용하고 제국주의에 대항한 논리임은 분명하다.

> 다윈이 강권론을 제창함으로써 이후 소위 제국주의가 세계에서 둘도 없는 기치가 되어 남의 나라를 멸망하고 그 종족을 멸하는 것을 당연한 공례로 삼았다. 이에 따라 세계가 전쟁의 도가니 속으로 빠져들면서 그 화로 말미암아 극도로 비참하게 되었으니 진화라는 관점에서 추론해 보더라도 평등주의가 부활될 시기가 멀지 않았다(『몽배금태조』, 『전집』 4, 213).

박은식의 실력양성론은 인민의 실력을 배양해야 한다는 절대적 입장에서 주권상실의 주체였던 전근대적인 '민' 이 아닌 국권회복의 주체로서 새 시대를 열어나갈 근대적 '신민' 의 양성을 구상한 것으로 보인다(배용일 2002, 89).

장지연은 을사늑약 이전부터 한편으로는 국내정치의 안정과 부

61. 박은식의 「實業救國思想」에 대해서는 신용하 1986, 101－136쪽에 상세함.

국강병을 위한 각종 개혁안을 제시하였으며, 다른 한편으로는 국민의 애국심과 실력향상을 위한 교육의 필요성을 강조하였다. 그리고 을사조약 후부터 국가를 외적 형상과 내적 정신으로 양분하여 국력증진에 있어서의 후자의 역할을 강조하기 시작하였다. 그는 대한자강회, 대한협회 등 각종 사회단체를 통하여 국권회복의 희망을 갖고 교육과 식산에 의해 한민족의 내적 정신을 고취하고 실력을 향상시키기를 주장하였다. 그는 실력향상을 통한 의식개혁으로 전 국민의 단결을 이루고, 그로부터 국권회복을 하자고 주장하였다(이훈옥 1989).

사회신화론의 영향으로 박은식 · 장지연이 선실력양성론에 입각한 국권회복론을 주장한 것은 양계초 사상에 착안한 듯하다. 당시 『음빙실문집』을 통해 널리 알려진 양계초의 사상은 사회진화론에 입각한 자강의 논리로 받아들일 수 있었으며, 구체적인 방법으로는 신교육을 통한 실력 양성과 이에 기반한 '신민'의 형성 및 국민 의식, 즉 애국심을 강화시키는 민족주의 사관이었다.[62] 또한 양계초의 진화론 내용, 즉 도덕 배양을 통한 진화와 구국의 길은, 힘에서 일본에 밀려 망국 진전에 놓인 1900년대 초의 냉혹한 동북아시아 현실에서 정신력에 의한 극복 가능성을 제시한 것이기도 하였다. 비슷한 처경에서 같은 고민을 했던 박은식 · 장지연에게 양계초의 생각은 선각자적인 출로로 받아들여졌을 것이다. 이들이 실력양성의 구체적 방법으로 교육 · 언론활동과 결사체, 즉 학회의 조직이라는 계몽활동에 치중한(최기영 2001, 121-123) 것도 그러한 영향의 산물로 여겨진다. 박은식 · 장지연과 같이 유교적 교양을 지닌 사람들에게 양계초의 논리는 매우

62. 예컨대 『음빙실문집』「新民說」.

낯익은 것이었으며, 정신혼의 배양으로 독립된 민족국가를 구상하는 데도 적합했을 것이다.

3. 대동사상과 대동교운동 : 국권회복과 세계 평화

박은식 · 장지연이 함께 힘을 합해 국권회복을 위해 마지막으로 매달린 일은 대동교운동이었다. 애국계몽사상가로서 박은식은 순자와 진한(秦漢) 이래 변질된 유교를 탈피하고 대동설의 공자(평등)와 중민(重民)설의 맹자(민권)로 돌아가기만 하면 문제는 해결된다고 보았다. 이는 위 3.에서 다룬 유교 구신론과 맥을 같이한다. 유교사상가로서 박은식은 대동설을 통해 유교 본래의 원대한 이상으로 돌아가고자 하였다.

장지연 또한「대동교육회취지문」에서 공자 대동설은 "진화이지 보수가 아니라"고 말한다. 이를 "진화론에 대한 이해 수준은 천박하며, 진화론에 대한 학습 태도는 무척 불성실하다고"(홍원식 2000, 286) 치부할 것이 아니라 "유교의 참모습은 평등에 있지 전제에 있지 않다"(「大同教育會趣旨文」『문고』, 244)는 그의 마음씀을 살펴야 할 것이다.『조선유교연원』에서 그가 관서와 관북지방의 유학자들에 대한 관심을 기울이는 민족통합 의식을 투영한 것 등에서 볼 때, "당시의 국가멸망에 대한 유교의 책임을 묻는 비판을 넘어서 정당한 평가의 기준을 정립하고자 시도한"(금장태 외 2000, 104) 것으로 볼 수 있기 때문이다.

거란(據亂)→승평(升平)→대동(大同)으로 이어지는 공양삼세(公羊三世)설에 착안한 강유위의 대동사상이 있는 그대로 한국에 전해지지는 않았다.[63] 그러나 장지연이 대동교의 "원래 종지는 춘추삼세의 의에 있으며, 만세를 위해 큰 가르침을 세워 태평의 기초를 여는 데 있다. 따라서 그 가르침은 진화로써 하지 보수로써 하지 않으며, 평등으로써 하지 전제로써 하지 않으며, 겸선으로써 하지 독선으로써 하지 않으며, 강립(强立)으로써 하지 문약으로써 하지 않으며, 박포(博包)로써 하지 단협(單狹)으로써 하지 않으며, 지성으로써 하지 허위로써 하지 않는다. 6대주의는 … 천지의 화육에 참여하고 세계의 민중을 구할 것이다"[64](「대동교육회취지문」『문고』, 244)는 6대주의 설명방식을 채용한 것으로 보아 강유위 주장의 핵심을 잘 이해하고 있었던 것으로 보인다. 실제로《황성신문》1909년 4월 25일 논설「학론의 변천」에선 왕양명, 증국번과 더불어 강유위의 학문적 영향을 크게 받고 있음을 스스로 인정하고 있다. 박은식 · 장지연의 대동사상이 잘 담긴《황성신문》1909년 4월 16일 논설「대동학설의 문답」에선 국가주의와 개인권리의 상호 보완관계에 주목하며 근대 민권사상을 반영하고 있다. 두 사람의 대동사상에 대한 경도는 1909년 9월 대동교의 창립으로 이어진다.

---

63. 양계초를 통해 부분적으로만 한국에 전파되었다(김기승 1987, 24).

64. "大同敎者 … 其宗旨, 在春秋三世之義, 爲萬世立大敎開太平之基本也, 故其施敎也, 以進化而不以保守, 以平等而不以專制, 以兼善而不以獨善, 以獨立而不以文弱, 以博包而不以單狹, 以至誠而不以虛僞, 包六大主義, 而彌綸廣博, 可贊天地之化育, 救世界之民衆也." 강유위의 重魂-非愛身 항목을 장지연은 至誠-非虛僞로 바꾸었을 뿐이다.

박은식이 종교부장, 장지연이 출판부장을 맡은 대동교는 김윤식[65] 등의 관료가 개입되었으며, 원대한 대동 이상을 실천한다는 추상적 성향이 없진 않았다. 그러나 현실적으로 두 사람의 목적은 국권회복에 있었던 듯하다. 특히 당시 유교계를 친일화하려는 일제의 정치공작에 대한 반발과 투쟁으로 전개된 것이라고 보는 것이 더 타당할 수도 있다(신용하 1984, 121). 즉 박은식 · 장지연 등이 대동교를 창설한 것은 유교개혁사상을 바탕에 깔고 민족의식을 높이기 위한 목적으로 이루어진 것이다. 비록 강유위 · 양계초 등의 영향을 받아 이루어지긴 했지만 우리 사회의 시대적 현실 속에서 유교개혁사상의 독특한 모범으로 계발한 것[66]이라 할 수 있겠다(금장태 외 2000, 109).

박은식의 대동사상은 원시 공산사회의 이상을 담은 『예기』「예운(禮運)」〈대동장〉의 '대동' 이상과는 거리가 있어 보인다. 그 이유는 그가 천착하고 있는 것이 양명학이기 때문이다. 왕양명에 오면 천지만물은 인(仁)을 매개로 하나가 되어 주자학과 대조를 이루는데, 이 의미에서 대동은 사람들만이 아니라 온갖 사물들이 한데 어우러지는 절대평등의 마당을 뜻한다. 박은식의 이러한 절대평등 관념은 서양 근대국가 이론 속의 자유민권 주장과 맥락을 같이한 것으로 볼 수도

65. 김윤식은 "대동교에 관여할 때 헌법에 의해 전제정치의 권한을 축소하고 議院을 설치하는 서양의 정치론도 유교의 大同에 '暗合' 된다고 생각하였다" (김도형 2000, 42).

66. 김기승은 박은식이 대동사상 제창 이전부터 유교적 신분질서 내의 '공평' 에 관심을 가지고 있었으며, 이러한 공평한 사회에 대한 유교적 이상사회론이 陽明學과 今文學의 수용을 통해 새롭게 발전한 형태라고 주장한다(김기승 1987, 28).

있다. 그렇다면 마치 서양 근대에서 이성을 매개로 평등에서 자유민권으로 나아갔듯이 동양에서는 도덕을 매개로 그것을 주장할 수 있게 된다. 양명학의 심즉리와 결합시켜 보면 이는 서양 근대 정치사상에서의 '개인'을 상정할 수 있어 동양에서도 '근대적 개인'이 출현하였음을 상상할 수도 있다(홍원식 2000, 287−288).

그러나 『왕양명실기(實記)』에서 박은식이 천착한 양명학은 도덕적 직관력을 중시하고[致良知] 사유와 지식을 행동과 일치시키는[知行合一] 부분이었다. 즉 박은식 · 장지연이 추구한 대동사상은 결국 자아의 도덕적 완성을 뜻하는 유교적 도덕론의 사회적 실천이었다. 이것이 어떻게 국권회복을 위한 민권신장과 민지(民智)개발에 응용될 수 있는지에 대한 구체적이고 제도적인 구상은 그들의 저술에서 발견하기 힘들다. 이 점에서 역사발전 단계설을 상정하고 정치제도와 연결시켜 다분히 공상적인 사회개혁을 시도한 강유위와는 차이가 있다.[67)]

박은식 · 장지연은 근대적 국가이념이나 정치제도의 변혁을 염두에 두지 않고 오히려 그것들을 뛰어넘는 것처럼 보이는 세계평화론에 더 많은 지면을 할애하고 있다. 《황성신문》 1909년 11월 16일 논설 「유교발달이 위(爲)평화 최대기초」에선 "유교의 정신을 발휘하여 세계동포로 하여금 대동평화의 행복을 균일 향유케 할지어다"고 한다. 박은식은 대동교의 종지를 인간 사이의 평등뿐만 아니라 천지만물이 하나되는 인으로 규정하는가 하면, 「공(孔)부자탄신 기념회강연」에서

67. 康有爲는 『孟子微』에서 승평세를 입헌군주제에, 태평세를 민주공화제에 비견하고 있다(김기승 1987, 30 재인용).

대동사상은 천하의 혼란을 종식시켜 세계 인류로 하여금 대동평화를 누리게 할 것이다고 설파한다.[68] 장지연 또한 대동학(學)을 구세주의의 대승법(大乘法)이라 말하기도 하고(「대동교육회취지문」), 존아주의(尊我主義)적 입장에서 대동교를 영어로 번역하여 세계에 파급시켜야 한다고 주장하기도 한다. 그 안에 독립된 민족국가 의식이 깔려 있었던 것이다.

국권회복이라는 절실한 현실적 과제 앞에서 "서술적인 현실적 이상주의라"(신용하 1986, 197)고 불릴 수도 있는 그들의 대동사상은 결국 유교개혁론과 마찬가지로 '자강론'의 연장이자 '도덕계몽주의'의 다른 표현이었다. 유교에 내재하는 도덕률인 인류애를 민족적 과제인 민족정신의 고양과 같은 틀 안에서 보고 있으며(『몽배금태조』, 『전집』 4), "아시아 문명은 도덕에 기초하고 유럽 문명은 물질에서 생겼다"(「世界人道之將來」)[69]는 일종의 도덕우월주의적 표현이기도 하다. 물론 이상이 현실을 재단하는 판단준거라는 측면에서 생각하면 사해동포주의적 대동의 이상은 국권회복이라는 현실에 정당성을 부여해 줄 수는 있다. 확실히 박은식 · 장지연에게 대동사회는 인류의 대동평화라는 유토피아적 목표에 도달하는 과정으로 국권회복을 상정하고 있다.

어쩌면 사회진화론 또는 경쟁의 원리에 입각한 자강론과 유토피아적 대동 이상이 병존 가능한 개념이라기보다 갈등을 일으키는 관념이라는 점에서 모순일 수도 있다. 그래서 "대동사상은 국권회복이

68. 『서북학회월보』 제1권 제17호 1909, 11, 『전집』 5, 458.
69. 『四民報』 1922. 2, 『전집』 5, 507.

라는 현실적 목표를 추구하는 데 필요한 항일투쟁의 긴급성을 약화시킬 소지를 내포하고”(김기승 1987, 35), 일제에 대한 저항성을 약화시켜 침략논리인 동양평화론이나 대동아주의에 역이용 당할 소지가 있다(예를 들면 김기승 1987, 36)는 비판도 가능하다.

그러나 박은식의 대동사상은 단순한 유토피아의 비정이 아니며, 중화주의에 입각한 강유위식 대동이 아니며, 막연한 사해동포주의도 아니다. 개념은 유교에서 빌려왔으되 힘에서 밀린 한민족, 그러나 정신적·도덕적으로 우월한 국혼을 지닌 한민족을 중심에 놓고 진정한 세계 평화를 통한 국권회복과 독립된 한민족국가 건설을 기원하는 의미에서의 대동, 굳이 이름을 붙이자면 ‘민족주의적 대동’이라 할 수 있다. 강권적 제국주의가 끝난 이후 가장 극심한 압제를 받았던 한국민족이 절실한 정신과 사상으로 인류세계의 진운에 따라 근대적 평화민주공화국을 건설할 수 있으며, 한국이 진화의 상례에 따라 세계인류의 평등사상을 실행하는 선도자가 될 것이라는 『몽배금태조』에서의 주장이 이를 뒷받침한다(특히 『전집』 4, 200쪽 전후). 박은식의 대동을 통한 세계평화론은 제국적·강권적 침략주의와 식민주의를 극복하는 현실적인 논리(배용일 2002, 173·176)일 수 있다. 박은식은 이상을 잃지 않은 유학자였고, 이상을 끝까지 견지하면서 현실을 이상으로 끌고 가려고 끊임없이 노력한 사상가였다.

Ⅴ. 결론 : 전통과 근대의 부조화와 조화

박은식이 이상으로 생각한 정치대학교 교장은 발해의 선왕(宣王), 교사는 조선조의 유형원(柳馨遠)과 정약용이었다(『몽배금태조』, 『전집』 4, 209). 한민족을 융성시킨 사람이 교장이 되고 유교개혁에 앞장선 사람들이 정치를 가르쳐야 한다는 말이다. 그는 국권이 상실된 고난의 민족 앞에 해동성국의 꿈을 얘기한 것이다.

이 글은 다른 사람 박은식·장지연을 유교근대화의 측면과 애국계몽운동의 공통적 사상가, 그리고 유사한 배경과 의식을 소유한 사람으로써 같은 틀 속에서 묶어 논하였다. 그들은 주자학에 학문뿌리를 두었으며, 비교적 주체적으로 근대학문을 수용한 개명한 유학자였다. 같은 유학자였지만 갑신개화파와 같은 조급함도 없었고, 위정척사파와 같은 고루함도 없었다. 전통적 군주전제 정치체제로부터 근대국민국가로 이행하는 과도기적 삶을 유학자의 태도를 잃지 않은 채 유교개혁이라는 명분을 내걸고 살았다. 그들이 군주전제로부터 민중으로 생각이 옮겨가고, 주권국가와 한민족국가를 구상한 것은 유학자로서 큰 전환이었다. 이는 제국주의적 세계침탈 하에 민족적 생존의 위기라는 시대상황 때문이기도 하였으며, 실학으로부터 비롯된 존화질서의 붕괴에 따른 내재적인 권위해체의 결과 때문이기도 하며, 서구사상을 수용하여 정치적 사회적으로 근대적 전환을 이루어낸 이웃나라 지식인들의 영향 때문이기도 하였다.

도덕으로 무장한 유학자로서 두 사람은 위로부터 어리석은 민중을 계몽하여 민족국가를 이루어야 한다는 도덕이상주의 혹은 도덕계몽주의를 끝까지 견지하였다. 이는 그들이 전통적인 유학자와 다르지 않는 자세로 격동기의 정치상황을 이해하고 있었다는 반증이다. 이 때문에 서구국가들에서 행해졌던 근대국가 제도들에 대한 철저한 성찰에 이르지 못했으며, 철저히 근대국가 관념에 입각한 새로운 국가이념의 모색이나 동서양사상의 절충도 생각하지 못하였다. 그러나 국권회복이라는 현실적 목표를 내세우며 중화주의를 극복하고 유교의 개혁이라는 큰 화두를 던져 일정한 사상사적 성취를 이루어냈으며, 정신적으로 완전히 독립된 한민족국가를 구상하고 대농사상을 통해 국권회복 후의 주권국가와 세계 평화를 얘기한 것은 그러한 '근대성' 부족에 대한 평가를 뛰어넘기에 충분한 역사적 성취라고 생각된다. 그들은 서구적 의미로 보면 전통과 근대의 부조화였으나 서구적 근대의 병폐를 뛰어넘는 동서양사상의 조화란 측면에서 보면 전통과 근대의 성공적 조화의 한 예를 보여주고 있는 것이다.

박은식 · 장지연은 기본적으로 전통 유교의 틀을 벗어 던지고 새로운 지식으로 무장한 서구적 근대 지식인이 아니라 유교의 틀을 고쳐 그 안에서 새롭고 평화로운 세상을 만들 수 있다는 생각을 한 유교적 근대 지식인이었다. 따라서 그들에게서 전통 유교의 정치제도를 벗어난 대의민주 · 공화 따위의 근대국가 구상을 찾아보기는 어렵다. 박은식 · 장지연은 자유평등 · 자유민권 · 참정권 · 자치의회설립 등에 대해서는 인식이 미미하였다. 국권회복을 위한 애국계몽운동을 주도하면서도 그와 비슷한 사고를 가진 신채호 등이 신민회(新民會)에 참여하여 수천 년 군주제의 구조틀을 부수고 공화주의로 발걸음을 내디딘 것과 대조적으로 박은식 · 장지연은 사회적 불평등을 유교 내에서 해결하려는 온건개혁노선을 견지하였다. 그들은 국권회복이라는 현실 목표마저 대동이라는 고차원의 이상 아래 묶어두었다. 물론 태평시대라면 모를까 갈등 · 격변기에서의 이상은 현실을 견인하기보다 폭력을 정당화해 주는 수단으로 이용당하기 십상이다. 도덕으로 폭력경쟁을 방지할 수 있다는 유학자의 자세는 사회저변과 환경조건, 특히 교육의 모든 수단이 유교적으로 짜여 있을 때만 가능하다.

그렇다면 근대의 문제는 근대 방식으로 해결할 수밖에 없는가? 전통은 근대를 보완해 주는 수단일 수밖에 없는가? 박은식 · 장지연은 전통에 대한 강한 자부심과 유학자로서 탁월한 학문적 성취면에서 오늘 전통을 공부하는 학인들보다 훨씬 뛰어났지만 전통으로 모든 것을 해결할 수 있다고 보는 낙관주의에 있어선 오늘의 학인들보다 덜 객관적이었다. 근대에 대한 '직접적' 이해에만 도달할 수 있었다면 이들의 존아주의와 도덕적 이상주의는 새로운 한국 근대국가의 이념 및 제도를 크게 진전시킬 수 있었을 것으로 생각된다. 이 점에서 근대를 이해하고 있는 우리가 해야할 일은 조선 사상사를 '계승'하고 있는 박은식 · 장지연의 사유, 예컨대 민족의 회복, 민권의 수호, 한민족국가 수립, 대동에 기초한 세계평화의 일원 등에 대한 주장에 구체성을 부여하는 작업일 것이다. 한 세기 전 그들이 원했던 진정으로 독립된 한민족국가는 아직 도래하지 않았다.

> **어찌하여 조선에는 그럴만한 열혈아가 나오지 못해 정치혁명도 못하고 학술혁명도 못하였는가?**(박은식, 『몽배금태조』, 『전집』 4, 113–114)

참고문헌

❖ 박은식, 2002, 『白巖朴殷植全集』, 서울 : 동방미디어.

❖ 박은식 지음, 김승일 옮김, 2000, 『한국통사』, 서울 : 범우사.

❖ 박은식 지음, 남만성 옮김, 1999, 『한국독립운동지혈사』(상) (하), 서울 : 서문당.

❖ 장지연, 1971, 『韋庵文稿』, 서울 : 국사편찬위원회.

❖ 장지연 지음, 조수익 옮김, 1998, 『朝鮮儒敎淵源』, 서울 : 솔출판사.

❖ 강재언, 1985, 『한국의 개화사상』, 서울 : 한길사.

❖ 금장태, 1990, 한국근대의 유교사상, 서울 : 서울대학교 출판부.

❖ 금장태 외, 2000, 『한국사 : 신문화운동 2』, 서울 : 국사편찬위원회.

❖ 김도형, 2000, 『대한제국기의 정치사상연구』, 서울 : 일조각.

❖ 김영작, 1989, 『한말 내셔널리즘의 연구–사상과 현실』, 서울 : 청계연구소.

❖ 김택영 저, 조남권 · 안외순 · 강소영 역, 2001, 『김택영의 조선시대사 韓史綮』, 서울 : 태학사.

❖ 김효전, 2000, 『근대 한국의 국가사상 : 국권회복과 민권수호』, 서울 : 철학과현실사.

❖ 盧承允, 1999, 『朴殷植의 民族敎育思想』, 서울 : 양서원.

❖ 박찬승, 1992, 『한국근대정치사상사연구–민족주의 우파의 실력양성운동론–』, 서울 : 역사비평사.

❖ 배용일, 2002, 『박은식과 신채호 사상의 비교연구』, 서울 : 경인문화사.

❖ 신용하, 1984, 『한국근대사와 사회변동』, 서울 : 문학과지성사.

❖ 신용하, 1986, 『朴殷植의 사회사상연구』, 서울 : 서울대출판부.

❖ 유준기, 1999, 『한국근대유교 개혁운동사』, 서울 : 아세아문화사.

❖ 尹健次 지음, 교육출판기획실 · 심성보 역, 1987, 『한국근대교육의 사상과

운동』, 서울 : 靑史.

❖ 이만열 편, 1980, 『박은식』, 서울 : 한길사.

❖ 이만열, 1985, 『한국근대 역사학의 이해 : 민족주의사학과 식민주의사학』, 서울 : 문학과지성사.

❖ 이만열 외, 2000, 『한국사 : 신문화운동1』, 서울 : 국사편찬위원회.

❖ 전복희, 1996, 『사회진화론과 국가사상－구한말을 중심으로－』, 서울 : 한울아카데미.

❖ 차기벽, 1978, 『한국 민족주의의 이념과 실태』, 서울 : 까치사.

❖ 최영성, 1997, 『한국유학사상사』, 서울 : 아세아문화사.

❖ 금장태, 1999, "애국 계몽 사상가의 유교관"(『한국 유학의 탐구』, 서울대출판부).

❖ 김기승, 1987, "白巖 朴殷植의 思想的 變遷過程－大同思想을 중심으로－"(『歷史學報』 제114집, pp. 1－39).

❖ 朴正心, 1999, "朴殷植의 社會進化論 受容과 自然認識"(『동양철학연구』 제21집, 동양철학연구회 1999. 12).

❖ 이훈옥, 1989, "張志淵의 變革思想 硏究"(인하대학교 박사학위논문).

❖ 장현근, 1999, "朱子學의 官學化와 사상사적 한계"(한국정치학회 『한국정치학회보』 33집 1호, pp. 149－168).

❖ 정진석, 2001, "제1장 언론인 위암 장지연"(위암장지연선생기념사업회 편, 『한국근대언론과 민족운동』, 서울 : 커뮤니케이션북스).

❖ 최기영, 2001, "제2장 『황성신문』의 역사관련 기사에 대한 검토"(위암장지연선생기념사업회 편, 『한국근대언론과 민족운동』, 서울 : 커뮤니케이션북스).

❖ 홍원식, 2000, "애국계몽운동의 철학적 기반－박은식과 장지연을 중심으로"(『동양철학연구』 제22집, 동양철학연구회 2000. 6).

제 2 장

배성룡과 안광천의 국가건설사상

김기승 (순천향대)

Ⅰ. 머리말

1910년 일제의 한국 강점은 대한제국 체제의 붕괴를 가져왔다. 이것은 곧 군주주권주의의 소멸을 뜻하는 것이었다. 그러나 1910년대 독립운동 진영에서는 독립운동의 목표가 대한제국의 부활, 즉 광복운동으로 인식하는 경향이 엄연히 잔존하고 있었다. 제1차 세계대전이 진행 중인 1915년 이상설과 신규식 등은 신한혁명당을 결성하고 독일제국과 제휴하여 항일전쟁을 수행하기 위해 군주주권주의에 의거한 대한제국 체제 수립을 시도하기도 했다. 이러한 맥락에서 국내의 광무 황제를 탈출시켜 독립운동의 구심점으로 삼기 위한 노력도 여러 차례 시도되었다.[1)]

1919년 3 · 1운동은 1910년대 독립운동 과정에 일부 잔존하고 있던 복벽주의 노선이 청산되고 국민주권주의에 입각한 공화주의 국가건설론이 정착하게 되는 계기가 되었다. 2 · 8동경유학생 독립선언에서는 '전제정치'를 비판하고 '정의와 자유를 기초로 하는 민주주의'에 의거한 '신국가'를 건설할 것을 요구했다. 또한 3 · 1독립선언서 대표였던 손병희는 "민주정체로 할 생각이었다"고 하면서 그러한 생각은 자신만의 생각이 아니라 전국민의 일반적인 생각이라고 했다.[2] 이와 같이 거족적인 3 · 1운동은 민족 전체가 독립의지를 대외에 과시하면서 그들 자신이 새로운 국가의 주인임을 선언하고 확인하는 것이었다고 하겠다. 따라서 3 · 1운동에 기반을 두고 해외에 수립된 임시정부는 대한제국이 아니라 '대한민국'이라는 이름을 갖게 된 것이다. 1919년 4월 11일 공표된 대한민국임시헌장 제1조에 규정된 '대한민국은 민주공화제로 함'이라는 규정은 이후 독립운동 진영의 국가건설 구상의 기본적 원칙으로 자리잡게 되었다.

그러나 3 · 1운동 이후 사회주의 사상이 유입되고 사회주의 운동이 대두하면서 민족해방운동 진영은 우익의 민족운동과 좌익의 사회운동으로 분화되었다. 이에 따라 종래의 민주공화국 건설을 부정하면서 소련식의 소비에트 국가건설을 주장하는 새로운 움직임이 나타나게 되었다. 민족해방운동 진영이 이념과 노선에 따라 좌우익으로 양분되면서 국가건설 구상에서도 민주공화국 건설론과 소비에트 국

1. 강만길, 「독립운동과정의 민족국가건설론」, 『한국민족운동사론』, 한길사, 1985, 118-119쪽 : 조동걸, 「임시정부 수립을 위한 1917년의 대동단결선언」, 『한국민족주의의 성립과 독립운동사 연구』, 지식산업사, 1989, 324-325쪽.

2. 강만길, 위의 글, 120쪽.

가건설론이 대립했던 것이다.[3)]

1920년대 초반 좌우익 진영에 나타난 국가건설론의 대립현상은 1920년대 중반 이후 민족협동전선운동이 전개되면서 새로운 접합점을 모색하게 되었다. 즉 1920년대 중반 이후에는 자치운동의 대두, 중국의 국공합작, 통일전선론 도입 등의 영향으로 민족주의자와 사회주의자들이 연합전선을 형성하려는 움직임이 일어났다. 그리고 이러한 민족연합전선운동은 자치운동 배격과 독립국가 건설을 목표로 삼고 있었다. 이에 따라 국가건설 구상의 공감대를 형성하려는 노력이 나타나게 되었던 것이다.

본고에서는 1920년대 중반 민족연합전선 결성운동이 추진되던 시기 국내의 사회주의 운동을 이끌면서 민족해방운동 이론을 체계화했던 배성룡과 안광천의 국가건설 구상을 규명하고자 한다.[4)] 배성룡은 제2차 조선공산당 당원으로서 사상단체 푸락치로 활동하면서 코민테른의 반제국주의 통일전선론을 소개하면서 사회주의자들이 민족주의자들과 연합하여 민족해방운동을 전개해야 한다는 입장을 일관되게 견지했다. 안광천은 제3, 4차 조선공산당을 주도적으로 이끌면서 민족연합전선 조직인 신간회 결성을 주도했으며, 조선공산당의 민족해방운동에 관한 강령을 기초했다. 배성룡과 안광천은 1920년대

3. 임경석, 「일제하 공산주의자들의 국가건설론」, 『대동문화연구』 27, 1992. 12, 206－211쪽.

4. 필자는 『한국근현대 사회사상사 연구－배성룡의 진보적 민족주의론』, 신서원, 1994와 「1920년대 안광천의 방향전환론과 민족해방운동론」, 『역사와현실』 6, 1991. 12에서 배성룡과 안광천의 사상을 구체적으로 연구하면서 그들의 국가건설 구상에 대해 대략적으로 언급한 바 있다.

국내 사회주의 운동을 이끌었던 대표적인 이론가로 활동했다. 그들은 민족협동전선론적 관점을 견지했고, 사회주의 사회의 실현을 지향했다는 점에서 공통적이었다. 그러나 그들이 당시에 제시한 국가건설론은 차이가 있었다. 배성룡은 민주공화국 건설을, 안광천은 인민공화국 건설을 구상하고 있었다. 이들의 국가건설 지향은 각각 자신들이 참여하고 있던 조선공산당의 방침을 대표하고 있다. 따라서 두 사람의 국가건설사상에 대한 규명은 1920년대 사회주의 운동의 국가건설론의 변화를 살펴볼 수 있는 좋은 사례라고 할 수 있다.

Ⅱ. 민족해방운동

1. 배성룡의 민족해방운동

배성룡은 1896년 10월 경북 성주에서 배운홍(裵運鴻)의 차남으로 출생했다. 그는 고향에서 보통학교를 마친 후 1912년 조선총독부 토지조사국 기수, 1915년 성주공립보통학교의 교사가 되었다. 1919년 3·1운동 직전 일본으로 건너가 1923년까지 일본대학에서 사회학을 전공했다. 1923년 귀국 직후 조선일보 기자가 되었으나 1924년 가을 퇴사하고 당시 신청년들 사이에 급속히 확산되고 있던 '사회운동' 대열에 가담하여 '직업적' 운동가로 변신했다. 그가 사회운동에 참여하게 된 것은 빈한한 성장환경과 사회학 전공자였다는 점과 관련이 있을 것이다. 이 시기 그는 소수 특권층이 주도하는 자본주의적 민족주의 운동은 퇴조할 것이며, 다수의 민중에 토대를 둔 사회운동이 발전할 것으로 전망하고 있었다.

1920년대 초반 사회주의 운동은 사회문제와 사회주의 사상을 연구하기 위한 사상단체를 결성하는 사상운동의 형태로 전개되었다. 배성룡은 사상단체 화요회에 가입하여 활동을 시작했다. 그는 1923년 7월 12일부터 8월 21일에 걸쳐 《조선일보》에 「농민운동의 현재와 장래」(13회), 「사회변혁과 사상적 고찰」(28회)을 연재하여 국내에서는 최초로 혁명을 사회학적 관점에서 분석했다. 또한 1925년 8월에는 《동아일보》의 경제논문 현상 공모에 당선되었다. 이렇듯 사회적으로 실력을 인정받게 되면서 그는 화요파의 대표적 이론가로 활동했다.

화요파는 코민테른의 후광을 배경으로 사회주의 운동의 주도권을 장악하면서 1925년과 1926년 2차례에 걸쳐 조선공산당을 결성했다. 화요파의 이론적 지도자였던 배성룡도 1926년 3월 제2차 조선공산당에 가입하여 사상단체 푸락치로 활동했다. 1925년 이후 화요파와 제2차 조선공산당에서는 일부 타협파들이 추진하고 있던 자치운동에 대항하기 위하여 비타협적 민족주의자와 협동전선을 결성하기 위한 운동을 추진하고 있었다. 배성룡은 합법적 공간에서 활동하면서 코민테른의 반제통일전선 전술을 소개하고 민족협동전선운동의 이론적 토대를 마련하고 여론을 선도하는 역할을 맡았다.

그는 사회주의자들은 이전과는 달리 정치운동을 전개해야 한다고 했다. 그러나 사회주의적 정치운동이 무산정당을 결성하는 것은 아니라 민족의 정치적 독립을 추구하는 민족해방운동에의 참여라고 했다. 따라서 민족주의자들과 적극적으로 제휴하여 민족해방운동을 전개해야 한다는 것이다. 그리고 민족연합전선을 결성하기 위한 준비작업으로 사회주의 운동 진영의 통일이 필요한데, 그것은 여러 사회단체들을 망라하는 것보다는 사상단체의 통합을 통해 이루어져야 한다고 했다. 당시의 상황에서는 통일적인 사상단체가 무산정당의 역할을 담당할 수 있다고 본 것이다.

배성룡은 1926년 7월 체포되어 1년간의 옥고를 치르고 1928년 9월 만기 출옥했다. 출옥 후 1930년대는 《중앙일보》, 《조선중앙일보》 등의 중견간부 직책을 맡으면서 언론인으로 활동했다. 그의 언론활동은 여운형을 중심으로 한 사회주의적 인사들과 교류하면서 이루어졌다. 1930년대 배성룡은 일관되게 민족협동전선론적 입장을 견지하여 계급문제를 민족문제 내에 포괄하여 인식하여 토착자본의 반제국주의적 성격을 인정했고, 그 결과 민족해방을 위한 민족주의자와의 협동전선 결성을 계속해서 주장했다. 그리하여 민족주의자와 사회주의자들이 함께 추진해야 할 과제로서 '생활혁명'을 제시하기도 했다. 특히 1934년에는 의열단에서 추진하는 민족협동전선 결성 공작에 경성연락책임자로 참여한 적도 있었다. 이로 인해 배성룡은 좌편향적인 사회주의자들로부터는 '사회개량주의자' 혹은 '소부르주아적 민족주의자'라는 비판을 받는 위치에 있었다.

1945년 해방 이후에도 배성룡은 좌우합작을 통한 통일국가 수립운동을 전개했다. 특히 그는 신형 민주주의 국가상을 제시하면서 좌우익의 연합정권 구성을 주장했다. 이것은 미국식 자본가 독재와 소련식 노동자 독재를 거부하는 조선식의 신형 민주주의라고 했다. 그는 연합정권 내에서의 특정한 계급이나 세력의 주도권을 인정하지 않았다. 그는 사회해방의 과제는 통일민족국가 건설 이후의 일로 보았다. 따라서 그가 사회주의 사회를 실현하는 방법은 의회주의 원칙에 의거하면서 사회주의적 정책을 실시하도록 하는 것이었다.

2. 안광천의 민족해방운동

안광천은 경남 진영 출신으로 구한국 시의(侍醫)를 지낸 안왕거(安往居)의 아들로 태어났다.[5] 그는 경성의학전문학교를 졸업한 후 자혜병원의 의사로 근무했다. 1923년 1월 김해청년회를 조직했고, 8월에는 북성회 순회강연을 계기로 사회주의 사상 연구를 위해 제4회(第四會)를 조직했다. 1924년 일본으로 건너가 북성회에 가입했다. 안광천은 이미 국내에서 사회운동의 경험을 가진 상태에서 일본으로 건너갔던 것이다. 그는 사회주의 사상에 접하면서 당시의 대학교육이 무의미하다고 비판하고 대학에 다니기를 거부했다. 그럼에도 불구하고 그는 사회주의 운동을 전개하고 있던 재일 조선인 유학생들의 리더 역할을 담당했다. 그는 탁월한 언변과 재능을 지닌 '천재적 이론가'로 알려졌다.[6]

안광천은 이여성 등과 함께 1925년 1월 북성회를 해체하고 일월

5. 본명은 安孝駒이며, 安乎于 · 盧正煥 · 司空杓 · 林在一 등의 가명을 사용했다.
6. 김기진, 「나의 회고록」, 『김팔봉문학전집 2』, 문학과지성사, 1988, 201쪽.

회를 창립했다. 그는 일월회 강령을 기초했고, 상무집행위원으로 활동했다. 그리고 일월회 기관지『사상운동』에 각종 논설을 기고하면서 사회주의 운동노선의 새로운 방향을 제시했다. 일월회는 '과학적 이론에 입각한 엄정한 비판'을 모토로 내세우면서 이론투쟁의 중요성을 강조했다. 안광천은 당시 일본에서 유행하고 있던 사회주의 운동의 새로운 이론을 나름대로 소화하면서 국내 사회주의 운동을 한 단계 발전시키고자 했다. 일월회는 운동의 일차적 과제로 파쟁 청산과 사상단체 통일방침을 채택했다. 이에 따라 그는 1926년 사상단체 신성회를 해체시켰으며, 2월에는 수재의연금 국내 전달을 계기로 화요파와 서울파의 합동을 권유했다. 이어 3월 다시 동경으로 돌아가『분립으로부터 통일에』라는 제목의 일월회 리프렛을 발행했다. 같은 해 6월『사상운동』지국을 국내외로 확대하고 박낙종으로 하여금《대중신문》을 발간토록 했다.

이처럼 일본에서 활동기반을 닦은 후 안광천은 1926년 여름에 귀국했다. 귀국 직후 9월 제3차 조선공산당에 입당하여 선전부 책임자로 활동하였다. 10월에는 사상단체 정우회에 가입하여 상무집행위원과 서무부 책임자가 됨으로써 화요파 중심의 사상단체를 장악하게 되었다. 이를 토대로 그는 사회주의 운동이 종래의 잘못된 노선을 청산하고 새로운 노선으로 방향을 전환해야 한다는 충격적인 선언을 발표했다. 그는 1926년 11월 경제투쟁으로부터 정치투쟁으로의 방향전환과 비타협적 민족주의자와의 민족협동전선 결성을 촉구하는 이른바 '정우회 선언'을 발표했던 것이다. 6·10만세운동 직후에 발표된 이 '정우회 선언'은 당시 민족해방운동계를 논쟁의 폭풍 속으로 몰아넣는 계기가 되었으며, 민족협동전선운동이 주류적인 운동으로 자리잡게 되는 결정적 계기로 작용했다.

안광천은 1926년 12월 제3차 조선공산당 책임비서가 되었다. 그는 책임비서로서 기존의 모든 사상단체를 해체할 것과 민족단일당 결성을 당론으로 채택하였다. 사상단체 해체 주장은 곧 합법적 무산정당을 부인하면서 민족해방을 위한 민족단일당 조직을 중시하는 방침이었다. 이러한 방침에 따라 그는 12월 정우회를 해체시켰다. 그리고 1927년 2월 조선일보계와 천도교계의 비타협적 민족주의자들과 제휴하여 민족단일당으로서의 신간회를 결성하였다. 조선공산당원들의 신간회 참여는 조직적 참여가 아니라 개인 참여방식이었다. 왜냐하면 조선공산당은 비밀결사였기 때문에 합법적 조직인 신간회에 조직적으로 참여할 수 없었기 때문이었다.

안광천은 이 시기 신간회를 통한 민족협동전선 운동론이 정당한 노선임을 강조했다. 따라서 각종 대중단체의 결합을 통해 독자적인 사회주의적 정치세력의 조직화를 꾀하는 전진회 측의 주장을 비판했다. 그에 의하면 전진회측의 노선은 무산정당과 민족주의 정당의 별도 결성을 추구하는 것인바, 그것은 민족단일당을 부정하는 양당론으로서 좌익 소아병적 견해라고 비판하였다. 그러나 안광천 1927년 9월 영남친목회와 같은 친일단체를 신간회에 끌어들이려고 했다는 이유로 조선공산당 내부의 비판에 직면하게 되었다. 이에 그는 조선공산당 책임비서를 사임하게 되었다. 조선공산당 내에서 입지가 흔들리자 안광천은 11월 「신간회와 그에 대한 임무」를 발표했다. 이 글에서 그는 사회주의 운동노선의 변화를 야기하는 중대한 문제를 제기했다. 그는 사회주의자들의 당면 임무는 민족협동전선 조직인 신간회 내에서 무산계급의 헤게모니를 전취하는 것이라고 했다. 이렇게 신간회에서의 사회주의자들의 주도권 문제를 거론하자 일부에서는 헤게모니 논쟁은 그 자체가 민족협동전선을 거부하는 것이라고 반대하는 의견이 제시되었다. 이에 안광천은 1928년 자신의 노선에 대한 반대론은 민족협동 그 자체만을 중시하여 계급해방의 과제를 방기하는 청산주의적 견해라고 반비판하였다.

이러한 과정에서 안광천은 1928년 2월 말 제4차 조선공산당 중앙집행위원, 정치부장으로 복귀했다. 그는 이 무렵 「코민테른에 보고하는 국내정세에 관한 보고」와 「민족해방운동에 관한 논강」을 작성하였다. 이 두 개의 문건이야말로 안광천의 민족해방운동론이 체계화되고 그의 국가건설 구상이 구체적 모습을 드러낸 문건이다. 동시에 이 문건들은 조선공산당 전국대회 혹은 중앙집행위원회에서 공식적으로 채택된 문건이다. 따라서 이 두 문건은 조선공산당의 공식적인 민족해방운동론과 국가건설론을 밝힐 수 있는 자료라고 할 수 있다. 이 문건에서 안광천은 사회주의자들이 부르주아 민주주의 공화국도 아니며 소비에트 공화국도 아닌 '혁명적 인민공화국' 건설을 목표로 삼아야 한다고 주장했다. 이러한 주장은 단순한 구호에만 머물지 않고 당시의 현실 및 계급구성에 대한 분석, 당시의 운동 발전단계에 대한 분석을 토대로 이루어진 것이었다. 따라서 이때 체계화된 '인민공화국' 개념은 1945년 해방을 전후하여 사회주의자들의 국가건설 구상의 기본적 토대가 되었다.

이렇게 안광천은 1920년대 중반 치열한 이론투쟁을 전개하면서 조선공산당의 민족해방운동론을 체계화했고, 이를 바탕으로 '인민공화국' 개념을 체계화했다. 이러한 활동에도 불구하고 안광천은 1928년 5월 부인 이현경(李賢卿)을 불법적으로 복당시켰다는 것, 즉 당규

문란을 이유로 출당처분을 받았다. 조선공산당에서 출당된 안광천은 중국 상해로 망명하였다. 그는 1929년 북경에서 김원봉과 함께 조선공산당재건설동맹을 조직하고 위원장이 되었으며, 레닌주의 정치학교를 운영하면서 잡지 『레닌주의』를 발간하였다. 1930년부터 1931년에 걸쳐 레닌주의 정치학교에서 양성한 20여 명을 국내에 파견하였다. 이러한 활동은 민족협동전선론적 관점을 일관되게 견지했음을 말해준다. 그러나 이러한 관점은 1930년대 이후 민족협동전선을 부정했던 사회주의 운동의 주류로부터 우편향 노선이라고 부정되었다. 1930년대 이후에는 소비에트 국가건설론이 주류가 되었던 것이다. 그가 체계화했던 '인민공화국' 건설노선이 사회주의 운동계에서 다시 주목을 받게 되었던 것은 1930년대 후반 통일전선론으로 회귀한 뒤부터였다.

Ⅲ. 국가건설사상

1. 배성룡의 민주공화국 건설론

배성룡은 1920년대 일관되게 민족협동전선론적 관점을 견지했다. 그것은 일본 제국주의의 식민지배 상태 아래에서는 계급해방보다 민족해방의 과제가 중요하다고 생각했기 때문이다. 그는 민족운동 세력과 사회운동 세력이 연합하는 데 누가 주도권을 장악할 것이냐에 대해서는 고려하지 않았다. 오히려 그의 입장은 사회주의자들이 종래의 경제투쟁 일변도의 계급노선을 지양하고 정치투쟁, 즉 민족해방운동에 참여해야 한다는 점에 강조점이 놓여 있었다. 이것은 그의 생각일 뿐만 아니라 당시 제2차 조선공산당의 공식적인 방침으로 결정되어 있었다. 즉 민족협동전선 조직체로 신간회가 출범할 때 개인적인 참여라는 방식을 선택한 것이다. 이러한 방침은 협동전선 조직체 내에서 민족 부르주아지의 주도권 내지 지도권한을 인정한 것이다.

배성룡은 민족협동전선 내에서 특정한 계급의 주도권을 주장하는 것은 협동전선을 부정하는 것이라고 보았다. 주도권은 협동 그 자체에서 발생한 것으로 보아야 한다는 관점이었다. 이런 맥락에서 배성룡은 계급해방이나 사회해방이라는 과제는 민족해방의 과제가 달성된 뒤에 달성해야 할 과제로 생각했다. 따라서 그의 주된 관심은 민족해방, 즉 일제 식민지 상태로부터의 정치적 독립에 두어지게 되었다. 이를 위해 광범한 계층의 연합에 의한 역량 결집이 필요하다고 본 것이다.

1920년대 배성룡의 국가건설 구상을 직접적으로 발표한 문건이나 자료는 없다. 여기서는 그가 참여하고 있었던 제2차 조선공산당 관련 자료를 중심으로 그의 국가건설 구상에 대해 살펴보고자 한다.

1926년 조선공산당이 추진했던 대표적인 운동은 제2의 3 · 1운동으로서 6 · 10만세시위운동을 계획한 것이다. 이 계획이 탄로 나면서 대대적인 검거사건이 일어났으며, 이때 배성룡도 검거되어 자신의 구상을 더 구체화할 수 없게 되었다. 따라서 6 · 10만세시위운동을 통해 당시 사회주의자들이 추구했던 목표를 살펴보는 것은 배성룡의 사상의 이해할 수 있는 실마리를 찾을 수 있을 것이다.

당시 사회주의 운동가들에게 있어 6 · 10만세시위운동은 '민족적 통일전선을 작성하는 제1보' 로 기획된 것이었다. 민족연합전선적 조직으로서는 당조직을 상정하고 있었다. 이때 제2차 조선공산당에서는 '사회주의, 민족주의, 종교계, 청년계, 학생계의 혁명분자를 망라하여 대한독립당을 조직할 것' 을 목표로 삼았다.[7] 민족혁명 세력을 망라한 민족단일당을 조직하고자 했던 것이다. 민족단일당을 결성하려고 했을 때, 정당은 기본적으로 강령과 정책을 갖추어야 한다. 그리고 그 정당이 표방하고 있는 정강과 정책을 통해 국가건설 구상이 구체화되는 것이다. 그러나 제2차 조선공산당은 민족단일당을 결성하기 전에 일제에 검거되었다. 따라서 민족단일당의 정강과 정책은 체계화되거나 공식화되지는 못했다.

그러나 당시 제2차 조선공산당에서는 국가건설 구상이 담겨 있는 정강을 공식적으로 채택하거나 결의하지 않았다. 다만 조선공산당 간부로 활동했던 구연흠이 체포되었을 때, 어떠한 강령을 갖고 있는가에 대한 질의와 응답내용이 전해지고 있다. 구연흠은 '조선공산당의 강령은 어떠하냐' 는 질문에 대해 말하기를 "당면 투쟁의 목적은 일본 제국주의 압박으로부터 조선을 절대 해방하는 데 있다"고 하면서 '당면한 정치적 요구' 로서 12개의 항목을 다음과 같이 설명했다.[8]

① 민주공화국을 건설한다. 이 건설은 국가의 최고 및 일체 권

7. 강덕상, 『현대사자료 29, 조선 5』, みすず書房, 1972, 425쪽.
8. 강덕상, 위의 책, 420쪽.

력이 국민에 의해 조직된 직접, 비밀(무기명 투표), 보통 및 평등 선거로 성립한 입법부에 있다.

② 직접, 비밀, 보통 및 평등의 선거로서 중대한 지방자치를 건설할 것.

③ 전국민의 무장을 실시하여 국민경찰을 조직할 것.

④ 일본의 군대, 헌병 및 경찰을 조선으로부터 철폐할 것.

⑤ 인민의 자체 혹은 가택의 침범을 하지 못하도록 할 것.

⑥ 무제한의 양심, 언론, 출판, 집회, 결사 및 동맹파업은 자유롭도록 할 것.

⑦ 문벌을 타파하여 전인류는 절대 평등한 권리를 가질 것.

⑧ 여자를 제 압박으로부터 해탈시킬 것.

⑨ 각 공사립 교육기관에서 조선어를 국어로 할 것. 또 조선어로 교수할 것.

⑩ 학교의 자유를 보장하고 무료 및 의무 보통 및 직업교육을 남녀 16세까지 실시할 것. 또 빈민 학령 자녀의 의식과 교육용품을 국가의 경비로 공급할 것.

⑪ 각종 간접세를 폐지하고 소득세 및 상속세를 누진함.

⑫ 소비에트 사회주의연합공화국과 우의적 연맹을 체결할 것.

이상의 12가지 정치적 요구는 조선공산당 강령이라고 보기 어렵다. 오히려 당시 사회주의자들이 추진하고 있었던 '민족단일당' 강령에 적합한 성격의 것이다. 특히 구연흠이 '당면의 목표'와 '당면의 정치적 요구'라는 단서를 달았다는 점에서 볼 때도 민족협동전선운동을 전개하면서 추진해야 할 과제로 선정되었다고 보는 것이 타당할 것이다. 여기에 나타난 국가건설 구상은 당시 사회주의자들 뿐만 아니라 민족주의자들의 공통적 요구에 기초하고 있다고 볼 수 있다.

여기에서 보면 민족의 정치적 독립을 최우선으로 제시하면서 보통선거제 채택, 부르주아 민주주의적 자유권 보장, 지방자치 실시, 민족교육의 실시, 문벌타파와 신분평등을 중시하고 있다. 이것은 자본주의 사회의 민주주의적 제도를 채택한 것이라고 볼 수 있다. 따라서 조선공산당의 국가건설 구상도 기본적으로는 '민주공화국' 건설을 목표로 삼았던 것이다. 다만 무상의무교육의 중시, 동맹파업권 보장, 누진세 채택, 전국민의 무장화, 소련과의 연대 등은 사회주의 사회건설을 지향하는 진보적 내용이라고 볼 수 있다.

배성룡의 국가건설 구상도 제2차 조선공산당의 정책방향과 일치하는 것으로 볼 수 있다. 제2차 조선공산당의 민주공화국 건설론은 정치적으로는 기본적으로 의회민주주의를 채택했다고 볼 수 있다. 그리고 사회주의 실현방법은 노동자의 생존권 확보와 정치경제적 제 권리를 확보하기 위한 사회주의적인 정책을 채택하고자 하는 것이었다. 8 · 15해방 이후 배성룡의 국가건설 구상은 사회민주주의적 지향성을 지닌 '신형 민주주의론' 으로 구체화되었다.[9)]

9. 해방 후 배성룡의 국가건설 구상에 대해서는 김기승, 「배성룡의 신형민주주의 국가상」, 『한국사시민강좌』 17, 1995. 8. 참조.

2. 안광천의 혁명적 인민공화국 건설론

1) 자치운동 배격과 인민공화국 건설

안광천의 국가건설 구상은 1928년 2월과 3월에 이르러서 체계화되었다. 그의 국가건설 구상은 제3차 조선공산당의 공식적 방침으로 채택되었다. 그의 국가건설 구상이 나타난 제3차 조선공산당의 공식적 문건은 「논강–국제공산당에 보고하는 국내정세」와 「민족해방운동에 관한 논강(테제)」이다. 전자는 1928년 2월 27일과 28일 이틀에 걸쳐 경기도 고양군 아현리 소재 김병환의 집에서 개최된 조선공산당 전국대회에서 코민테른 보고문서로서 채택되었고, 후자는 1928년 3월 고양군 아현리 김상훈의 집에서 개최된 제2, 3회 중앙집행위원회에서 가결되었다.[10]

안광천은 장래에 수립될 국가형태는 '혁명적 인민공화국'이 되어야 한다고 했다. 이것은 1919년 3·1운동 이후 수립된 대한민국임시정부의 정체로서 민족주의 계열의 민족해방운동 진영에서 추구했던 '민주공화국' 국가상을 부정하는 관점이다. 동시에 3·1운동 이후 국내외의 사회주의 운동 진영에서 제시했던 '노농 소비에트 국가' 구상을 비판하는 견해이다.

그는 장래 건설해야 할 국가는 '인민공화국'이어야 한다는 점

10. 김준엽 · 김창순, 『한국공산주의운동사 3』, 청계연구소, 1986, 376, 382쪽.

을 다음과 같이 제시했다.

> 현재 광범한 프롤레타리아 계급 앞에 소비에트 XXX을 건설하고자 하는 것을 불가능하다. 따라서(그리고) 시민적 공화국을 건설하는 것도 불가능하다. 투쟁은 노농대중의 민주주의적 집권자를 갖는 인민공화국을 위한 것이 되지 않으면 안 된다.[11]
>
> 조선의 장래 권력조직은 조선사회의 정세에 기초한 혁명적 인민공화국이어야 한다. 조선에서 소비에트공화국을 건설하려는 것은 좌익 소아병적 견해이며 부르주아공화국을 건설하려는 것은 우경적 견해이다.[12]

이처럼 안광천은 부르주아민주공화국 건설은 우경적 견해이고 소비에트공화국 건설은 좌익 소아병적 견해라고 하면서 '혁명적 인민공화국' 건설이 민족해방운동의 정당한 노선임을을 강조했다.

1920년대 중반 사회주의 운동 진영에서 정권 혹은 국가를 구성하는 정치적 문제에 관심을 갖게 된 직접적인 계기는 일제가 추진하고 있던 자치운동 때문이었다. 즉 국가건설 구상의 구체화 작업은 곧 일본 제국주의의 식민통치 및 자치운동에 대한 정치적 투쟁의 일환이었다. 일본 제국주의의 식민통치를 받는 상황에서 정치적 투쟁을 할 경우, 식민지 자치가 아닌 독립운동이 되기 위해서는 명확한 목표 치밀한 전략 수립이 중요한 문제로 대두했던 것이다. 아울러 사회주의

11. 안광천, 「논강」, 김준엽 · 김창순, 위의 책, 375쪽.
12. 안광천, 「민족해방운동에 관한 논강」, 김준엽 · 김창순, 위의 책, 381쪽.

자들이 비타협적 민족주의자들과 연합하여 자치운동을 반대하는 과정에서 사회주의자들의 독자성을 어떻게 확보할 것인가의 문제도 대두하게 되었다. 따라서 안광천의 국가건설 구상은 민족해방운동 과정에서 자치운동 배격을 위한 민족협동전선 결성운동에 사회주의자들이 참여하는 이론과 방법이 모색과정에서 도출되었다고 하겠다.

이러한 맥락에서 안광천은 「국제공산당에 보고하는 국내정세」에서는 민족해방운동의 목표가 '인민공화국' 임을 천명한 바로 다음 항목에서 '자치운동' 에 대한 투쟁방침을 제시했다. 그리고 「민족해방운동에 관한 논강」에서는 '자치운동' 에 대한 투쟁이 곧 혁명적 인민공화국 건설을 지향해야 한다고 했다. 국가건설은 자치운동 반대와 직결된다고 보았던 것이다.

이 점에서 '혁명적 인민공화국' 의 내용을 구체적으로 파악하기 위해서는 자치운동에 대한 반대 논거를 먼저 살펴볼 필요가 있다. 자치운동에 대해서는 「민족해방운동에 관한 논강」에 비교적 구체적으로 나타나 있다.

> 조선민족해방운동의 목표는 조선의 완전한 독립이다. 일본제국주의와 조선 귀족 또는 타락한 조선 부르주아지의 거래로서의 조선 [자치운동]에 대해서는 단호하게 반대하지 않으면 안 된다. [자치운동]의 사회적 계급적 의의, 그 역사적 제한성, 조선 부르주아지 매수의 기만적 정책 이외에 아무 것도 아니다. 그 내용을 노동 및 일반 대중에게 설명하지 않으면 안 된다. 일본제국주의자는 사실상으로 그 정책을 실행할지도 모른다. 노농대중은 그 거래를 방해하지 않으면 안 된다. 조선 지주 및 부르주아지의 일부분의 매수, 기만적 정책으로 이미 실행하고 있

는 도평의회, 부평의회, 면협의원회, 학교평의회 등에 대해서는 철저하게 반대하고 그 내용을 폭로하지 않으면 안 된다.

조선민중은 자치에 대신하여 절대 보선에 기초한 조직적 국민회의를 획득하지 않으면 안 된다. 조선의 장래 권력조직은 조선사회의 정세에 기초한 혁명적 인민공화국이어야 한다. 조선에서 소비에트공화국을 건설하려는 것은 좌익소아병적 견해이며 부르주아공화국을 건결하려는 것은 우경적 견해이다.

이처럼 안광천은 일제가 자치운동을 실제로 추신하고 있다고 보았다. 그것은 조선인 지주와 자본가를 '매수'하기 위한 기만적인 정책이라고 보았다. 조선인 부르주아 계급을 회유하기 위해 취하는 일련의 정책이 도평의회, 부평의회, 면협의회 구성으로 판단하고 있었던 것이다. 일제가 추진하고 있는 지방행정협의회에 대한 조선인의 참가는 조선의 독립에 역행하는 것이라고 보았다. 말하자면, 지방행정협의회나 평의회는 조선인의 대표성을 인정할 수 없다는 것이다.

2) 혁명적 인민공화국의 성격

자치운동에 대한 반대투쟁은 곧 조선인의 참다운 대표기관을 구성하여 식민통치를 벗어나 독립된 국가를 구성하는 것이어야 한다는 것이다. 그렇다면 일제의 지방행정평의회와 협의회와는 달리 조선인을 대표하는 기관은 어떠해야 하는가?

「민족해방운동에 관한 논강」에서 안광천은 "조선민중은 자치에 대신하여 절대 보선에 기초한 조직적 국민회의를 획득하지 않으면 안 된다"고 했다. 즉 '절대 보선에 의한 조직적 국민회의'를 구성하는 것을 통해서만 조선인의 의사를 대표할 수 있다고 본 것이다. 이것은 일제가 지방행정에서 원용하고 있던 조선인의 관리 임명이나 추천 혹은 간접선거와 같은 방식을 배격한다는 의미이다. 조선인의 직접, 비밀, 보통선거에 의해 조선인의 의사가 결집된 조직적인 국민회의체를 구성해야 한다는 것이었다.

그런데 '조직적인 국민회의'는 민주공화국 건설론에서 구상하는 국회에 준하는 조직으로 해석된다. 그러나 자본주의 사회에서의 국회와는 다른 성격의 존재로 해석될 수 있다. 국민회의 구성에 대한 대체적인 윤곽은 「국제공산당에 보고하는 국내정세」를 통해 확인할 수 있다.

> 조직적 국민회의는 보통선거권 위에 소집되지 않으면 안 된다. 각 도에 있어서도 각각의 방법으로 도 인민회의가 선출되지 않으면 안 된다. 각 촌에서는 농민 및 소작인에 의해 구성되는 농민 소비에트가 선출될 것을 요한다.
>
> 이와 같은 각기 지방을 관할하는 농민 관리를 임용 배치함에 있어서 광범한 대중정치의 직접 참가를 확실하게 하는 것이 가능하고, 또 국민회의 및 도민회의에 대중의 의사를 심는 것도 가능하다.

이 글에 의하면 국민의 보통선거에 의해 촌 대표, 도 대표, 국민대표가 선출되어 촌 단위의 농민 소비에트, 도 단위의 도인민회의, 전국 단위의 국민회의체가 결성되어야 한다는 것이다. 그런데 보통선거에 의해 구성된 회의체가 어떤 권한과 위상을 갖는지에 대해서는 언급되지 않고 있다. 이러한 전면적인 직접 선거에 의한 대표 선발을 통한 회의체 구성은 '각기 지방을 관할하는 농민 관리를 임용 배치함에서 광범한 대중정치의 직접 참가를 확실하게 하는' 방법이라고 했다. 이 점에서 선거에 의해 구성된 전국 또는 지방 단위의 회의체는 행정조직 구성에 대한 권한까지 갖는 것으로 상정할 수 있다.

이러한 조직원리, 즉 국민의 보통선거에 의한 국민대표회의체가 구성되고 이 회의체가 정부조각 권한을 갖는 형식은 대한민국임시정부에서도 나타난다. 따라서 안광천의 국가구상 또한 국민대표회의체에게 정부조직 권한을 부여하는 것을 상정하고 있다고 생각된다. 그러한 이유로 국가구성의 방법으로서 회의체 구성방식에 집중했다고 볼 수 있다. 즉 국민 주권행사를 대신할 만한 조직체 구성이 기본적 중요성을 갖기 때문이다.

그런데 여기서 주목되는 것은 전국 단위에서는 국민회의, 도 단위에는 도인민회의라고 했다. 그러나 부나 면 단위에 대해서는 언급이 없이 바로 각 촌락 단위의 회의체 조직을 언급하고 있다. 그리고 촌 단위에서는 인민회의가 아니라 농민 및 소작인 중심의 '농민소비에트'가 조직되어야 된다고 했다. 말하자면, 촌 단위에서는 촌의 주민 전체의 대표가 아니라 농민계급의 대표로 구성되는 소비에트 조직이어야 한다는 것이다. 이렇게 될 때 노농대중이 참여하여 자신의 의사를 관철하는 정권이 구성될 수 있다는 것이다.

이 점에서 안광천이 말하는 '혁명적 인민공화국'은 자본주의 사회에 기반한 민주공화국의 형식을 취하되, 사회의 기층에서는 소비에트 형식을 취함으로써 장기적으로는 노농 소비에트 국가를 지향하는 국가라고 할 수 있다. 이런 점에서 자본가계급과 노농계급이 연합하되 노농계급이 주도권을 장악하여 민주공화국을 소비에트공화국으로 전화시키는 과도단계로서 상정했다고 볼 수 있다.

안광천이 1929년 5월에 발표한 글에서는 이러한 점이 보다 분명하게 나타난다.[13] 혁명적 인민공화국을 '노농 민주주의 독재국가'로 표현하게 되는 것이다. 그는 '현 단계 조선혁명'에서 '장래 정권형태'가 "프롤레타리아 독재일 수 없다는 의미에서 부르주아 민주주의적 형태일 것은 명백하다"고 했다. 그러나 "그것은 '순수한' 부르주아 민주주의적 형태일 수 없는 것도 의심할 바 없다"는 점을 강조했다. 왜냐하면, 새로이 구성될 정권은 제국주의와 결합한 봉건적 지주와 자본가에 대항하며 봉건적 착취와 부르주아적 착취를 동시에 제거해야만 하는 정권이기 때문이라는 것이다. 따라서 '선진 부르주아 국가의 정상적인 부르주아 민주주의적 정권형태와 조선 부르주아 혁명의 장래 정권형태'가 달라져야 한다는 것이다.

결론적으로 그는 장래의 "국가형태는 권력이 노농대중의 수중에 장악되는 혁명적 · 민주주의적 국가가 아니면 안 된다"고 했다. 그는 소비에트 형식을 취해야 한다는 점을 다음과 같이 강조했다.[14]

13. 사공표(안광천), 「조선의 정세와 조선 공산주의자의 당면 임무」, 『레닌주의』 창간호(1929년 5월 5일), 배성찬 편역, 『식민지 시대 사회운동론연구』, 돌베개, 1987, 115-117쪽. 이 글의 실제 집필연도는 1928년 8월이다. 이것은 코민테른 12월테제가 발표되기 전의 글이다.

14. 사공표, 위의 글, 배성찬 편역, 『식민지 시대 사회운동론연구』, 돌베개, 1987, 116쪽.

> 노농 민주주의 독재정권은 노농 소비에트 형식을 취하지 아니할 수 없다. 왜냐하면 소비에트는 노농대중을 가장 광범하게 포섭할 수 있는 대중조직이며, 노농대중 사이에서의 프롤레타리아 전위의 지도를 가장 용이하게 하며, 혁명의 앞으로의 전진을 위해서 가장 유력하게 싸울 수 있는 조직이며, 대중 자신의 가장 민주주의적인, 따라서 가장 권위있는 조직으로서 노농대중의 신국가 건설 및 관리에의 참가를 가장 용이하게 하며, 인민의 소수인 착취자를 가장 잘 억압할 수 있는 조직이기 때문이다.

그러나 안광천은 '소비에트 조직!'을 당면 구호로 내세워서는 안 된다고 했다. 그렇게 될 경우에는 오히려 대중으로부터 고립된다고 했다. 노농 소비에트 국가를 수립하기 위해서는 첫째 '노농대중의 광범한 혁명적 궐기', 둘째 '국가권력이 노농 독재로 옮겨지게 될 객관적 정세의 존재', 셋째 '노농대중 사이에 정권 획득을 위한 투쟁을 개시할 용의(用意)가 성립될 것' 등의 전제조건이 충족되어야 한다는 것이다. 따라서 당면의 국가건설 목표와 구호는 '부르주아 민주주의 정권'이어야 한다는 것이다. 그러나 그 정권에 노농계급이 참여하여 소비에트 정권으로 바꿀 수 있는 준비를 해야 한다고 했다. 따라서 노농계급이 주도하는 민주주의 정권이 되어야 한다고 했다. 이것을 그는 '노농독재의 민주주의 공화국'이라고 했다. 이것은 프롤레타리아 혁명의 완성은 아니지만 프롤레타리아 혁명을 통한 사회주의 국가건설을 지향하는 것이라고 했다.

결국 안광천의 '혁명적 인민공화국' 건설론은 민족주의자들이 지향했던 민주공화국 건설론이나 민족협동전선을 부정했던 사회주의자들의 소비에트공화국 건설론을 비판하면서 민족협동전선론적 관점에서 제시된 것이었다. 따라서 국민회의나 도인민회의를 통해 민족 부르주아지가 정권에 참여할 수 있는 가능성을 열어두면서 농촌 단위에서는 농민 소비에트를 통해 노농계급이 역량을 강화할 수 있는 기반도 갖추고자 했다. 특히 그는 '인민공화국'을 부르주아 민주주의 혁명단계에서 부르주아 중심의 민주공화국에서 노농계급 중심의 소비에트공화국으로 이행하는 과도단계로서 파악했다. 즉 부르주아 민주주의 공화국이라는 이름을 갖되 소비에트 형식을 취해야 한다고 하면서 노농계급의 지도권이 확보되어야 한다는 점을 강조했다. 따라서 노농계급에 의한 민주공화국 건설은 프롤레타리아 혁명으로 이행하기 위한 하나의 과정이라는 것이다. 이 점에서 '인민공화국'에 '혁명적'이라는 단서를 붙이게 된 것은 이 점을 강조하기 위한 것으로 생각된다. 그리고 인민은 민족 부르주아지와 노농계급이 연합한 계급연합적 개념이라고 파악할 수 있다.

Ⅳ. 맺음말

3·1운동 이후 수립된 대한민국임시정부가 '민주공화국' 건설을 구체화하면서 이후 민족해방운동 진영에서는 국민주권주의에 의거한 '민주공화국' 건설이 국가구상의 기본적 원칙으로 자리잡았다.

1920년대 초반 사회주의 운동 초기 공식주의적 관점에서 소비에트 국가 건설론이 제기되기도 했다. 그러나 사회주의 운동세력이 1925년 조선공산당을 결성하여 조직적 기반을 확립하고 민족해방운론을 체계화하면서 '민주공화국' 건설은 좌우익의 이념을 넘어선 공통적 목표로 자리잡게 되었다. 배성룡이 참여했던 제2차 조선공산당의 '당면 정치적 요구' 는 이러한 점을 잘 보여주고 있다.

이것은 자치운동 배격이라는 공통적 목표를 달성하기 위해 민족협동전선을 결성해야 한다는 당시 민족운동 방법의 공감대가 형성되면서 나타난 현상이었다. 1920년대 중반 민족협농전선 결성운동은 민족단일당 혹은 민족유일당이라는 정당결성 운동으로 나아갔다. 이것은 임시정부 형식보다는 당적 조직이 민족해방운동에 효율적이라는 인식 위에서 진행된 것이었으며, 중국 국민당의 이당치국의 논리와 소련공산당 운동을 민족해방운동의 방법으로 원용한 형태였다. 정당의 기본 요건은 정강과 정책의 수립이었다. 그리고 이를 통해 장래 독립국가의 권력구조를 구상하게 되는 것이다. 여기서 1920년대 중반 이후 국가건설 구상이 구체화되었던 것이다.

민족단일당은 민족 전체의 역량과 대중적 토대를 강조하게 된다. 이것은 사회주의자는 물론 비타협적 민족주의자들도 견지했던 관점이었다. 여기서 민족을 구성하고 있는 다양한 계급들의 연합을 상정하게 되었다. 따라서 새로운 국가의 권력은 계급연합을 가능하게 하는 것이어야 했다. 이러한 배경에서 배성룡은 '민주공화국' 건설을 지향했고, 안광천은 '인민공화국' 을 제시했다. 그러나 두 사람의 국가건설론은 사회주의 실현방법에 있어서는 차이가 있었다. 배성룡은 의회주의 원칙에 의거하여 사회주의적 정책을 시행하는 방법을 채택했는 데 비해, 안광천은 인민공화국 내에서 촌락 등 하부 단위에서 노농 소비에트를 조직하여 이를 토대로 노농계급의 주도권을 확보하고자 했다. 배성룡은 계급해방의 과제를 민족해방 과제 달성 이후로 보았는 데 비해, 안광천은 민족해방과 계급해방의 과제를 유기적으로 연계시키고자 했고, 그 연계는 노동자계급의 주도면밀한 주도권 확보를 보장하는 것이어야 했다.

1945년 해방을 전후하여 배성룡은 사회민주주의적 방향에서 좌우익이 연합한 통일민족국가 건설을 구상하면서 남북통일운동을 전개했다. 이에 비해 안광천의 인민공화국 건설론은 해방 이후 좌익측의 인민공화국 대 우익측의 민주공화국이라는 대립구도를 낳는 기반이 되었다. 이러한 국가건설 구상의 차이는 미소 냉전체제 아래에서 남측의 대한민국과 북측의 인민공화국 수립에 의해 분단국가 체제가 만들어지는 것으로 귀결되었다.

참고문헌

❖ 姜悳相, 1972, 『現代史資料 29, 朝鮮 5』, みすず書房.

❖ 강만길, 1985, 「독립운동과정의 민족국가건설론」, 『한국민족운동사론』, 한길사.

❖ 김기승, 1991, 「1920년대 안광천의 방향전환론과 민족해방운동론」, 『역사와 현실』 6.

❖ _____, 1994, 『한국근현대 사회사상사 연구－배성룡의 진보적 민족주의론』, 신서원.

❖ _____, 1995, 「배성룡의 신형민주주의 국가상」, 『한국사시민강좌』 17.

❖ 김기진, 1988, 「나의 회고록」, 『김팔봉 문학전집 2』, 문학과지성사.

❖ 김준엽 · 김창순, 1986, 『한국공산주의운동사 3』, 청계연구소.

❖ 배성찬 편역, 1987, 『식민지시대 사회운동론 연구』, 돌베개.

❖ 우동수, 1991, 「1920년대 말－30년대 한국 사회주의자들의 신국가건설론에 관한 연구」, 『한국사연구』 72.

❖ 임경석, 1992, 「일제하 공산주의자들의 국가건설론」, 『대동문화연구』 27.

❖ 조동걸, 1989, 「임시정부 수립을 위한 1917년의 대동단결선언」, 『한국민족주의의 성립과 독립운동사연구』, 지식산업사.

제 3 장

의암 손병희의 '교정쌍전'의 국가건설사상 :

문명계몽, 민회운동, 3·1독립운동

오문환 (경희대)

Ⅰ. '교정쌍전'의 이상

동학혁명 이후 조선이 일제에 의한 타율적 근대화의 길로 들어서자 의암 손병희는 1901년 일본으로 외유를 떠나게 된다.[1] 일본으로 건너간 뒤 1902년에 1차로 일본에 유학생을 불러들인 뒤, 1903년에는

1. 의암은 세계정세와 근대문명의 성격을 파악하기 위하여 일본으로 간다고 하고 있다. "문명셩질과 세계형편을 자세히 안 후에야 우리 도를 널리 펴치는 ᄃᆡ 반다시 걸니미 업슬 줄노 생각ᄒᆞ노니 …" 「본교력ᄉᆞ」, 최기영 · 박맹수 편, 1997, 『한말천도교자료집』 2, 272면. 그러나 실상은 동학혁명이후 가해지는 탄압을 피하기 위한 일종의 정치적 망명이라 할 수 있다. "손병희가 정부의 동학 탄압에 대한 해결점을 찾지 못하고 일종의 정치적 망명을 기도한 것일 수도 있다." 최기영, 1994, 「한말 동학의 천도교로의 개편에 관한 검토」, 『한국학보』 76, 95면.

중요한 교리서이자 시론이기도 한 「삼전론」과 「명리전」[2]을 지어 새로운 시대에 살아남는 길을 제시하고, 1904년에는 다시 유학생 40명을 선발하여 일본으로 불러들인다.[3] 러일전쟁의 기운이 감도는 1904년 의암은 '흑의단발(黑衣斷髮)'로 상징되는 자발적인 근대화 운동인 갑진개화운동을 지도하였으며,[4] 1905년 12월 1일 중앙 대교당 건축을 알리는 광고에서 동학을 천도교로 개칭하고,[5] 이듬해《만세보》[6]를 창간하고 일련의 저서들을 발표하게 된다. 1910년 합방이 된 이후에는 문화사업과 보성재단 등을 인수하여 교육사업을 통하여 민족정신을

2. 의암 손병희의 저서는 崔起榮 · 朴孟洙 編, 1997,『韓末天道敎資料集』1 · 2를 저본으로 한다. 의암의 저술로 현재까지 판단되고 있는 모든 저술이『天道敎經典』에 수록되지는 않았다. 이 글에서는 별다른 문제가 없는 경우에는 천도교중앙총부에서 펴낸 포덕 138년 3판 인쇄본을 활용하며 편명과 소제목만 표기토록 한다. 「準備時代」의 경우 시사적이고, 정치적인 문제를 다루고 있을 뿐만 아니라 함께 활동했던 권동진, 오세창, 양한묵 등 제자들의 글이라는 설도 있기 때문인지『天道敎經典』에서 제외되었지만『萬歲報』에 게재되었을 뿐만 아니라 「三戰論」과 「明理傳」의 연장선상에서 이해할 수 있는 주장들이 많아 일단은 천도교의 정치사상을 잘 보여준다는 입장에서 이 글에서는 주요 분석대상으로 삼았다. 「準備時代」가 의암의 저술인지의 여부는 문헌학적 연구과제중 하나이다.

3. 이때 유학생에는 이광수, 정광조, 최경락, 최창조, 서윤경, 백종치, 황석교, 이관연, 김승운 등이다. 「天道敎百年略史』上, 332면.

4. 『천도교창건사』, 44쪽에는 단발의 목적으로 '세계문명에 참여하는 표준이요, 또한 단결을 굳게 하여 회원의 심지를 일치'하는 것으로 기술하고 있다. 갑진개화운동에 대해서는 조항래, 2002, 「갑진개화혁신운동의 영향과 의의」,『동학학보』4, 75-115면 참조.

5. 『帝國新聞』, 1905. 12. 1, 제8권 제276호.

6. 광무 10(1906)년 6월 17일 창간, 사장 吳世昌, 발행인겸 편집인에 申光熙, 주필에 李人稙. 경영난으로 1907년 6월 30일로 폐간.

지탱해 나가고자 하였으며, 인재양성 준비과정을 거쳐서 1919년 3 · 1 독립운동에서 중심적 역할을 하였다. 독립운동 이후 병보석으로 나온 뒤 1922년 환원하였다.

의암의 정치철학의 핵심은 「명리전」에 나타난 '교정쌍전(敎政雙全)'의 개념에 가장 잘 나타난다. '교정쌍전'이란 말 그대로 교(敎)는 정치화되고 정(政)은 도덕화될 때 둘이 완전해진다는 뜻이다. 따라서 의암 정치철학의 핵심은 권력의 도덕화와 도덕의 권력화라 할 수 있다. 이러한 사상은 수운 최제우의 천황씨 사상과 해월 최시형의 영성과 혁명의 통일[7]이라는 동학사상의 연속성을 가진다. 나아가 유가의 도덕정치의 연속선상에서도 이해될 수 있으나 도덕의 자각이 모든 사람들에게 제한 없이 완전히 열렸다는 점에서 도덕이 성현이나 사대부에게 한정되었던 유가와는 다르다. 동학에 이르러 도덕만 민에게 열린 것이 아니라 정치도 동시에 민에게 열리게 된다. 그렇게 됨으로써 천도 또는 동학이라는 종교운동이 강력한 정치지향적 운동과 짝하여 나가는 이유를 여기에서 찾을 수 있다. 의암은 도를 '교정쌍전'으로 보기 때문에 천도교를 한다는 것은 한편으로는 종교운동을 강화하면서 다른 한편으로는 정치운동을 전개한다는 의미를 가지고 있음[8]을 뚜렷하게 하였다.

의암의 정치철학을 '교정쌍전'으로 집약할 수 있다면 그가 지향한 국가는 '교정쌍전'의 국가라 할 수 있다. 의암은 '교정쌍전'이

7. 오문환, 2004, 『동학의 정치철학 : 도덕, 생명, 혁명』, 모시는사람들 참조.

8. "國家事 卽 道中事이니 내 이 戰役을 타서 국가만전의 책을 도하고 吾道顯彰의 機를 지으리라. 『天道敎百年略史』 3편, 31－32면.

이루어지는 국가를 어떻게 건설하려 하였는가? 이 글은 '교정쌍전'의 국가건설사상을 세 가지로 분석하여 보고자 한다.

첫째로, 의암은 민이 도덕을 아는 인격체가 될 수 있도록 문명계몽이 되어야 한다고 보았다. 여기서 문명계몽이란 서구 계몽주의의 맥락보다는 '사람이 하늘이다'라는 동학적 맥락에서 보아야 할 것이다. 동학은 '사람이 하늘을 모시고 있다(侍天主)'라는 명제를 통하여 인간의 존엄성, 평등성, 역사진보와 사회구성의 주체성을 확보할 수 있었다. 그러므로 동학은 도통(道通)이란 다름이 아니라 '내가 내된 바(我爲我而非他)'라 하였다. 풀어보자면 모든 인간은 감각, 감정, 이성을 넘어선 무극하고 영원한 주체라는 자각을 한다는 뜻이다. 다시 말하자면 자신이 곧 하늘임을 알아 우주에게 가장 위대한 존재라는 자각을 의심 없이 한다는 뜻이다. 의암이 말하는 문명계몽은 도덕문명의 계몽임을 알 수 있다. 이러한 사상에 기초하여 의암은 일대 문명계몽운동 또는 자발적 근대화 운동을 전개하였다. 바로 자각된 민을 형성하려는 의도이다. 이는 서구적 시민과는 또 다른 형태의 정치적 주체라 할 수 있다.

의암은 세계적 · 시대적 서구 모더니티의 흐름을 도덕문명의 시각에서 나름대로 인식하고 있었을 것이다. 왜냐하면, 의암은 일본에 머물면서 후쿠자와 유기치 같은 근대화론자들과 교류 했을 것이며, 무술변법 실패 이후 일본으로 건너왔던 양계초 등과 같은 중국에서의 개혁론도 접하고 교류도 했을 것이다. 의암은 일본에 머물면서 새로이 등장하고 있던 모더니티 문명을 보다 쉽게 접하면서 동학을 세계적 문명흐름과 적응시킬 수 있는 방안을 개혁으로 설정했다. 그러므로 동학의 개혁이 천도교라는 자각적 종교의 창설로 나타났다고 하겠다.

둘째로, 의암은 이러한 자각된 민을 민회운동으로 조직화하고 세력화하여 새로운 국가건설의 실질적 토대로 삼고자 하였다. 의암은 이미 러일전쟁의 전운이 감도는 1904년 일본에 있으면서 일대 개혁운동을 전개하도록 하여 이른바 '갑진개혁운동'이 일어나게 된다. 갑진개혁운동은 자각된 민에 의하여 일종의 풀뿌리 민주주의 또는 생활정치의 실현이라 할 수 있다. 민회운동의 사상적 토대는 1903년에 쓴 「삼전론」에 비교적 소상하게 밝혀져 있으며, 이른바 '애국계몽운동'의 사상적 원천이라 평가할 수도 있다.

「삼전론」은 군사주의의 형태로 아시아에 들어온 근대성과의 전쟁에서 패한 당시 현실인식에 기초하여 새로운 전쟁을 통하여 살아남는 길이 무엇인지를 제시한다. 먼저 의암은 서구의 군사력과 기술력을 높이 평가하면서도 그것이 곧 사람의 길도 아니고 하늘의 이치도 아니라고[9] 말하면서 세 가지 생존의 길을 말한다. 군사전쟁에서는 패했지만 다른 전쟁에서는 이길 수 있다는 희망을 피력한 글이 「삼전론」이다. 「삼전론」은 먼저 천도를 지켜서 서도와의 경쟁에서 우월성을 유지하며, 산업화를 통하여 서구와의 경제력 경쟁에 나서며, 문화나 언론에서 서구 근대성에 대응할 수 있는 자기 방어능력을 형성하

9. "아무리 그러해도 강하다는 것은 병력이 강하다는 것이 아니라, 의에 나아가 굴치 않음을 말하는 것이요, 계교는 교활한 교태가 아니라, 일을 통달하여 예리함을 타는 것을 말함이니, 만약 예리한 무기와 굳센 무장으로써 병력이 서로 접전하면 강약이 서로 나누어져서 인도가 끊어지리니, 이 어찌 천리이겠는가. 雖然 强非勁兵之强力 就義無屈之謂也 巧非姦細之巧態 達士乘銳之稱也 以若利器堅甲 兵刃相接則 强弱相分 人道絶矣 是豈天理哉", 「三戰論」 '序論.'

게 되면 자기 보전은 할 수 있다고 보았다. 의암의 이러한 「삼전론」은 을사늑약 이후 이른바 문화, 산업, 교육에서 국가를 보전하고자 하는 개혁운동을 하게 된다. 이후 애국계몽운동의 사상적 원천이 된다고 하겠다.

셋째로, 민의 계몽과 민의 조직은 결국 독립운동을 지향하고 있다. 3 · 1독립운동은 '교정쌍전'의 국가를 건설하기 위한 가장 시급한 과제였다고 할 수 있다. 독립운동을 하기 이전에 의암은 조선에서 이미 군사적 강자로 등장할 가능성이 있는 일본과의 관계형성을 통하여 유리한 입지를 마련하려고 했다. 그러므로 의암은 러일전쟁에서 일본이 승리할 것으로 보아 일본을 지지하는 입장을 보였다.[10] 그러나 의암의 이러한 전략은 그다지 효과적이지 못했지만, 1919년 3 · 1독립운동을 준비하기 위한 전술적 위장으로서는 의의가 가진다고 할 수 있다.

3 · 1독립운동의 가장 큰 특징은 보편적 가치를 주장하면서 종교가들이 운동의 지도자 역할을 하였다는 점이다. '교정쌍전'의 국가를 건설하는 지도력이 종교지도자 중심이었다는 점은 매우 흥미로운

10. "군ᄌ금으로 돈 일만원을 일본정부에 기부ᄒᆞ야 황인죵을 도아 백인죵 배ᄎ하는 뜻을 표ᄒᆞ시다", 「본교역ᄉᆞ」 19면, 최기영 · 박맹수 편, 1997, 『한말천도교자료집』 2, 275면. "國家事 卽 道中事이니 내 이 戰役을 타서 국가만전의 책을 도하고 吾道顯彰의 機를 지으리라 … 일로가 개전하면 어느 국가가 반드시 승리할 것인가를 잘 살펴서 필승할 만한 국가편에 가담해서 공동출병하여 전승국의 지위를 얻어야 할 것이요, 기 지위를 얻은 뒤에는 강화담판시에 전승의 지위를 이용하여 국가만전의 조약을 체결할 것이니 이것은 천재일우의 기회일 것이다 … 그런데 나의 생각으로는 日勝露敗를 점칠 수 있으니 …", 『天道教百年略史』 3편, 31－32면.

점이다. 왜냐하면 서구 근대국가는 철저하게 교황청으로부터의 독립된 세속적 권력인 데 반하여, '교정쌍전'의 국가는 도덕을 지향하는 사람들이 새로운 국가를 형성하고자 하였다는 점에서 서구 모더니티 이론으로는 설명하기 힘든 한국적 독특성이 드러난다. 의암은 3 · 1독립운동을 실질적으로 주도함으로써 '교정쌍전'의 국가를 건설하려는 위대한 이상을 실천하였으나 결국은 실패하였다. 3 · 1운동 이후 '교정일치'라는 정치이상은 계승되지 못하고 정치는 도덕으로부터 더욱 거리가 멀어지게 된다. 도덕이라는 내용은 사라지지지만 3 · 1운동은 새로운 국가건설의 담론이 민주공화정으로 이행하는 결정적 분기점이 된다.

Ⅱ. 문명계몽을 통한 새로운 민의 형성

'교정쌍전'의 국가건설의 주체는 민이다. 동학이 보는 민은 성찰적 자각을 통하여 새로이 탄생한 주체다. 새로운 민은 천주를 모신 영적 존재이고, 존엄하고 평등한 인격이며, 역사를 창조하고 사회를 형성하는 적극적 주체다. 이러한 인격적 완성은 모든 사람들에게 열리게 되어 누구나 국가형성의 주체라는 근대적 관념이 싹트게 된다. 의암은 이러한 동학적 인간론에 입각하여 서구 계몽주의적 문명을 언론을 통하여 적극적으로 수용하고 교육을 통하여 확장하고자 하였다. 《만세보》는 서구의 근대적 국가론을 소개하기도 하고 위생관념을 계몽하기도 하였다. 재정적 어려움에 처한 중고등학교에 적지 않은 후원을 하고, 보성학원과 동덕학원의 경우에는 직접 맡아서 경영하면서 독립의식을 함양하고 근대적 계몽을 촉진하였다.

1. 동학의 도덕문명의 계승

문명계몽은 '교정쌍전' 에서 교의 역할이다. 교란 『중용』에 나타난 바대로 천명을 깨닫고(宗敎) 민중에게 가르치는(敎育) 것이다. 『대학』의 용어로 하자면 교란 하늘의 밝은 덕을 밝혀(明明德) 지극한 도덕의 경지에 이르러(至於至善) 뭇 생명에게 가까이 다가가는 것이라(親民) 하겠다. 따라서 교에는 이미 문명계몽의 의미가 내재되어 있다고 하겠다.

동학은 이러한 도덕문명의 전통을 이어받는다. 그리하여 사람은 천주를 자기 안에 모시고 있으며(侍天主), 하늘이 베푸는 조화의 덕에 통하고 있음을(造化定) 강조한다. 의암은 이러한 사상적 맥을 이어받아 새로운 국가는 천주를 모시는 사람들(侍天主), 즉 도덕적인 사람들이 정치권력을 장악하는 도덕국가의 이상을 '교정쌍전' 으로 개념화하였다. 교정쌍전은 도덕과 권력을 통일하려는 동양 정치사상의 원형을 이어받고 있는 것이다. 그러나 동학은 도덕에 가해진 제반 외형적 제약들을 완전히 개혁하는 근본적 혁명사상이라는 점에서 유가적 전통으로부터 벗어난다.

수운은 「불연기연」에서 천황씨가 왕이 된 것은 유가가 일반적으로 말하는 것처럼 천명을 받아서 그러한 것도 아니며, 다산 정약용이 말하는 것처럼 민의 추대에 의하여 된 것이 아니라, 스스로 자신이 하늘임을 깨달아 천도를 모든 사람들에게 베풀기 위하여 왕이 되었다고 하는 도덕국가론을 제시하고 있다. 자기 자신이 곧 하늘이라는 천도를 깨달았기 때문에 천명을 받았으며 민의 추대를 받았다고 할 수 있다. 수운은 경신년에 천주를 만나서 '하늘 마음이 곧 자기 마음인 줄' 깨달았다고 말한다. 즉 천도를 깨달았다는 뜻이며, 새로운 도덕권력을 수립할 수 있는 자격을 갖추었다는 뜻이다. 이는 흔히 후천 천황씨의 운이라고 표현되며 새로운 국가건설의 자기 정당화로 활용된다. 그러므로 동학은 후천 천황씨의 운을 강조하면서 동학혁명이라는 정치운동으로 발전하였다. 그러나 일제와 청의 간섭에 의하여 새로운 국가를 구현하기 위한 동학혁명이 실패한 이후 의암은 도덕국가의 이상을 근대성의 맥락에서 새로이 정립하게 된다.

의암의 정치관은 이러한 후천 천황씨론을 성신쌍전(性身雙全)이라는 인간론으로 발전시키고 교정쌍전(教政雙全)이라는 정치철학으로 체계화하였다. 이러한 기본 입장은 「도연구도(道研究圖)」에 도식으로 잘 설명되고 있다.

「도연구도」는 『천도태원경』의 일부이다. 의암은 도를 정법(政法)과 교리(教理)의 둘로 구성되어 있는 것으로 본다. 즉 도란 정치와 종교의 통일을 의미한다. 따라서 도란 정치를 떠나서 존재할 수 없으며, 종교를 떠나서 존재할 수 없다는 뜻이다. 따라서 천도교에서 말하는 도는 일반적으로 말하는 도의 초월성과 추상성과는 거리가 멀다. 정치와 종교는 도의 하위개념으로 이해되고 있으며, 양자의 통합과 조화가 곧 도로 이해되고 있다.

정치는 법에 의하여 규율되고, 종교는 이치에 의하여 밝혀진다. 의암이 「도연구도」에서 말하고자 하는 것은 정법과 교리는 언제나 함께 병행되어야 한다는 사실이다. 만약 그렇게 되지 못할 경우 정치권력은 쭉정이(秕)에 불과하게 되고 도덕은 혼미에 빠져버린다고 보았다. 쭉정이 정치는 이치에 맞지 않게 힘의 논리에 의하여 움직이는 정치를 뜻하며, 도덕이 혼미해지는 것은 정의가 힘을 행사하는 것이 아니라 힘이 정의를 농간하기 때문이라 하겠다.

의암은 정치의 법과 종교의 이치를 한 차원 더 분석한다. 정법(政法)은 치안(治安), 율도(律度), 공인(公認)으로 구성되며, 교리(敎理)는 조행(操行), 학력(學力), 신념(信念)으로 구성된다. 의미를 분석하자면 법에 의거한 정치란 민의 치안유지를 일차적으로 중시하고, 시민의 일상생활이 법의 규율에서 벗어나지 않게 하며, 제반 사회적 관행에 대한 공적 인증을 행사한다. 이처럼 법치가 행해지기 위해서는 종교의 이치에 어긋나지 않아야 한다. 종교 이치는 시민들의 행동규범이 되며, 배우고 익히는 표준이 되며, 믿음의 중심이 되어야 한다는 것이다. 종교가 이치에서 벗어나게 되면 시민들의 행위, 이성, 믿음은 방향을 잃게 되어 혼미한 상태에 빠지게 된다. 의암은 공적 생활에서의 법치와 사적 생활에서의 윤리도덕이 함께 병진할 때 도가 이루어진다고 보았다. 다시 말하자면 공적 권력은 시민의 덕성과 떨어질 수 없다는 것이다.

그러나 현실은 양자의 분리다. 그러므로 정치와 도덕의 병진은 어디까지나 이상이라 할 수 있다. '교정쌍전'은 이상이지만 동시에 실천을 안내하는 표준이다. 현실이 교정(敎政)의 양분화라는 사실을 의암은 잘 인식하고 있었기 때문에 양자를 다시 통합하는 것을 천도교의 사명으로 보았다. 그렇기 때문에 「도연구도」에서는 교정의 양분화가 가져온 문제를 극복하기 위해서는 쭉정이에 불과한 정치를 도의 중심으로 인도하고 혼미한 근본 이치를 중심으로 반성시켜야 한다고 본다. 다시 말하자면 정치권력은 도덕을 만나야 하며, 도덕은 정치권력을 만나야 비로소 도가 완성된다고 보는 것이다. 둘이 중심에서 만나서 잘 균형을 이룰 때 개인적 완성과 사회적 진보가 함께 이루어진다고 본다. 다시 말하자면 권력의 도덕화와 도덕의 권력화를 천도교의 사명으로 인식했다고 하겠다. 교와 정을 완전하게 하는 '교정쌍전(敎政雙全)'이 이상적 도의 완성으로 실징된다.

교정쌍전(敎政雙全)은 의암이 지향했던 이상적인 국가상이라고 할 수 있다. 마음은 하늘로부터 부여받은 성품을 온전히 거느리고 몸을 뜻대로 다스릴 수 있을 때 자아완성에 이른다고 한다. 하늘의 성품을 온전하게 회복하는 일을 맡은 것이 종교라면 땅에서부터 온몸을 온전히 하는 것은 정치의 임무이다. 그러므로 종교가 없다면 사람은 성품을 구현할 수 있는 길이 없을 것이며, 정치가 없다면 몸의 안전과 물질적 번영을 이루어낼 수 없을 것이다. 성품과 몸을 온전히 하는 곳에서 생명의 진보가 이루어지듯이 종교와 권력이 상호 조화되는 곳에서 도가 세워진다고 한다.[11] 의암은 천도를 통하여 종교와 정치의 두 측면을 모두 완성할 수 있다고 보았다. 종교에서 천도는 '본래의 나'의 마음을 올바로 정하고 지키는 가운데서 이루어지고, 정치에서 천

11. "政治史와 道德史는 인간문제의 근저에서 결코 분리하여 볼 것이 아니오 유일의 人乃天 生活의 표현에서 그가 制度로서 나타날 때에는 政이 되고 그가 敎化로 나타날 때에는 敎가 된다 함이니", 이돈화, 『천도교창건사』 제3편 67쪽.

도는 법을 올바로 지키고 몸가짐을 바로 하는 데서 이루어진다고 보았다.

의암은 일제치하에서 종교의 일차적 과업으로 민의 자각을 설정하여 문명계몽운동을 전개하였고, 자각된 민을 조직화하고 세력화하는 민회운동을 전개하였다. 민은 조직화될 때 세력권을 형성한다. '자신이 곧 하늘'이라는 깨달음을 토대로 하여 민이 곧 새로운 사회건설의 주인공이며 역사창조의 주체임을 자각시키는 민회운동은 한국 풀뿌리 민주주의의 기초가 되었다고 할 수 있다. 그러므로 이는 교의 역할이라 할 수 있다. 민회운동을 통하여 자각된 민은 국가와 민족의 주인이 자신이라는 민족주의적 자의식에 눈을 뜨게 되어 일체치하로부터의 독립과 자주국가 건설의 이상을 꿈꾸게 되었다. 독립국가의 이상은 3·1독립운동으로 구체화된 것이다. 이는 정의 역할이라 할 수 있다. 민회운동과 독립운동은 교정쌍전의 현실적 실천이라 하겠다. 운동에 앞서 민은 도덕에 계몽될 필요가 있었다. 계몽은 물론 서구 근대성에 대한 개방으로 이해될 수 있으나 도덕적 주체의 자각을 위한 방편이다.

2. 언론을 통한 계몽 :《만세보》

의암이 1905년 일본에서 한국으로 들어오면서 가장 먼저 한 활동은 바로 문명의 계몽이었다. 의암은 오세창을 사장으로 하는《만세보》[12]를 창간하여 문명개화와 애국계몽의 여론을 형성하는 통로로 활용하였다.《만세보》창간호의 사설에서 활동의 대략적인 방향이 뚜렷하게 드러나고 있다. "學問이 增進ᄒᆞ고 殖産이 發達ᄒᆞ야 國家와 人民의 實力을 養成ᄒᆞ야 國威 國光이 萬歲에 奮揚"[13]이 목적으로 제시된다. 이러한 취지를 볼 때 의암을 1905 이후 일반화된 이른바 애국계몽운동의 일부로 파악하는 연구들이 나오는 것은 무리가 아니다. 그렇지만 위에서도 지적하였듯이 의암 철학의 핵심은 역시 동학에 연원을 두고 있다.

의암이 말하는 문명은 근본적으로 도덕에 기초하고 있다. 도덕이란 궁극적으로 무엇이 신이 되고 무엇이 익이 되는지를 밝혀 사람이 가야 할 길과 행해야 할 행위를 밝힌 것이다. 그러므로 선악이 어떻게 하여 생겼고 악을 피하고 지극한 선에 이르는 길을 밝힌 것이 문명의 기초가 된다고 하겠다. 동학은 바로 지극한 성인에 이르는 무극대도를 받아서 시작되었으며, 모든 사람들에게 이 하늘의 덕을 베푸는 것을 그 목적으로 보았다. 그러므로 사람들로 하여금 천도를 깨닫고 천덕을 행하도록 하는 것이 바로 문명이라고 보았다. 의암은 "도덕의 풍화가 날마다 새롭고 달마다 성하여 풍기가 크게 열리고, 세도가 높이 성하여 인사가 크게 새로워지고, 물품을 받아 흥성하니 이를 문명의 성대라 이르느니라"[14]라고 하여 문명의 뜻을 분명하게 정의하고 있다.

---

12. 광무 10(1906)년 6월 17일 창간, 사장 吳世昌, 발행인겸 편집인에 申光熙, 주필에 李人稙. 경영난으로 1907년 6월 30일로 폐간.

13.《萬歲報》, 創刊號 社說, 1906. 6. 17

14. "道德之化日新月盛 風氣大闢 世道隆盛 人事賁新 物品賦興 此謂文明之聖代也", 의암, 「명리전」.

문명의 근원을 도덕에서 찾았지만 그 도덕이 일상생활과 동떨어져 존재하는 것이 아니므로 당대의 여러 제도와 생활양식 등에 대해서는 적극적인 개방자세를 보이고 있다.《만세보》에서 이러한 자세를 쉽게 찾아볼 수 있다.《만세보》에는「天道敎志」,「天道太元經」,「敎友自省」,「玄機問答」,「天道敎門」의 천도교 입장이 반영된 글들과「國家論」,「衛生學」등과 같은 근대적 실용학문을 소개하는 글들을 실어 문명개화의 의식을 널리 알리기도 하였다.《만세보》에서 오늘날 우리들에게 익숙한 근대적인 개념들은 흔히 보인다. 즉 경쟁시대, 국민의식, 애국심, 자유, 부강, 근대 교육, 생산이익, 국민의 자유 등의 개념들이 자주 사용되고 있다.

《만세보》에 실린 국가론을 보게 되면, 루소의 일반의지에 의한 계약론과 로크의 개인주의적 계약론을 양 극단으로 보며, 국가는 인민들의 일반의지로 탄생한 것도 아니고 개인들의 계약을 통해서 탄생한 것이 아니라 국가와 인민의 절충적 타협으로 탄생한 것이라는 나름대로 국가건설에서 민이 주권자라고 하는 계약론을 소개하여 현실적 균형감각을 보이고 있다.[15] 국가원수, 입법부, 행정부, 사법부의 국가제도에 대해서도 상세하게 소개하고 있다. 국가론에 대한 상세한 소개를 통하여 천도교는 이미 왕정 이외의 새로운 국가형성에 관심을 보이고 있음을 간접적으로 보여주고 있다고 하겠다.

이러한 근대적 흐름에 부응하기 위한 노력의 일환으로 1907년에는 동학경전에 대한 대대적인 주석서를 출간하기도 하였다.『大宗正義』,『聖訓演義』,『天約宗正』,『東經大全』,『東經演義』등과 같이 교

15.《萬歲報》, 1906. 9. 19. 참조.

리해설서의 형태로 출판된 이들 책들은 먼저 당대의 현실과 호흡하면서 동학의 재해석을 시도하고 있다. 전통적 도덕에 입각점을 두면서도 변화하는 근대성을 흡수 · 소화하려는 자세를 볼 수 있다.

가장 눈길을 끄는 주장 중의 하나는 국가를 보존하고, 인종 간의 경쟁에서 살아남고, 강토를 보존하는 핵심으로 '국민의 자유대로 자활력을 득하는 것'[16]으로 설정하였다는 점이다. 자활력이란 자기 안에서 천주를 찾는다고 하는 동학의 기본 철학을 새로이 표현한 것에 지나지 않는다. 참 자아를 찾아 활동력을 증대시키는 것을 새로운 국가형성의 관건으로 보았던 것이다. 여기에서 우리는 동학의 독특한 근대적 민의 자주적 정치철학적 토대를 발견한다. 의암이 자기 성찰과 자기 활력을 가진 새로운 민을 형성하기 위하여 전개한 대표적인 운동이 교육운동이다.

3. 교육사업을 통한 문명계몽

의암이 교육사업을 하게 된 데에는 여러 가지 이유가 있겠지만 독립정신을 위한 지식과 기술을 함양하기 위함이었다. 교육은 문명계몽을 위한 구체적인 사업이었기 때문에 교육을 중시하였다. "民族魂을 鼓吹하고 獨立精神을 함양시키는 가장 중요한 길에는 두 가지가 있다고 선생은 늘 생각해 왔다. 그 하나는 天道敎가 東學創敎 이래의

16.《萬歲報》, 1907. 5. 8.

精神을 계승하여 그것을 실현하는 것이요, 또 하나는 學校敎育을 진흥시켜 民智를 개발하고 技術은 습득하여 民族生活의 土臺를 굳건히 함으로써 民族力量을 북돋우는 것이다."[17] 이러한 의암의 교육사업은 애국계몽운동의 연장선상에서 이해되었다. 천도교는 민족정신의 정수를 이어받은 종교라는 자부심을 강조하였고, 다른 한편으로는 주로 일본을 통해서 밀려오는 근대성을 적극적으로 받아들여 민의 문명계몽에 주력하였다. 의암의 교육사업의 성격은 3 · 1독립운동 이후 의암 사후 제기된 천도교 운동가들의 입장에서 비교적 잘 나타난다.

의암이 교육사업을 통하여 하고자 했던 문명계몽은 서구 근대성의 수용 이상의 의미를 갖는다. 왜냐하면, 동학의 계승이라고 하는 주체적인 종교적 자각을 토대로 서구 근대성을 수용하고자 했기 때문이다. 이돈화는 의암의 주체적 문화사업은 "민족의 역사를 배경으로 새로운 사상과 조화하여 얻은 결과"이기 때문에 '신문화'[18]라고 정의한다. 신문화 운동은 자주적 근대성이라는 점에서 자유주의적 근대성이나 계급주의자적 근대성과는 구분되는 독자성을 주장하였다. 천도교의 독자성 강조는 당시의 일반적인 애국계몽운동이나 실력양성운동과 스스로를 차별화시키기 위함이라 하겠다. 김기전은 "설혹 실력양성을 힘쓴다 할지라도 힘쓰는 그 정신을 다른 무엇을 기성해 나아가는 데 보탬될 한 과정으로 하여야 할 것이 아닙니까?"라고 하였다. 달리 말하자면 김기전은 천도교의 교육사업은 단순히 실력양성을 위해서가 아니라, 인간완성이나 도덕국가 형성이라고 하는 보다 궁극적

17. 『義菴孫秉熙先生傳記』, 279면.
18. 이돈화, 「신문화는 무엇에 의하야 건설되랴」, 『개벽』 13(1921. 7).

인 목적을 달성하기 위한 과정으로 인식하고 있었다. 그러므로 천도교의 교육사업은 조선인 본위 교육운동, 민족공동체 확인을 위한 교육, 영적 존재로서의 인간인식 교육, 이상적 공동체 건설을 위한 사회 변혁의 교육 등으로 평가할 수 있을 것이다.[19)]

의암의 교육사업은 광범위하게 전개되어 구체적인 논의는 별도의 연구를 요하므로 이 글에서는 주로 보성학원 문제만 간략히 다루고자 한다. 의암은 근대적 민족역량의 함양이라고 하는 공익에서 교육사업에 관심을 가졌으며, 1907년에는 보성학원을 인수하게 된다. "그해 十二月二十一日에는 天道敎側과 學校側間에 經營引繼에 관한 契約書에 調印이 성립되고 우선 債務 淸算條로 八千圓이 天道敎側으로부터 學校側에 手交되었다."[20)] 재정위기에 처해 있던 보성학원을 인수하여 약 7년간 운영하였으나 보성학원의 창립자 이용익의 아들인 이종호가 반환요청을 하자 그대로 받아들여 천도교는 반환의 뜻을 표하는 성명을 발표했다. "元來 此等事業은 公益을 爲함이라 何人이던지 善히 經營하는 자 有하면 足할 바이며 本敎會에서도 當初 契約데로 主張할 것 같으면 當然히 李鍾浩氏의 請求를 拒絶할 만도 하고 又는 八年間 所要經費의 辨償을 求할 것이나 本敎會에서는 全部 此를 犧牲으로 하고 本主에게 還付하였노라."[21)] 민족정신의 산실이었던 대표적 사학재단을 인수하여 7년간 경영하는 데 소요된 경비가 대략 20여만 원이었다고 한다.[22)]

---

19. 동학 · 천도교의 교육사상과 실천에 대해서는 정혜정, 2001, 『동학 · 천도교의 교육사상과 실천』, 혜안, 401−426.

20. 『義菴孫秉熙先生傳記』, 279면.

21. 《每日申報》, 1917. 10. 17.

천도교의 교육사업은 보성학원에만 한정되지 않았으며, 동덕여학교에 대해서는 일찍이 경영에 관여하고 지속적인 경비후원을 하다가 "1914년 12월 27일에는 마침내 同德女學校는 그 모든 經營權을 天道敎側에 一任하게 되었으니 第二代 設立者로는 大道主 朴寅浩가 推戴되었다."[23] 교육사업은 주로 인재육성에 초점이 맞추어져 있음을 주지할 필요가 있다. 천도교 독립운동을 앞서서 실질적으로 진행하고 이끌었던 인사들이 보성학원에서 배출된 인재가 많았으며, 동덕학원의 인사들 가운데는 적지 않았다. 정치활동이 금지되었던 1910년대의 상황에서 독립운동을 할 수 있는 유일한 출구는 종교활동과 교육활동이었다.

'교정쌍전'은 독립운동이 결코 종교와 동떨어진 것이 아니라 독립운동은 곧 인격완성과 동전의 양면이라는 사실을 분명히 하였다. '교정쌍전'은 식민지 치하에서 천도교가 현실 순응적인 종교신앙으로 치닫지 않고 현실개혁의 정신을 잃지 않도록 하는 정치철학의 역할을 하였을 뿐만 아니라, 동학의 수도와 혁명의 변증법이라는 동학정신의 계승으로서의 역할도 수행했다. 이러한 교리에서 보자면 천도교인이 독립운동을 하는 것은 천도교인의 당연한 권리이자 의무로 인식될 수 있었다. 또한 「천도교대헌」을 통한 조직의 체계화는 독립운동의 연락망과 동원망으로서 역할했다. 천도교의 교육사업은 독립정신과 독립투사들을 길러내는 요람이었다. 교육을 통하여 민족정신을 유지할 뿐만 아니라 독립운동을 할 수 있는 많은 인재들을 길러낼 수 있었다.

22. 『義菴孫秉熙先生傳記』, 295면.
23. 『義菴孫秉熙先生傳記』, 291면.

Ⅲ. 민회운동의 구상과 실천 : 민회건설안과 진보회

1. 「준비시대」에 나타난 민회건설안

언론사업과 교육사업을 통한 문명계몽운동은 민회건설을 통하여 구체화된다. 의암은 민회건설을 국가건설의 기초로 보았음이 분명하다. 민회건설에 대한 논의는 「준비시대」에 상세하게 개진되고 있다. 「준비시대」는 외국과의 불평등조약 개정이나 이권박탈 등 당시의 시대상황에 대한 대응이 구체적으로 적시되고 있다. 「삼전론」에서 생존을 위한 전쟁의 대강을 논의했다면 「준비시대」에서는 구체적 실천항목을 다루고 있다.

「준비시대」는 말 그대로 조선의 역사적 정체성을 밝힌 뒤 앞으로 도래할 국가의 중대사에 대한 적절한 대응책을 제안하고 부록으로 향촌자치를 실시하는 방안을 자세하게 논의하고 있다. 「준비시대」는 앞으로 건설해야 할 국가의 방향을 강(強), 부(富), 문명(文明), 자유(自由)로 설정하였다. 부강한 문명국 · 자유국이 지향점인 것이다.[24] 「준비시대」에 기술된 바에 따르면, 당시 조선의 군사력은 매우 약했으며, 경제는 열강에 의하여 착취 · 약탈당하고 있었고, 문화적으로는 몽매와 미개에 시달리고 있었으며, 사회 · 정치적으로는 압제와 독재만이

24. 「準備時代」, 《萬歲報》, 1906. 8. 18.

있었다. 이와 같은 상황에서 벗어나기 위해서는 철저한 인민주권의식이 필요하다고 보았다. "一言一事와 一擧一動에 國家를 是念ᄒᆞ야 써 强國과 富國과 文明國과 自由國될 道를 謀"[25]할 것을 주문하고 있다. 새로운 국가건설의 원동력을 인민에서 찾고 있다. 인민이 국가의 주인의식을 가지고 부강하고 문명·자유한 국가를 지향할 것을 강조하고 있다. 국민이 곧 국가의 주인이라는 국민국가의식을 분명히 볼 수 있다. 이러한 의식은 이미 동학혁명기에 싹튼 의식이라 할 수 있다.[26]

민이 국가의식을 갖도록 요청하면서 의암은 당시는 독립을 위한 준비시대로 인식했다. 대한제국은 스스로를 방어할 군사력 자체가 없었기 때문이다. 대한제국의 군사력은 너무나 미미하여 무인지경과 다름없었다는 것이 「준비시대」의 인식이다. "一人도 知兵者ᄂᆞᆫ 無ᄒᆞ고 且三面環海之國으로 一艦도 足히 海를 自警ᄒᆞᆯ 바 無ᄒᆞ야 敵之來也에ᄂᆞᆫ 闊步坦坦ᄒᆞᆷ이 無人之境과 如ᄒᆞ니 如是ᄏᆞᆫ 國이 可히 써 無虛乎아."[27] 이와 같은 상황에서 어떻게 국가가 있다고 할 수 있겠는가. 그러나 그렇다고 '자주권'과 '독립권'[28]을 포기한 것이 아니며, 당시 상황이 이를 쟁취하기 위한 준비시기임을 제시하였다고 하겠다. 그러나 1905년 을사늑약으로 대외적 외교권과 국방권을 상실한 상황에서 군

25. 「準備時代」, 《萬歲報》, 1906. 8. 18.
26. 이 점에 대한 보다 자세한 논의는 오문환, 2002, 『해월 최시형의 정치사상』, 모시는사람들 참조.
27. 「準備時代」, 『萬歲報》, 1906. 8. 15.
28. "其自主ᄒᆞᄂᆞᆫ 權利ᄂᆞᆫ 他國의 干涉을 斥ᄒᆞ며 獨立ᄒᆞᄂᆞᆫ 實力은 他國의 侵犯을 排ᄒᆞᆫ 然後에 一國의 生活을 始可得保ᄒᆞᆯ진저", 「準備時代」, 敍, 崔起榮·朴孟洙 編, 1997, 『韓末天道敎資料集』 2. 285면.

사력을 준비할 만한 시기는 아니었다.

국제사회는 국제법을 말하지만 실질적으로는 군사력이 지배하고 있으며, 그 경쟁에서 조선은 이미 뒤쳐져 있음을 의암은 분명하게 인식하고 있음을 볼 수 있다. "公法千言이 大砲一門에 及지 못하야 强力을 正義라 謂하는지라 國의 自衛하는 武備가 實치 못하며 自振하는 文敎가 盛치 아니할진대 其謂한 바 自主는 虛名뿐이오 獨立이 外面 따름이니."[29] 이와 같은 상황으로 말미암아 준비가 요청된다는 주장이다. 군사경쟁에서 밀린 당시의 상황에서 할 수 있는 일을 4가지 항목을 분석하고 철저한 준비를 주장한다.

4가지 항목이란 법권회복(法權恢復), 철도상구(鐵道償購), 광산색환(礦山索還), 관세개정(關稅改定)이다.[30] 이 4가지 항목에 대한 자세한 논의가 「준비시대」의 약 1/3 분량을 차지하고 있다. 이와 같은 구체적 항목을 실현하기 위한 방책이 교육과 산업이다. ① 법권회복은 법률체계의 미비로 인하여 외국에 치외법권을 남용하게 되고 이에 따라 인민, 관리, 국가가 피해를 받게 되는데, 법률로서 문명화를 이루어 인민을 보호하고 국가의 자주권을 강화하자는 주장이다.[31] 국제정치상에서 주권회복을 주장하고 있는 것이다. ② 철도는 기간 교통이며 군사상 국방문제에 긴요하므로 외국에 맡겨서 아니되므로 자재(資財)를 국내인이 갖도록 하고, 부설과 운영기술도 배울 것을 촉구하고 있다.[32] 아울러 재원을 마련하는 방책으로서 저축, 은행, 무역에 대하여

29. 「準備時代」, 敍, 최기영 · 박맹수 편, 1997, 『한말천도교자료집』 2, 285면.
30. 「準備時代」, 《萬歲報》, 1906. 8. 19.
31. 「準備時代」, 《萬歲報》, 1906. 8. 21–1906. 8. 22.
32. 「準備時代」, 《萬歲報》, 1906. 8. 22–1906. 8. 23.

논하고 있다. 국민경제를 형성할 수 있는 방안을 제시하고 있다. ③ 광산은 국가의 부원인데 이를 외국이 핍박하는 것은 부당하므로 만기가 도래하면 반드시 되찾아야 함을 강조한다.[33] 기간산업 보호가 국민경제 형성의 중요 안건임을 강조하고 있다. ④ 상실한 관세자유권을 회복하여 외국 전문가에게 맡기고 감독을 엄격히 하거나 배워 익히는 것이 중요하며, 이는 외국과의 불평등조약 개정과 깊은 관계가 있음을 강조하였다.[34] 무역에서의 외국과의 대등한 국가주권을 강조하고 있다. 이러한 4개 항목은 군사적 독립이 좌절된 상황에서 추구할 수 있는 현실적 대응방안이었다.

침략에 대한 법적 주권의 확보, 사회간접자원의 보호, 원자재 확보, 경제주권 수호는 국가를 보호하는 현실적 과제였다. 왜냐하면 국가가 있어야 비로소 국민이 생명과 재산을 유지할 수 있기 때문이다. "人이 國家가 아니면 曷依ᄒᆞ리오. 吾儕의 生命은 國家有之ᄒᆞ고 吾儕의 財産도 國家有之ᄒᆞ니 可히 國家를 爲ᄒᆞ야 死ᄒᆞᆯ지며 可히 國家를 爲하여 作할지라."[35] 국가에 대한 이와 같은 인식을 배경으로 의암은 1905년 노일전쟁 이전에 법무대신에게 국가가 앞장서서 전면적인 정치개혁을 하면 살 수 있겠으나 그럴 처지가 되지 못하면 민의 힘을 활용할 수 있는 '민회설립'이야말로 활로가 될 수 있다고 주장하였다.[36]

---

33. 「準備時代」,《萬歲報》, 1906. 8. 24.
34. 「準備時代」,《萬歲報》, 1906. 8. 24–1906. 8. 25.
35. 「準備時代」,《萬歲報》, 1906. 8. 25. 29면.
36. 目下切迫之禍 防禦之策은 彼敵成謀之前에 政治를 改善하야 朝廷獨立力을 尋守면 加保獨立이오 國人이 開時하고 萬國이 成言이면 權力을 可保나 古今我國之民이 未達於學文하니 此行之不得也라 我國八域之內 士林卽依舊

민회설립을 통한 민의 문명화가 국가보존의 길이라는 것이다.

의암은 한편으로는 조정에 이와 같은 정책개혁안을 제시하면서 다른 한편으로는 노일전쟁에서 일본의 승리를 예상하고 전승국에 의지하여 개혁을 할 구상으로 일본에 1만 원을 헌납하였다고 한다.[37] 또한 박인호와 홍병기를 일본으로 불러 도인들에게 민회조직을 다음처럼 지시했다고 한다. "국가흥망이 조석에 있는 이때에 보국안민을 지상의 목적으로 하는 우리 교인들이 속수대망은 사훈을 위배함이라 도인 중심으로 혁신정당을 조직하여 일대 민중운동으로 외세를 구축하고 국정을 혁신해야겠나."[38] 민회운동[39]은 국민통합을 통한 국가형성 방안으로 제시되었던 것이다.[40] 「준비시대」의 부록으로 첨부된 향촌

하니 士林之中에 擇其有志者 幾千百萬하야 招集於化育之內하야 何以名之나 設立民會하야 大小開議하야 政府交涉이면 則外交未達이나 蒼生保生之精力이 骨髓侵入矣리니 如是之後에 外敵難便之請求事件을 指揮則 民心이 死守對抗하야 外敵某對抗을 受之라도 民力暴害之經緯無矣리라 …"『天道教百年略史』上, 344면.

37. "國家事 卽 道中事이니 내 이 戰役을 타서 국가만전의 책을 도하고 吾道顯彰의 機를 지으리라.. 일로가 개전하면 어느 국가가 반드시 승리할 것인가를 잘 살펴서 필승할 만한 국가편에 가담해서 공동출병하여 전승국의 지위를 얻어야 할 것이요, 기 지위를 얻은 뒤에는 강화담판시에 전승의 지위를 이용하여 국가만전의 조약을 체결할 것이니 이것은 천재일우의 기회일 것이다 … 그런데 나의 생각으로는 日勝露敗를 점칠 수 있으니 …" 『天道教百年略史』 3편, 31−32면.

38. 『동학의 원류』, 228면.

39. 의암은 박인호 등에게 "그대들은 본국으로 돌아가 도인들로 민회를 조직케 하고 단속을 공고히 하였다가 팔월말경에 있을 혁신 시위에 전체 교인들이 일제히 흑의단발하고 총궐기하다록 준비대기케 하라."고 민회설립을 지시하였다. 『동학의 원류』, 228면.

40. "鄕之治 不立ᄒᆞ면 全國之政이 不擧ᄒᆞᄂᆞᆫ 故로 國家 鄕制를 設ᄒᆞ야", 「準備時

자치제는 지적사무, 호적사무, 민업사무, 도로사무, 세수사무, 소학교 유지사무, 위생사무, 징병사무, 향유재산관리사무, 공동묘지사무, 기타 일체 공공사무[41]가 나열되고 있으며, 각 사무마다 자세한 업무내용들을 개진되고 있다.[42] 이와 같은 자치제의 구상은 민회운동을 통하여 실천되었다고 하겠다.

2. 진보회를 통한 민회운동

「준비시대」에서 개진된 민회 구상은 진보회[43]라는 조직을 통하여 전국적으로 집행되게 된다. 진보회는 1904년 10월 9일 총궐기하여 '갑진혁신운동'을 계기로 활발하게 활동했으며, 이때 참가한 사람은 전국적으로 360여 군에서 20만 명이었다고 한다.[44] 전국에 걸쳐 "진보

代」, 『萬歲報』, 1906. 8. 26.

41. 「準備時代」, 『萬歲報』, 1906. 8. 26.

42. 「準備時代」의 鄕村自治의 주요 업무에 대한 자세한 논의는 『萬歲報』 1906. 8. 26－1906. 9. 18 참조.

43. 일본에 체류 중이던 손병희가 망명객들과 협의하여 만들어 국내로 보냈다는 진보회의 4대강령은 "1. 황실을 존중하고 독립기초를 공고히 할 사, 2. 정부를 개혁할 사, 3. 군정 재정을 정리할 사, 4. 인민의 생명재산을 보호할 사." 『天道敎會史草稿』, 511면. 『義菴孫秉熙先生傳記』에는 "1. 皇室을 尊重히 하고 그 神聖을 犯하지 못할 사, 2. 獨立의 保全을 圖할 事, 3. 人民의 生命財產을 保護할 事, 4. 政治의 改善을 期할 事, 5. 財政을 整理할 事, 6. 其他 文明啓發에 힘쓰고 敎育의 보급 農工業의 隆盛을 圖할 事, 7. 同盟國에 軍事上 幇助를 與할 事. 『義菴孫秉熙先生傳記』, 199－200면.

회가 설립되지 않은 곳이 없을"[45] 정도로 시대의 거센 흐름을 이루었다.[46] 그러나 진보회[47]는 이용구의 일진회와의 합동을 비롯한 여러 가지 문제로 파국에 이르게 되면서 결국 '천도교와 민회의 갈라섬(敎會分析)'으로 일컬어지는 친일단체인 일진회와의 단절을 하면서 일대 전기를 맞이하게 된다. 교회분석은 기본적으로 권력투쟁의 성격을 가지지만 근대성에 대한 인식의 불일치에서 기인된다. 천도교가 동학이라고 하는 도덕문명에 기초한 근대성을 염두에 두었다면 일진회는 근대성을 일본화와 서구화의 맥락에서 이해하였다.

민회운동이 지향하는 목적은 근대적인 부강한 문명국이었다. 의암은 부강한 문명국을 건설하기 위하여 어떤 정체를 염두에 두었을까? 과연 전제(專制)와 민약(民約)을 절충한 일본식 천황 입헌군주제였을까[48] 아니면 민주공화정이었을까? 의암은 일본에 머물면서 부강

44. 『동학의 원류』, 229면.

45. 『天道敎創建史』 제3편, 45-50면 참조.

46. 趙恒來, 1995, 「東學과 甲辰開化革新運動」, 『韓國思想』 제22집, 서울, 韓國思想硏究會.

47. 일본에 체류 중이던 손병희가 망명객들과 협의하여 만들어 국내로 보냈다는 진보회의 4대강령은 "1. 황실을 존중하고 독립기초를 공고히 할 사, 2. 정부를 개혁할 사, 3. 군정 재정을 정리할 사, 4. 인민의 생명재산을 보호할 사." 『天道敎會史草稿』, 511면. 『義菴孫秉熙先生傳記』에는 "1. 皇室을 尊重히 하고 그 神聖을 犯하지 못할 사, 2. 獨立의 保全을 圖할 事, 3. 人民의 生命財産을 保護할 事, 4. 政治의 改善을 期할 事, 5. 財政을 整理할 事, 6. 其他 文明啓發에 힘쓰고 敎育의 보급 農工業의 隆盛을 圖할 事, 7. 同盟國에 軍事上 幇助를 與할 事. 『義菴孫秉熙先生傳記』, 199-200면.

48. 김도형, 1998, 「1920년대 천도교계의 민족운동연구」, 『역사와 현실』 30, 100-101면.

한 문명국가 건설의 모델을 일본의 명치유신에서 찾은 것이라는 평가가 있다.[49] 「천도교대헌」(1911)에서 대도주(大道主)를 천명받고 선성(先聖)을 계승한다는 규정도 전제군주정을 연상시키는 것처럼 보인다. 그러나 대도주라는 자리는 천도를 깨닫고 천덕에 통한 사람이면 누구에게나 열려 있다는 점에서 입헌군주제나 절대군주제와는 다르다. 도덕에 통한 사람이면 누구나 정치적 주체가 될 수 있으며 정치적 책임을 갖는다고 하는 주장은 수운 이래 동학 · 천도교의 근본 정신이라는 점에서 세습적 천황이나 전제왕권과는 거리가 멀다. 오히려 민회운동에서 보이듯이 부강한 문명국 · 자유국은 민권과 자유에 토대할 때 가능하며, 향촌단위로부터 민의 자발적 운동으로부터 건설할 수 있다는 점에서 민주공화정의 성격이 강하다고 하겠다.

이러한 입장은 정치개혁에서 정부책임보다는 국민책임을 강조한 점을 보아도 분명하다. "우방이 개혁을 권고할 새 兵以臨之하는데 至하였으니 吁라 是는 誰之咎乎아 政府一流에만 歸之함은 불가하고 吾必曰不獨伊也오 凡吾同胞之國民은 其策을 分任함이 可타 할지니."[50] 국민들이 국가의 주인으로 책임의식과 권리의식을 가지며 밑으로부터 운동을 해나갈 때 부강한 문명국 건설이 가능하다는 주장이다.

민권, 향촌자치, 민회운동 등을 감안할 때 의암이 지향한 정체는 민주공화정에 가깝다고 할 수 있다. 동학의 핵심 개념인 시천주(侍天主)의 사상에서 보아도 그렇다. 시천주는 모든 사람들이 천주를 자신

49. 金正仁, 2002, 「日帝强占期 天道敎團의 民族運動 연구」, 서울대 대학원 국사학과 박사학위논문. 60면.
50. 「準備時代」, 敍, 최기영 · 박맹수 편, 1997, 『한말천도교자료집』 2, 295−296면.

안에 모시고 있기 때문에 존엄하며, 평등하며, 주체라는 자각에서 나오기 때문에 민이 곧 정치적인 주권을 갖는다는 관념으로 발전할 가능성이 크다. '시천주'라는 혁명적 인간관은 유가의 '민본' 개념을 극복하고 정치의 주체로서의 민권에 기초한 국가를 건설하려는 자생적 민주사상의 기초였다. 1920년대 천도교의 '신인간'이 되기 위한 종교·문화운동의 정치철학적 기초도 여기에서 찾아야 할 것이다.[51] 뿐만 아니라 새로운 정치질서 형성의 운동도 그 사상적 뿌리를 여기에서 찾을 수 있다.

향촌자치론과 민회운동은 이와 같은 분명한 민의 자각에 기초한 운동이다. 물론 의암은 일본에 머물면서 일본의 정촌제(町村制)의 모습도 보았을 것이며, 개화파의 향촌자치의 주장도 들었을 것이다.[52] 개화파의 주장과 일본의 사례에서 영향을 전혀 받지 않았다고 보기는 힘들지만 향촌자치와 민회운동은 '접포제(接包制)'라는 농촌지역에서부터 영성적 소규모 공동체 형성을 기초로 하여 사회·정치적 혁명운동에 참여한 경력을 가졌던 동학혁명운동의 연속선상에서 보아야 할 것이다.

갑진개혁운동 이전에 이미 주요 언론들은 의암의 귀국을 동학

51. 1920년대 천도교 문화운동을 동학·천도교의 수직적 연속성보다는 당시 지식인들에게 영향을 미쳤던 사회진화론이나 일본의 계몽사상 또는 자유주의의 시각에서 보는 연구도 있다. 曺圭泰, 1999, 「1920年代 天道敎 文化運動 硏究」, 西江大 博士學位論文, 195.

52. 金正仁, 2002, 「日帝强占期 天道敎團의 民族運動 연구」, 서울대 대학원 국사학과 박사학위논문. 26-7면 : 李相燦, 1986, 「1906-1910년 地方行政制度 변화와 地方自治論議」, 『韓國學報』 42.

혁명을 연상하며 염려하는 목소리를 내고 있었다. 즉 "갑오년 동학 모양으로 무삼 변란이 생길 것 갓치 아는 사롬도 만코 혹 이젼 갓치 그 인들의 폐단이 생겨서 이젼 젹포ᄒᆞ얏던 원험도 셜치ᄒᆞ고 각항빔바지 등ᄉᆞ를 ᄌᆞ의로 행ᄒᆞ리라고 의구ᄒᆞᄂᆞᆫ 쟈도 만코."[53] 물론 천도교의 향촌자치와 민회운동에 의한 문명개화를 동학적 전통에서 보기보다는 일본화와 연결짓고자 하는 혐의는 일찍부터 제기되었다.[54] 이러한 시각은 이미 당시 몇몇 지식인의 주장이었을 뿐만 아니라 현재까지도 제기되고 있는 문제이다. 이러한 시각은 진보회의 활동에 '연일(連日)과 친일'[55]의 혐의를 씌운다. 이러한 시각은 동학·천도교의 종교적·철학적·사상적 자각의 자기 전개를 폄하하는 데서 나온다고 하겠다.

천도교는 의식적으로나 조직적으로나 동학의 후천개벽이라고 하는 새로운 민이 주인이 되는 국가를 지향하고 있었다. 그러므로 "良民上 惡政府가 無ᄒᆞᆫ다ᄒᆞ니 此는 國民이 改良이면 政府 獨히 爲惡함을 不能ᄒᆞᆫ다"[56]라고 하여 인민에 기초한 정치질서를 지향하고 있었으며, 구체적 전략으로 향촌자치를 구상하고 민회운동을 전개하였다. 향촌

53. 「손씨와 종교」,《제국신문》, 1906. 1. 31.

54. "일진회가 본대 일본의 동졍을 표ᄒᆞᄂᆞᆫ 터인즉 손씨가 필연 일본과 친밀ᄒᆞᆫ 관계가 잇셔셔 무삼 거조가 잇슬는지도 알 슈업다고 공론이 불인ᄒᆞ다 … 지금 그 교인이 만코 세력이 굉장ᄒᆞᆫ들 엇지 종교 범위 밧게 일을 행ᄒᆞ며 셜혹 갑오년 갓치 ᄌᆞ의 행동코져 ᄒᆞᆫ들 또한 되지 못ᄒᆞᆯ 리유가 한 두가지 안인데 엇지 ᄒᆞ리오." 「손씨와 종교」,《제국신문》, 1906. 1. 31.

55. 高建鎬, 2002, 「韓末 新宗敎의 文明論 : 東學·天道敎를 中心으로」, 서울대학교 대학원 종교학과 박사학위논문, 30면.

56. 《萬歲報》, 1906. 8. 14.

자치와 민회운동은 후천개벽을 기치로 내건 동학혁명의 연장선상에서 이해할 수 있는 근대화 및 문명화 운동이었다. 또한 동학에 대한 정부의 탄압을 피하고 일본의 묵인을 통한 동학의 합법화를 위한 전술이라는 점도 고려할 수 있다.

따라서 민회운동은 민의 자발성에 기초를 둔 민주주의의 자치 전통을 실질적으로 구현하려는 시도였다고 평가할 수 있다. 또한 민회구성의 원리는 '사람이 하늘이다'라는 동학의 자주적 정치철학에 기초하였으며, 3·1독립운동의 현실적 토대가 된다고 하겠다.

Ⅳ. '교정쌍전'의 국가건설의 이상과 실천 : 「천도교 대헌」의 국가건설 구상과 3·1독립운동

의암은 새로운 국가건설을 위하여 일차적으로 민회운동을 통하여 민의 국가의식 강화, 조직적 결속력 증진, 민의 경제력과 정치력의 향상 등을 꾀하였다. 민의 자각(自覺)과 자수(自修)는 곧 국가건설의 대계라는 천도교의 인식[57]은 민회운동을 지탱하는 기본 철학이었다. 이러한 인식은 물론 천도교에 한정되지 않지만, 이 시기 문명개화론의 일반적 사유와 맥을 같이 하지만[58] 철학적·조직적인 맥은 동학에

57. 《만세보》, 1907. 5. 8 논설 '國民自活力'
58. 고건호, 「한말 신종교의 문명론 : 동학·천도교를 중심으로」, 서울대 종교학

뿌리내리고 있다.

민력에 기초하여 의암은 일제치하로부터의 독립이라는 자주국가의 이상을 제시하고 3 · 1운동을 통하여 실천하였다. 의암은《만세보》에 표현된 바대로 "이천만 동포의 이천만 본 애국심으로 대한제국의 독립기초할 기(基)"[59]로 보아 새로운 국가는 왕정이 아닌 민주공화정을 지향하는 근대적 국가의식을 보여주고 있다. 국민의 자발적이고 자주적인 운동에 기초한 독립국가를 지향하고 있는 것이다. 국가의 주인으로서의 민을 강화하기 위해서는 대한제국은 "국가에서 정치와 법률과 교육으로 인민의 애국심을 양성"[60]하여야 할 것이나 그러하질 못했다. 국가가 하지 못한 사업을 의암은 천도교를 통하여 실천하고자 하였다. 독립된 자주국가의 구상은「천도교 대헌」에 비교적 소상하게 드러난다.

1.「천도교 대헌」에서 유추한 국가건설 구상

「천도교 대헌(天道敎大憲)」(1911)[61]은 천도교의 교칙이다. 종교조직의 규칙에서 국가건설 구상을 읽어낸다는 논리적 비약에도 불구하고 이 글은「대헌」의 최고 통치자, 행정, 의회, 사법기능을 하는 체계

과 박사학위논문, 92쪽.

59.《만세보》, 1906. 7. 28 논설 '愛國心(續)'.

60.《만세보》, 1906. 7. 27 논설 '愛國心(續)'.

61. 이하에서는「대헌」이라 한다.

적인 구상을 분석함으로써 의암의 국가건설 구상을 유추하고자 한다.

의암은 1906년에 발표했던 「천도교 대헌」을 1911년에 개정하여 절대적 입헌군주제를 방불하는 조직체계를 완비한다.[62] 「대헌」의 개정을 통한 조직체계의 완비와 함께 의암은 저술 가운데 백미로 평가받는 「무체법경(無體法經)」(1912)을 발간하여 교리를 완성하게 된다. 「대헌」을 통하여 조직을 체계화하였고 「무체법경」을 통하여 교리를 체계화하였다. 이를 기반으로 1919년 3·1독립운동 이전까지 천도교는 교육문화 사업을 통하여 인재를 육성하고 이러한 인적 자원을 기반으로 독립운동을 선도하였다.

조선총독부 기관지 《每日申報》는 "천도교의 교주는 王者이고 中央總部는 政府형태를 모방한 遊民俱樂部"[63]라고 비아냥거렸다. 이는 천도교 조직에 나타난 강한 정치 지향성을 비판한 것이며, 「대헌」이 국가건설 구상과 무관하지 않음을 보여준다. 「대헌」은 근대국가적인 헌법과 매우 유사하다. 종교성만 뺀다면 그대로 근대적 국가헌법의 구조를 빼닮았다.

「대헌」의 제1편에서 대도주(大道主)는 '天의 靈感으로 繼承'한다고 하여 종교적 성격과 동시에 수운에서 해월 그리고 의암으로 이어지는 도통의 연속성과 교의 활동전반에 대한 '통리권'을 규정하고 있다. 이러한 입장은 이미 수운의 「불연기연」에서 개진된 주장이다. 즉 천황씨는 스스로 천주임을 깨달아 최초의 왕이 되었기 때문에 천도교의 대도주 자리도 하늘의 영감으로 그 자격이 있는 사람이 앉게

62. 崔起榮·朴孟洙 編, 1997, 『韓末天道敎資料集』 2, 1-95쪽 참조.
63. 《每日申報》, 「1911. 10. 11」.

되었다는 주장이다. 이러한 규정은 천도교가 동양적 도덕정치의 맥에서 있음을 보여주는 대목이다.

교정쌍전(敎政雙全)은 권력의 도덕적 정당성에 대한 강력한 요청이다. 종교적 도덕과 세속적 권력을 병점한 대도주의 권력을 절대적이며 신성불가침의 성격을 가진다는 점을 알 수 있다. 1907년에 반포된 『대종정의(大宗正義)』에 나타난 바를 보면 실제로 대도주였던 의암의 위상을 볼 수 있다. 의암은 "海月神師의 宗嫡으로 吾敎大幢을 世界에 建하니 其智가 天明이요 其仁이 天德이요 其勇이 天剛한 聖人"[64]이라 하였다. 의암은 도덕과 권력의 통일로서 천도교 대도주의 자리를 확고하게 정립했지만 국가건설로 보면 교(敎)와 정(政)의 통일은 이상에 불과하였다. 3 · 1독립운동 이후 의암을 수반으로 하는 문서상의 국가건설의 구상이 있었을 따름이다.

대도주의 종교적 위상을 실질적으로 뒷받침해 주는 제반 행정조직들은 「대헌」의 제2편에서 다루고 있다. 즉 대통령 비서실에 해당되는 '장실(丈實)'과 국무총리실에 해당되는 중앙총부(中央總部), 입법부에 해당하는 총인원(叢仁院), 각부 장관의 업무와 권한에 관한 규정이라고 할 수 있는 사관원(司觀院), 그리고 회계와 부회(部會) 등을 규정하고 있다. 「대헌」의 제2편은 업무분담 체계를 질서정연하게 정해놓아 행정조직의 체계화를 기하고 있다.

「대헌」의 제3편은 천도교 지방조직 체계인 교구제에 대하여, 제4편은 동학 때부터 이어져오는 인맥조직 체계인 연원제에 대하여 규정하고 있다. 교구제는 지역적 대표성에 걸맞는 집행조직이며 연원제

64. 『大宗正義』.

는 사제 간의 인맥에 따라서 형성된 실질적 조직이다. 교구제는 지역대표성을 갖는 상원과 유사하고, 연원제는 인구비례에 따른 하원과 유사하다. 의회기능에 대한 구상이 있었음을 볼 수 있다.

마지막으로 「대헌」의 제5편은 사법부에 해당되는 교율(敎律)에 대하여 상세한 규정을 하고 있다. 여기에서 근대적인 국가의 사법체제를 적용하고 있음을 알 수 있다.

「대헌」의 이러한 체제는 오늘날 우리에게 매우 익숙하다. 현대적인 국가체제와 가장 크게 다른 것은 대도주가 국민의 투표나 조직구성원의 합의에 의하여 신댁되는 것이 아니라 '大의 靈感'에 의하여 정당성을 가진다는 점이다. 「대헌」이 비록 서구 근대적 국가제도의 틀을 상당부분 참고하였다고 볼 수 있지만, 조직의 최고 수장부터 각 부서의 책임자는 모두 영성의 근본을 갖추고 있을 것을 요청한다는 점에서 '교정쌍전'의 정치철학에 입각해 있음을 알 수 있다.

「대헌」이 성문화되기 이전인 1905년에 이미 근대적 국가체제에 대해서는 상당한 정도의 이해와 소개가 이루어졌다. 《만세보》는 1906년에 저자가 불분명한 국가학을 50여 회에 걸쳐서 자세하게 소개하고 있다. 국가학에서는 국가기원에 대한 인민계약론이나 강자 정복론은 너무 치우친 견해이고, 국가를 사회의 한 현상으로 말하면서[65] 근대적 국가체제를 입법, 원수(元帥), 행정, 사법으로 나누어서 상세하게 소개하고 있다.[66] 이 국가학에는 오늘날 우리에게 익숙한 자유, 권리, 국민경제, 주권국가, 삼권분립, 법치주의 등의 개념들이 등장하고

65.《萬歲報》, 1906. 9. 19.

66.《萬歲報》, 1906. 9. 19－1906. 11. 22.

소상하게 소개가 이루어지고 있다.

천도교는 「대헌」을 작성하고 천도교단을 조직할 때 이와 같은 근대적 국가기구를 충분히 감안하였음이 분명하다. 그러면서도 동양 정치철학의 근본적 화두라고 할 수 있는 도덕정치의 이상을 부동의 중심에 위치시키고 있다. 특히 정치적 책임이 높은 사람일수록 높은 도와 너른 덕의 연마를 요구하고 있다. 「대헌」을 통하여 우리는 의암이 동양의 도덕정치의 입장에서 자주적인 근대적 정치체제를 구상하고 있었다는 점을 유추할 수 있다. 그러나 권력의 핵심이 천도를 깨닫고 천덕을 베푸는 인격체에 주어지고 있다는 점에서 정치의 가치와 내용을 강조하고 있음을 알 수 있다. 이러한 입장은 이른바 현대의 절차적 민주주의나 형식적 민주주의와는 거리가 있음을 알 수 있다. 의암은 서구적 민주공화정을 건설하려고 하지는 않았다. 제도적 구상은 근대적이었지만 최고 권력자는 천명을 받고 도덕을 이룬 덕성자일 것을 요청한다.

의암이 이룩하려는 근대적인 국가는 일본이라고 하는 타자를 적극적으로 수용하는 자세를 보이는 '급진적 개화파'[67]라기보다는 동학적 전통에 입각한 자주적 개화파로 불러야 할 것이다. 의암은 부국강병을 지향했고, 사회진화론의 영향을 받았으며, 인종론에 기초한 아시아 연대론과 시대적 영향으로부터 자유롭지는 않았지만 적어도 천도에 기초한 종교와 정치를 통합하는 새로운 문명을 지향하였다고

67. 장인성, 2001, 「근대조선 일본관의 구조와 성격」, 김용덕 · 미야지마 히로시 공편, 『근대교류사와 상호인식 I』, 고려대 아세아문화연구소, 167–181면 ; 高建鎬, 2002, 「韓末 新宗教의 文明論 : 東學 · 天道教를 中心으로」, 서울대학교 대학원 종교학과 박사학위논문, 115–7면.

하겠다. 3 · 1독립운동도 무력에 의거한 침략과 제국주의를 거부하고 도의(道義)시대를 지향하는 것이었다.

의암의 지향이 서구 근대문명과 다르다고 하는 사실은 천도교의 위상설정에서 잘 나타난다. 의암은 당대의 종교들은 모두 인간과 신을 구분짓고 신과의 직접 소통이 아니라 매개자를 통한 구원이라는 감상(感想)의 단계에 머무는 종교인 데 반하여, 천도교야말로 천도본원의 자리를 직접 깨달아 성인이 되는 각상(覺想)의 경지에 이른 종교라고 하였다.[68] 「삼화일목(三花一木)」에서 의암은 유불선을 세 가지 꽃에 비유하고 천도를 한 나무에 비유하면서 종교문명의 근원으로서 천도교를 설정하고 있다.[69] 이러한 자의식이 있었기 때문에 의암은 3 · 1독립운동을 종교지도자들의 연합을 이끌 수 있었다고 하겠다.

2. '교정쌍전'의 국가형성을 위한 3 · 1독립운동

「대헌」에 나타난 새로운 국가건설 구상의 구체화를 위해서는 일차적으로 일제로부터의 자주독립이 선결과제였다.[70] '교정쌍전'의 국가건설의 일차적 과제가 독립이므로 의암은 나라를 되찾는 3 · 1독

68. 『천도태원경』, 도연구도설.
69. 의암, 「三花一木」.
70. "其自主ᄒᆞᄂᆞᆫ 權利ᄂᆞᆫ 他國의 干涉을 斥ᄒᆞ며 獨立ᄒᆞᄂᆞᆫ 實力은 他國의 侵犯을 排ᄒᆞᆫ 然後에 一國의 生活을 始可得保ᄒᆞᆯ진저", 「準備時代」, 敍, 崔起榮 · 朴孟洙 編, 1997, 『韓末天道教資料集』 2. 285면.

립운동에 진력하게 된다. 3 · 1독립운동은 보편주의의 맥락에서 일제 통치의 폭력성과 일제의 침략성을 비판하고 독립의 정당성을 주장하는 데 그치는 아쉬움을 남겼다. 그러나 3 · 1독립운동 이후 조선인의 독립된 국가건설 의지를 분명하게 천명하였으며, 새로운 국가건설의 담론이 왕정복구가 아닌 민주공화정으로 이행하는 결정적 분수령이 된다.

의암은 앞장서서 민을 조직적으로 동원하였고, 자금을 지원하였으며, 기독교계와 불교계 지도자들을 규합하는 중심적 역할을 하였다. 당시 일제에 의하여 철저한 감시를 받고 있었던 의암은 여암 최린을 통하여 개신교 인사들과 협조하였으며, 천도교 조직을 통하여 전국적 운동을 할 수 있는 인원동원과 자금동원을 할 수 있었다. 최남선이 작성한 독립선언서는 오세창의 총책임 하에 천도교 직영 출판사인 보성사[71]에서 인쇄 · 배포키로 하여 천도교와 기독교에서 지방별로 책임자를 두어 전국에 배포하였으며, 만세시위는 천도교와 기독교 지도자가 앞장서서 전개하였다. 그리하여 3 · 1운동은 2백만 명 이상이 참여하는 민족적 거사로 발전하였다.[72] 3 · 1독립운동의 전개와 성격에 대한 논의는 별도의 연구를 요하므로 여기에서는 3 · 1독립운동의 성격과 지향분석을 통하여 의암이 어떠한 독립국가 건설을 하고자 하

71. 보성사는 1919년 2월 27일 시간당 3천매를 인쇄하는 기계 5대를 사용해 독립선언서를 인쇄하고 3월 1일 아침에는 「朝鮮獨立新聞」을 인쇄하였으나 같은 해 6월 28일 방화로 추정되는 화재로 소실되고 말았다(『新人間』, 1988. 3, 76면).

72. 愼鏞廈, 2002, 『日帝强占期韓國民族史』 상, 서울대학교출판부, 199−195 참조.

였는지를 살펴보고자 한다.

첫째, 3 · 1독립운동은 1919년 1월 파리강화회의에서 윌슨이 제기한 민족자결주의 선언이라는 세계적 조류에 대한 적극적 대응이라는 사실에 이의를 제기하는 논의는 적다. 의암은 3 · 1독립운동을 정당화하는 논리로 민족자결주의를 적극 활용하고 있다. 이는 동학의 계승자로서 천도교의 입장에서 볼 때도 지극히 타당한 대의명분이다. 동학 · 천도는 인류 보편적인 천도를 받아서 실현하기 위한 것이지 결코 특정한 주의주장이 아니라는 점은 '학은 동학이지만 도에는 동서고금이 없는 천도'라는 언명에서 이미 선언된 바다. 따라서 의암이 민족자결이라는 보편지향성을 3 · 1독립운동의 가치로 활용한 것은 당연하다고 하겠다.

동학의 '동귀일리(同歸一理)'와 '동귀일체(同歸一體)'의 사상은 천도교가 자주적인 보편주의로 나아갈 수 있는 종교철학적 근본원리로 작용하였다고 할 수 있다. 따라서 천도교는 민족주의적 성격보다는 인류 보편주의적 성격이 강하다고 하겠다. 단지 민족 자체가 존망의 위기에 처한 상황에서 세계적 보편주의에 호소하면서 민족독립을 추구하고 있다는 점에서 민족주의적 성격을 갖는다. 민족독립이란 민족적 특수가치의 선언이 아니라 인류의 보편가치를 실현하는 운동이 3 · 1운동이라는 주장은 강한 정치철학적 호소력을 가졌다. 이러한 주장은 해월이 조선왕조에 대하여 동학이야말로 정통 도학의 적통인 '정학(正學)'이라는 주장과 맥을 같이 한다고 하겠다.

천도라고 하는 보편진리는 동서가 따로 없다고 하는 수운의 인식에서 보자면, 일부 논자들의 주장처럼 의암이 일본에서 서구 또는 일본의 근대성의 보편성을 인정하여 독립운동의 자기 정당화를 하는 것이 아니라, 이미 동학에 있었던 자주적인 보편성의 철학에 의거하여 독립운동의 이념으로 삼았다고 할 수 있다. 이러한 논거에 의하여 의암은 일제로부터의 독립이 야만으로부터의 문명이며, 인류 보편의 권리라는 점을 정당하다는 점을 설득할 수 있었다.

둘째, 3 · 1독립운동이 자결주의를 주장할 수 있었던 것은 자기 성찰의 철학이 있었기 때문이다. 다시 말하자면 천도교는 민족의 자기 결정권을 주장하였으며, 민의 문명화와 조직화를 통하여 자결권을 실천하였다. 국가의 주인이 민이라는 의식과 실천은 동학혁명까지 거슬러 올라가지만 3 · 1독립운동을 통하여 민이 국가의 주인이 되는 민주공화정으로 담론의 큰 흐름이 넘어가게 된다. 전국에 걸쳐서 일제의 식민통치에 맞서서 민이 일어섬으로써[73] 국가의 주인역할을 실천으로 보여주었다. 이로써 3 · 1독립운동은 한국 정치에서 근대성의 한 획을 그었다.

3 · 1독립운동이 민주공화정의 전기가 되었다는 점에는 이의가 없지만, 당시 천도교 지도부의 독립이 완전한 독립이 아닌 자치주의라는 수정주의 또는 타협주의에 머물었다는 주장들이[74] 있다. 그러나 자치권의 확대, 조선인에 대한 불평등의 개선, 헌병통치를 통한 억압 반대, 교육 불평등의 문제 등은 운동의 전술 차원의 발언들이고 운동의 목적은 독립이라 할 수 있다. 또한 일본과 국내에서 군사적 전면전이 불가능한 당시 상황에서 3 · 1독립운동의 '비폭력', '대중화'의 원

73. 李炳憲 編著, 1967, 『三 · 一運動秘史』, 國史編纂委員會, 『韓國獨立運動史』 2.

74. 천도교 지도부의 노선을 타협주의적 자치주의로 보는 견해는 적지 않다. 김정인, 「일제강점기 천도교단의 민족운동 연구」, 2002, 서울대 박사학위논문, 68−69쪽 참조.

칙은 이미 현실적 한계를 설정한 운동임은 부인할 필요는 없다. 그러나 3 · 1독립운동이 독립을 목적으로 하지 않았다고 판단할 근거는 미미하다. 그러나 의암 사후 최린 등 이른바 천도교 신파는 식민지 치하에서 자치권 획득을 통한 일제의 압박 회피와 위상강화를 의도한 것은 역사적 사실이라 하겠다.

셋째, 3 · 1독립운동은 교정쌍전(敎政雙全)의 정치철학적 시각에서 종교계의 협력을 바탕으로 독립운동을 하였다는 사실이다. 총독정치의 현실에서 조직화할 수 있는 영역이 종교계와 교육계뿐이었기 때문에 종교지도사들이 독립운동을 주도하였다는 시석노 있지만, 이는 소극적 환경은 될 수 있지만 적극적 원인은 아니라 하겠다. 오히려 현실에서 도덕을 구현한다는 '교정쌍전'의 강력한 정치철학적 동기가 강하게 작용했다고 볼 수 있다.

의암은 1918년 12월 24일 인일(人日) 기념일을 계기로 각 교구장에게 1919년 1월 5일부터 49일 연성 기도식에 들어갈 것을 지시하였다.[75] 연성 기도식이란 수련회를 뜻한다. 이는 거족적인 독립운동을 전개하는 지도자들로 하여금 마음의 준비를 시키기 위함이라 하겠다. 동학혁명 이전까지 동학운동의 특징은 영성의 심화와 사회운동의 확장이 동시적으로 진행되었다.[76] 해월은 동학혁명운동을 한편으로는 영성을 심화시키고 다른 한편으로는 정치적 영향력을 확장시키고자 하는 도덕과 권력의 조화를 추구하였다. 3 · 1독립운동을 위하여 의암도 천도교 청년들의 연성수련을 통하여 영성과 정치운동의 동시적 진

75. 『義菴孫秉熙先生傳記』, 324면.

76. 오문환, 2003, 『해월 최시형의 정치사상』, 모시는사람들.

행을 보여주었다. 3 · 1독립운동이 천도교의 주창과 유교와 가톨릭을 제외한 주요 종교계 인사들이 중심이 되어 진행되었다는 사실도 천도교의 영성과 권력의 변증법이라는 맥락에서 이해할 수 있는 대목이다. 이 점에서 '교정쌍전'은 동학 정치철학의 연속성의 맥락에서 서 있다고 하겠다.

'교정쌍전'은 3 · 1운동을 한국적 근대성의 분수령으로 볼 때 서구의 근대성과 한국의 근대성을 뚜렷하게 구분하는 특성이기도 하다. 서구 모더니티가 종교로부터의 자유라는 종교혁명을 통하여 자신의 역할과 영역을 새로이 열었지만, 3 · 1운동은 종교가 현실정치를 떠날 수 없다는 '교정쌍전'의 논리에 의거하여 종교계의 협력에 의하여 독립운동을 이끌었다는 사실이다. 이 점이 중국의 5 · 4운동이나 인도의 독립운동과도 또 다른 맥락에서 이해될 수 있는 성격의 것이다. 인도 독립운동에서 간디를 종교지도자로 볼 수 있는가의 문제는 논란을 일으킬 수는 있지만 의암처럼 분명한 종교지도자는 아니었다.

의암은 종교계 인사들을 규합하여 독립운동의 중심세력으로 삼았다. 의암을 도와 3 · 1운동 준비를 실질적으로 진행시켰던 여암 최린의 주도로 독립운동의 원칙은 '대중화', '일원화', '비폭력'으로 설정되고[77] 송진우 등 당대의 유명인사들을 타진하였으나 결과는 실망스러웠다. 당시 이승훈 · 함태영 등의 개신교계는 '독자적 운동을 진행'할 예정이라면서 '독립청원'을 주장하였으나[78] 천도교측이 3원칙을

77. 如菴先生文集編纂委員會, 1971, 『如菴文集』 上, 182-183면.

78. 기독교측은 이승훈으로 대표되는 관서지역의 장로교와 함태영으로 대표되는 서울지역의 감리교가 독자적 독립운동을 구상하였으나 최린과 합의하여

들어 설득시키고 5천 원의 자금을 지원하는[79] 협력을 모색하였다. 한용운 등의 불교계는 시일상의 촉박으로 큰 참여는 못한 상태였다. 33인 대표 가운데 15명이 천도교 인사들이며, 운동자금과 지방의 운동지도자들의 상당수가 천도교인이었다. 연희전문과 보성전문 학생들은 실질적인 운동력으로 참여하였다.

동학에서 공화주의적 연대운동의 전통은 철학적 · 조직적으로 뿌리가 깊다. 해월은 인오동포(人吾同胞)를 통하여 연대의 중요성을 강조하였고, 1893년 보은취회와 1894년 9월봉기는 실천운동에서의 연대의 전통을 보여준다. 의암은 '도연구도설'에서 교의 최고 단계에 천도교를 위치시키고 일체 종교들을 통합하는 역할을 부여한다. 궁극적 진리의 표현이 천도교라는 강한 자부심을 엿볼 수 있다. 그러므로 민족독립이라는 대의 앞에서 종교통합을 주장하고 이끌어낼 수 있었다고 하겠다. 범종교계의 공화주의적 협력에 의하여 독립국가를 모색하였다는 점은 천도교의 동귀일리(同歸一理)와 동귀일체(同歸一體)의 철학정신에서 추진된 것이라 할 수 있다. 3 · 1운동을 통하여 의암은 먼저 종교 간의 통합을 이끌어냈으며, 나아가 독립국가의 정치적 이상을 종교인이 앞서서 실천하였던 것이다.

의암은 최고로 발달된 정치는 "같은 민족에게 자유권한을 마름질하는"[80] 것이라 하였다. 독립선언서는 조선민족이 자유권한을 자유

일원화에 동의하게 된다. 金鎭鳳, 2000, 『三一運動史硏究』, 國學資料院, 11-68면.

79. 如菴先生文集編纂委員會, 1971, 『如菴文集』上, 186-190면. 『義菴孫秉熙先生傳記』, 338-342면.

80. 「天道太元經」, '도연구도설'.

로이 재단하는 것은 반만년 역사, 이천만 민중, 민족의 자유발전, 인류적 양심에서 볼 때 타당하며 하늘의 명령이라고 규정짓는다. 일제의 침략주의와 강권주의의 야만성의 현실을 극복하기 위한 3 · 1운동은 도덕적 이상을 구현하려는 '교정쌍전'의 사상적 맥락에 맞닿아 있다고 하겠다. 그러나 그러한 이상실현을 위한 운동은 천도교에 대한 강력한 탄압으로 되돌아 왔다. 의암 사후 여암 최린 등은 일제의 탄압을 자치주의라는 유화책으로 대응하였으나 역부족이었다. 오지영은 일제의 탄압으로 천도교 자체가 존망의 위기에 처한 것으로 그려냈다.

> 天道敎는 敎主 道主 기타 중요간부가 다 쓰러드러가고 … 날마나 搜索과 捕拉으로 견딜 수가 없고 … 巡査와 兵丁의 示威抑壓으로 禮式이나 講道를 沮戱하는 등 朝鮮獨立運動에 他社會보다 天道敎는 일층 더 困難을 밧엇섯고 乃終에는 天道敎 看板問題까지도 흔들리여 가장 위험상태에 빠젓섯다.[81)]

3 · 1운동으로 말미암아 일제의 민족말살 정책에도 불구하고 인류 보편의 가치를 지향하는 민족정신은 살아남았다고 할 수 있다. 어떤 현실적 질곡과 어려움에도 불구하고 '사람이 곧 하늘이다'라는 보편가치를 구현하는 불굴의 정신은 독립 이후 한국 민주주의 정신의 원형을 이룬다고 할 수 있겠다. 권력에 도덕성을 심으려는 강력한 가치지향성은 동학혁명, 3 · 1독립운동, 4 · 19정신, 1987년 민주화 운동을 관통하는 한국 민주주의 운동사의 특성이라고 할 수 있겠다.

81. 吳知泳, 「東學史」, 『東學農民戰爭史史料大系1』, 1994, 여강출판사, 564면.

V. 교정쌍전 국가건설의 꿈과 좌절

의암은 동학의 도덕정치의 이상을 '교정쌍전'으로 이어받아 주권회복을 위한 독립운동으로 실천하였다. 주권상실을 회복하기 위하여 의암은 일차적으로 주권의 중심이 민에게 있음을 자각시키는 문명계몽을 강조하였다.

의암의 문명계몽은 서구 계몽주의의 연장선상에 서 있다기보다는 동학의 연속선상에 서 있음이 분명하다. 동학은 문명을 인간이성에 의하여 이루어지는 것으로 본 것이 아니라, 이성의 근원 또는 중심이라 할 수 있는 영성 또는 성품에 대한 자각에서부터 이루어진다고 보았다. 즉 '사람이 하늘인 줄' 깨달아 하늘의 이치와 법칙을 인간사회에 적용함으로써 문명이 시작되었다는 것이다. 동학의 문명은 이성적 주체의 발견과 이들 사이의 계약 또는 인민의 일반의지에 의하여 시작되는 것이 아니라 영성적 '본래의 나'를 회복함으로써 시작된다고 하겠다. 이러한 인격체들이 사회와 국가의 공공성에 대하여 발언하면서부터 동학운동이 사회정치적으로 발전하게 되었다.

민회운동은 이러한 민의 자각, 조직화, 세력화를 통한 새로운 국가건설을 위한 실질적 기초가 되었다. 이러한 맥락에서 보자면 의암은 영적으로 자각한 인격체들이 국가의 주인이 되는 권력구조를 구상하였다고 말할 수 있겠다. 서구적인 민주주의와는 또 다른 자생적 민주주의 철학에 기초한 민주주의 체제를 구상하였다고 평가할 수 있겠다. 이 점에서 의암의 민회운동은 동학적 민주주의 정치철학을 밑에서부터 실천하고자 했던 한국 풀뿌리 민주주의의 원형이라 하겠다.

주권상실의 시대에 진정한 민주주의의 구현은 오직 외세로부터의 독립에 의해서만 이루어질 수 있다는 사실을 의암은 누구보다도 분명하게 알았다고 할 수 있다. 그렇지만 군사적으로 패배한 당시로서 차선의 선택은 인류 보편적 가치에 호소함으로써 독립을 쟁취하는 길이었다. 인류 보편적 가치에의 호소는 동학이 조선왕조의 억압과 탄압에 대하여 천도와 천덕을 바로 세우는 정학(正學)임을 강조한 맥락과 상통한다. 의암은 동학의 인내천(人乃天)이라는 보편주의의 입장에서 윌슨의 민족자결주의라는 사조를 수용하여 조선민족은 자신의 운명을 스스로 결정하는 권리를 가진다고 주장하였다. 이러한 정신은 3 · 1독립선언문에 그대로 반영되어 일제의 야만과 반문명을 강조하고 보편적 정의를 주장하게 된다. 독립된 자주국가의 이상을 실현하기 위하여 보성학원과 동덕학원 등을 통하여 교육사업을 전개하여 인재들을 배출하였다. 보편적 가치에의 호소와 인재양성을 통하여 의암은 3 · 1독립운동을 준비하였다. 안으로는 독립운동을 이끌어갈 인재들을 연성수련을 통하여 준비하였고, 밖으로는 일부 개신교와 불교인사들과의 협력을 이끌어냈다.

의암은 3 · 1독립운동을 통하여 일제로부터 독립된 자주국가를 추구하였음을 보여준다. 일제로부터 자치권과 같은 반사이익을 추구하기 위하여 3 · 1독립운동을 주도하였다고 보기는 힘들며, 3 · 1독립운동 이후 궤멸의 위험에 처한 천도교를 보존한다는 명분으로 의암 사후 자치론자들이 천도교를 이끈 것은 사실이다. 3 · 1독립운동은 종교지도자들이 연대하여 주도하였다는 점에서 중국의 5 · 4운동이나 인도독립운동과 다른 특징이 있으며, 이는 도덕정치라는 동학의 사상적 연속선상에서 이해할 때 분명하게 드러난다. 3 · 1독립운동은 왕정과 단절하고 이후 독립운동의 흐름이 민주공화정으로 옮겨가는 결정적 계기가 되었다.

그러나 의암이 지향한 것은 서구 근대적 의미의 민주공화정이라기보다는 도덕에 기초한 민주공화정이라 할 수 있다. 이 점에서 의암은 도덕적 민주국가를 건설하고자 하였다고 말할 수 있다. 절차적 민주공화정은 인정하되 내용상에서 천도와 천덕을 자각한 인격체들이 주체가 되는 민주공화정을 지향했었다고 판단할 수 있겠다.

의암은 도덕과 분리된 정치를 위험하게 보았다. 왜냐하면 도덕과 분리된 정치는 정치 본래의 알맹이는 사라지고 껍데기만 남기 때문이라는 것이다. 정치 본래의 알맹이란 다름 아니라 천도와 천덕을 만민에게 베푼다고 하는 이상이다. 이러한 이상이 빠진 정치는 절차적 정당성을 확보하려는 권모술수 이외에 다름이 아니라는 주장이다. 의암의 교정쌍전론은 다수표 획득을 위한 절차적 민주주의에 도덕성을 불어넣자는 주장이라 할 수 있다. 현실적으로 이러한 노력은 성공하기가 매우 어렵다. 왜냐하면 국민 다수가 언제나 정의나 도덕에 의하여 움직이기보다는 지역적 학연이라는 감정적 연고주의, 경제적 이익, 정치적 파당주의 등에 의하여 움직이기 때문이다. 그러므로 국민 대다수가 도덕과 정의에 의거하여 행위할 때 비로소 민주주의는 도덕적 민주주의가 된다고 할 수 있겠다. 의암이 민회운동을 하면서 동시에 독립운동을 전개한 이유는 도덕적 민주공화주의를 구현하기 위해서라고 하겠다.

참고문헌

❖《萬歲報》

❖《每日申報》

❖《帝國新聞》

❖「李祥憲에 對한 探問書], 1997, 『駐韓日本公使館記錄』22, 國史編纂委員會.

❖ 高建鎬, 2002, 「韓末 新宗敎의 文明論 : 東學 · 天道敎를 中心으로」, 서울대 종교학과 박사학위논문.

❖ 金正仁, 2002, 「日帝强占期 天道敎團의 民族運動 연구」, 서울대 국사학과 박사학위논문.

❖ 金鎭鳳, 2000, 『三一運動史硏究』, 國學資料院.

❖ 김도형, 1998, 「1920년대 천도교계의 민족운동연구」, 『역사와 현실』 30.

❖ 牟宗三, 中華民國 79, 『心體與性體』, 正中書局.

❖ 愼鏞廈, 2002, 『日帝强占期韓國民族史』 상, 서울대학교출판부.

❖ 如菴先生文集編纂委員會, 1971, 『如菴文集』 上下.

❖ 오문환, 2003, 『해월 최시형의 정치사상』, 모시는사람들.

❖ 오문환, 2004, 『동학의 정치철학 : 도덕, 생명, 혁명』, 모시는사람들.

❖ 吳知泳, 「東學史」, 『東學農民戰爭史史料大系 1』, 1994, 여강출판사.

❖ 吳知泳, 1939, 『東學史』.

❖ 義菴孫秉熙先生記念事業會, 1985재판, 『義菴孫秉熙先生傳記』, 義菴孫秉熙先生記念事業會.

❖ 李光洙, 「天道敎頭領 鄭廣朝 縱橫觀」, 『天道敎會月報』 1922. 6.

❖ 이돈화, 1970, 『天道敎創建史(영인본)』, 경인문화사.

❖ 李炳憲 編著, 1967, 「三 · 一運動秘史」, 國史編纂委員會, 『韓國獨立運動史』 2.

❖ 李相燦, 1986, 「1906-1910년 地方行政制度 변화와 地方自治論議」, 『韓國

學報』 42.

❖ 장인성, 2001,「근대조선 일본관의 구조와 성격」, 김용덕 · 미야지마 히로시 공편,『근대교류사와 상호인식 I』, 고려대 아세아문화연구소.

❖ 정혜정, 2001,『동학 · 천도교의 교육사상과 실천』, 혜안.

❖ 曺圭泰, 1999,「1920年代 天道敎 文化運動 硏究」, 西江大 博士學位論文.

❖ 趙基周 編著, 1982,『東學의 原流』, 天道敎中央摠部.

❖ 趙恒來, 1995,「東學과 甲辰開化革新運動」,『韓國思想』 제22집, 서울 : 韓國思想硏究會.

❖ 조항래, 2002,「갑진개화혁신운동의 영향과 의의」,『동학학보』 4.

❖ 최기영, 1994,「한말 동학의 천도교로의 개편에 관한 검토」,『한국학보』 76.

❖ 崔起榮 · 朴孟洙 編, 1997,『韓末天道敎資料集』 1 · 2.

❖ 韓國學文獻硏究所, 1979,『東學思想資料集』 2, 아세아문화사.

제 4 장

천도교 청우당의 국가건설사상 :

동학사상으로 정립한 조선적 신민주주의 국가

임형진(경기대)

Ⅰ. 머리말

3·1운동 이후 천도교단의 위기를 수습하는 과정에서 교단이 가장 역점을 둔 분야는 청년운동이었고, 靑友党은 그 운동과 노선의 중심에 있었다. 즉 청우당은 동학과 천도교의 반봉건·반외세의 전통을 계승해 봉건과 외세를 극복한 근대성의 실현을 시도하고자 했던 천도교의 이념정당이었다.

동학은 지상천국의 실현을 위해 敎(종교)와 政(정치)의 쌍방을 조화시키는 교정조화·교정쌍전을 끊임없이 추구하였는데, 이러한 교정조화·교정쌍전의 개념에는 종교민족주의와 문화민족주의가 결합되어 있다고 할 수 있다. 동학에서는 교정쌍전의 개념을 후천개벽의 세상으로 표현하고 있는데, 후천개벽을 위한 구체적 실천운동의 전위단체로 등장한 것이 청우당이었다.[1] 청우당은 일제시대 천도교 청년당으로 시작해 민족계몽의 문화운동에 진력하면서 吾心黨, 不不黨이라는 지하 항일조직을 결성해 국내에서의 민족문화운동을 주로 전개해 나갔다. 1939년 4월 일제에 의해 강제 해산당하였으나 청우당은 해방과 함께 재출현하였다. 해방 당시의 미국에 의한 군정분위기에 편승해 급조된 정당들 대부분이 그 노선 제시가 불투명했던 데 비해, 동학과 천도교사상에 기초하고 있던 청우당은 자신의 입장을 명확히 제시하고 있었다. 청우당의 정치교과서로 쓰였던 『黨志』나 1947년 미 · 소공동위원회에 제출한 『天道教 政治理念』 등은 당시의 상황에서 청우당이 표명한 동학의 정치노선과 그들이 구상한 국가건설사상이 구체적으로 제시되고 있다. 그렇기에 청우당의 정치적 이념은 곧 동학정치사상의 현대적 표현이었다고 할 수 있으며, 동학사상의 창시자 수운 최제우가 구상했던 후천개벽 세상의 구체적 모형이라고 볼 수 있다.

청우당은 동학사상의 대원칙인 인간존중의 이념을 바탕으로 人乃天, 物心一元, 性神雙全, 教政一致의 철학적 이념을 제시하고 輔國安民과 布德天下의 원대한 이상을 언급하고 있었다. 그리고 보다 현대적 실천의 의미에서 청우당은 여전히 남아 있던 신분제 타파의 사회질서 확립, 민주경제 실현을 위한 공정배분이 이루어지는 평등사회

1. 천도교에서 청우당 창당의 설명을 "천도교의 주의, 목적을 사회적으로 달성코자 …", "천도교의 전위대, 별동대로서 … 정치활동을 주로 하는 천도교적 정치단체요, 천도교적 청년운동기관이 아니다 …"라고 성격 규정을 하고 있다. 김병제 대표집필. 1947. 『천도교정치이념』 천도교총본부 知道觀 편찬, 117-118쪽 참조.

의 건설, 진정한 문화개벽의 완성 등 한 마디로 조선적 신민주주의를 주창하고 있다.

조선적 신민주주의 국가는 수운 이래로 해월 최시형과 의암 손병희에 이르는 동학민족운동의 전과정 속에서 구현된 이상적 도덕국가의 다른 표현이다. 시천주를 깨달은 신인간들에 의해 구성되고 운영되는 국가이기에 도덕을 바탕한 정치세계인 것이다. 확실히 동학·천도교가 추구하는 민족공동체적 사상은 대립·대결지향적인 기존의 냉전논리와도 구별되는 한국의 전통적 정신문화에 기초한 민족주의적 정치사상이다. 동학사상에 내포되어 있는 조화와 화합의 이념이 그것을 증명하고 있다.

자본주의도 사회주의도 아닌 제3의 길로 해석될 수 있는 청우당의 노선은 한국 민족주의의 특징과 성격을 살필 수 있는 귀중한 사례이고 민족종교로서의 동학교단이 제시한 국가건설론이라고 할 수 있을 것이다. 이러한 연구과정 속에서 동학사상은 한국 민족주의 국가건설사상의 하나의 원형적(ideal type) 모습으로서, 그리고 갈등극복의 정치질서의 모델로서 얼마만큼의 적실성을 갖고 있는지 여부를 재평가할 수 있고, 나아가 한국적 특수성이 현대적 보편성을 획득할 수 있는지의 가능성을 타진해 보는 계기가 될 수 있을 것이다.

Ⅱ. 천도교의 대사회의식과 교정쌍전론

천도교의 역사는 교정쌍전, 교정조화의 역사였다. 즉 창도 이래로 단 한번도 교회의 역사와 사회의 역사가 분리되지 않았다는 것이다. 교정쌍전의 이념은 천도교의 대표적 정치사상이나 다수의 학자들은 서구적 교정분리의 시각에 입각해 그것을 전근대적 요소로 취급하고 있다.

그러나 천도교를 교 혹은 정의 입장만을 중심으로 이해한다면 이것은 천도교의 일면성만을 평가한 것이 될 것이다. 천도교의 교정조화 이념은 서양의 '정교합일주의'처럼 세속적 군주가 종교의 교주를 겸하거나 종교에 의한 지배로 상징되는 서양 중세의 경우와도 구별된다. 천도교의 교정쌍전론은 종교와 정치가 대등한 입장에서 쌍방적으로(교정쌍방) 조화되는 것을 이상으로 하였다.[2)]

동학사상은 '後天開闢 吾心卽汝心, 人乃天, 同歸一體, 四海一家, 萬族一人'이라는 원리와 목표를 표방하여 그의 구체적 강령으로 나타난 것이 '輔國安民, 布德天下, 廣濟蒼生'이다. 그리고 이것들의 총괄적 이름은 이 원리와 강령의 탄생이 동쪽의 도인 '동학'이라 한 것이요, 오늘의 이름은 '천도교'인 것이다. 이 원리와 목표의 실현은 지상천국의 건설이고, 그것의 전위조직으로 결성된 것이 청우당이다.[3)]

---

2. 이돈화, 1933, 『천도교창건사』 제3편. 67쪽 참조. 천도교와 청우당의 관계는 교정일치보다는 교정쌍전이고 교정조화에 더 가깝다고 할 수 있다.

청우당은 많은 난관 끝에 등장했다. 그것은 천도교가 최악의 위험 속에서, 즉 그 존립의 위기상황 속에서의 출현이었다.[4] 천도교는 위기를 오히려 기회로 맞았다. 즉 후천개벽의 주역이 될 청년들에 기대를 건 것이다. 천도교 청년교리강연부가 그것이었고, 그 구성원들은 의암이 일찍이 유학을 통해서, 또는 운영 중이던 학교 및 교리 강습소 운영 등을 통해 양성한 청년들이었다. 교리강연부는 청년회로 나아가 청년당으로 발전하며 그 성격을 보다 확고히 해나갔다.

청우당의 방향과 노선은 청년당헌의 제1조에 "천도교의 주의 · 목적을 사회적으로 달성코저 이에 시종할 동덕으로써 한 개의 유기체를 조직하여 그 명칭을 천도교 청년당이라 한다"하였다. 이를 좀더 분석해 보면 당시 천도교단이 가졌던 대 사회인식을 읽어낼 수 있다.

첫째, 천도교의 주의 · 목적을 그대로 당의 주의, 목적으로 하는 것이니 천도교의 주의 · 목적은 '오심, 즉 여심'이라는 인내천의 원리 하에서 보국안민 포덕천하하여 지상천국을 건설하는 것인바, 이것이

3. 동학은 기본적으로 政과 敎를 분리하여 보지 않는다. 인내천생활의 표현 중 그것이 제도로서 나타날 때는 정으로 되고 그것이 교화로서 나타날 때는 교로서 되는 것이다. 따라서 천도교는 세상을 새로이 하는 일에서 정신교화를 존중함과 동시에 물질적 제도를 또한 중시하여 그 두 가지를 병행하려고 한다. 이것이 천도교의 교정쌍전이고 청우당을 건설한 이유가 되는 것이다.

4. 3. 1운동을 주도한 천도교에 대한 일제의 탄압은 가혹하기 이를 데 없었다. 많은 교도의 연행과 구속은 물론 재산 압수, 전교실 폐쇄 등이 잇따랐다. 뿐만 아니라 천도교를 분열시키기 위하여 靑林敎, 濟愚敎 등 친일적 사이비 동학 계열의 종단을 건설했다. 오지영은 이 때의 상황을 이렇게 말하고 있다. "조선독립운동에 타사회보다 천도교는 일층 곤란을 밧엇서고 乃終에는 천도교 간판문제까지도 흔들니여 가장 위험한 상태에 빠졌섯다." 오지영 『동학사』 四, 신창서관 발행(아세아문화사 영인본, 1973).

곧 당의 주의 · 목적이라는 말이다. 물론 교단에서도 당시의 열악한 상황에서 이러한 이상적 사회건설을 달성 가능하다고 보지는 않았을 것이다. 종교로서의 기능을 가지고 있던 천도교는 이같은 이상론을 제시함으로써 종교성을 담보하고 좌절에 처한 조선인민에 최소한의 희망을 전망하게 해주고자 했던 의도로 해석된다.

둘째, "사회적으로 달성코저 하는 것이니"에서 사회적이라는 의미는 일반적 · 현실적이라고도 할 수 있는 천도교의 주의 · 목적이니, 이것을 단지 머리 속에 담아두고 관념만 하는 데에서 그치는 것이 아닌 그것을 일반창생을 통하여 현실적으로 성취하려는 것이다. 그러므로 현실적 구체적 노력, 운동을 요하게 되는 것이다. 당시의 상황에서 어쩌면 천도교는 청우당을 전위에 세워 가능한 범위에서의 운동, 구체적으로 문화운동을 통해 민족의식을 지켜내면서 나아가 개화와 독립된 이상적 자주국가 건설을 대비하자는 의도를 가지고 있었을 것이다.

셋째, 이에 시종할 동덕(교인)을 결합하는 것이라 함은 당헌에 있음과 같이 천도교의 역사적 사명을 의식하는 동덕으로서 당의 주의 · 목적을 직업적으로 시종할 사람으로 이념과 사상이 일치되는 천도교와 자기가 둘이 아닌 사람이라야 할 것을 말한다. 즉 3 · 1운동의 실패로 좌절에 처한 민족에게 천도교단이 앞장서서 민족의 앞길을 개척해 보자는 것이다. 그 전위에 청우당이 서야 한다는 것을 말한다. 당시의 분위기에서 민족운동에 나선다는 것은 국내에서의 독립운동과 진배없었을 것이다. 따라서 목숨을 걸어야 할지도 몰랐고, 그 앞장에 천도교의 동덕들과 청우당의 당원들이 결집해야 함을 역설하고 있다고 볼 수 있다.

넷째, 한 개의 유기체를 조성하는 것은 유기적 조직으로 부분을 결합하여 하나의 커다란 全的 기관을 조성함을 말한다. 즉 아주 긴밀하게 체계가 있는 유기적 조직을 가지자는 것으로, 당의 생명은 여기에서 발전되고 유지된다고 할 수 있다. 청우당이 천도교의 당이란 점을 이해한다면 종교성과 현실성의 제한적이나마 결합을 발견할 수 있다. 동시에 당은 개벽적 당, 획기적 당으로서 평상적 대중적의 의의를 가진 당임을 주장한다. 따라서 청년당이라고 해서 명칭처럼 청년운동에 국한되는 것이 아닌 천도교의 이상을 실현하는 혁명적 전위정당이라는 의미이다.

이러한 청년당과 천도교의 관계는 일체양면이며 이위일체이다. 교는 광원과 같다 하면 당은 광선과 같다 할 수 있다. 이 진리는 천도교와 교도들로 조직된 청우당과의 관계에서 특별히 그렇다. 『천도교청년당소사』[5]는 이렇게 기술하고 있다.

> 천도교 자체가 한 개의 당이어늘 또 천도교 청년당이라는 별개의 기관을 가지는 것은 무슨 뜻이냐 물론 이렇게 생각할 수 있다. 그러므로 천도교 청년당이라 함은 추호라도 천도교 그 자체의 당적 의의를 慊然함이 아니요 철두철미 일원적 체계임을 물론인바 이를 한층 더 적극적 구체적으로 진전발휘키 위한 천도교 자체의 일종 전위조직이다. '水不離波波是水' 라는 말과 같이 천도교를 떠나서는 청년당이 있을 수 없는 것이며 청년당의 운동은 곧 천도교 운동의 하나이다. (중략) 요컨대 이와같은 청년당은 우리 교내에 언제든지 있을 것이다. 있어야 될 것이다.

5. 조기간, 1935, 『천도교청년당소사』 천도교청년당본부. 이하 『소사』로 약함.

> 더구나 지금과 같은 과도기에 있어 일층 중요한 의의를 가지는 것이 사실이며 이리하던지 저리하던지 불구하고 당의 일체가 천도교의 전적의지 내지 범주를 벗어서나서 있지못할 것은 물론이다(『소사』, 135쪽).

천도교와 청년당은 이런 관계 속에서 유기적 연결과 체계적인 시스템을 유지하며 활동해 왔다. 또한 청우당의 운동에서 운동과 교리가 배치될 경우 청우당은 운동을 선택하라고 한다. 이는 교단에서는 어려운 일일지라고 당을 통해서는 교를 극복하는 대승적 결론을 유도하는 천도교 민족주의의 한 단면이라 할 수 있다. 종교와 민족이 겹칠 때 과감히 민족을 택하라는 주장은 청우당 노선을 종교운동이 아닌 민족운동으로 평가하게 하는 대목이다. 그러나 이러한 민족운동 우선론은 동학 창도 이래로의 현실비판과 참여를 통한 현실 개혁지향의 전통이기도 하다.[6]

---

6. 동학의 이 같은 현실위주의 사고는 한국전통종교가 가지고 있는 공통점이기도 하다. 실제로 원효의 和諍思想이나 보조국사 지눌의 敎觀兼修論 그리고 성리학의 實學思想 등은 종교위주가 아닌 현실개혁 위주였다. 그래서 한국전통종교는 종교로 접근하기보다는 하나의 사상으로 접근해야만이 그 내면의 본질을 발견할 수 있다고 생각된다.

Ⅲ. 청우당과 민족운동

3 · 1운동을 주도한 천도교는 손병희를 위시한 원로급 지도자들이 대부분 구금 기소됨에 따라 지도체제의 재정비가 불가피하게 되었다. 그 결과 젊은 지도층을 중심으로 1919년 9월에 천도교의 교리를 연구 선전하며 민족문화를 향상 발전시키기 위한 목적으로 천도교 청년교리강연부가 창립되었다. 이것은 당시 우리나라 운동적 색채를 띤 청년단체로서는 가장 먼저 조직된 단체였다.

천도교 청년회로 명칭을 변경한 후 이들의 활동은 주로 천도교리와 새로운 사회사상의 선전 · 보급, 조선문화 향상 발전사업, 지식열 고취, 교육보급, 농촌개량, 도시중심의 계몽활동, 전문가 양성 등이었다.[7] 특히 문화사업으로서의 종합잡지인 『개벽』지의 창간과 어린이운동의 제창은 지금까지도 이들의 업적으로 평가되고 있다. 청년회는 이같은 사업을 통해 일반민중을 각성시켜 전근대적인 봉건사상에서 탈각시키고 근대적인 의식을 함양시키려는 것이었다.

이들의 활동이 점차 교회차원을 넘어 민족문제의 해결로 연결되면서 공고한 세력기반과 정치적 투쟁 · 훈련의 필요성이 인식되었다. 따라서 기존의 청년회를 발전적 해체하고 1923년 9월 천도교 청년

7. 김병준, 「지상천국의 건설자 천도교청년당의 출현」, 『천도교회 월보』 157호, 1923. 10, 8쪽 ; 이돈화, 「조선 신문화 건설에 대한 도안」, 『개벽』 4호, 1920. 9, 9–16쪽, 정용서, 「일제하 천도교 청년당의 정치 · 경제 사상 연구」, 연세대 사학과 석사학위 논문 재인용.

당(청우당)을 결성하였다.

초기의 청우당은 포덕운동과 선전운동, 조직운동, 교양과 훈련, 경제운동, 체육운동 그리고 통속운동 등 주로 민족계몽운동에 주력하고 있었다. 이 운동 중에서도 청우당 스스로가 가장 높이 평가하는 것은 문화운동이었다. 문화는 자유를 상실한 우리 민족이 내세울 수 있는 마지막 자존심이었는지도 모른다. 청우당은 인간력의 총화, 사회력의 총화를 문화라고 했다. 어떤 민족사회를 막론하고 그 민족사회의 총 노력의 결정은 그 민족사회의 문화로 표현되어지는 것이다. 결국 천도교의 민족문화운동은 후천개벽운동인 동시에 인문개벽운동, 즉 인류의 신문화를 창조하는 운동이었다. 이 점에서 청우당은 신문화운동을 가장 중대한 임무를 갖는 것이라고 주장했다. 『소사』는 청우당의 문화운동을 이렇게 정리했다.

① 개벽사 창립.

② 신문화 선전. 1919년 9월 2일부터 … 오늘날까지 15, 6년간 계속하여 연 1, 2차의 순강으로 강연, 강도, 강좌 강습 등의 형식으로 천도교의 인내천진리와 그에 상응하는 후천 신문화를 선전하였다.

③ 조선정형연구회 조직.

④ 신인간 자학창설. 1926년 5월 21일 일반 당원의 지식 향상과 의식적 교양을 위하야 연 1차 이상의 자수자학 공부를 실행.

⑤ 시일학교 창설.

⑥ 당기관지 黨聲 발행.

⑦ 간행물 출판.

⑧ 자수대학 강의발행. 중등학과를 마치고 그 이상 학과를 수득할 길이 없는 처지에 있는 조선청년에게 전문적 지식을 수득케 하기 위하여 종교, 철학, 정치, 경제, 사회, 예술, 체육 등의 7대 과목으로 된 대학 정도의 종합강의를 발행.

⑨ 당학창설. 정신, 민족, 생활, 건강의 사대 방면에서 1. 교리교사, 2. 조선어, 3. 조선사, 4. 농학, 5. 체육 등 5대 학과를 선택하여 정신, 민족생여 당원의 필수학과로 한바 이를 당학이라 명칭하여 1934년 1월부터 기관지 당성을 통하여 통신교수방법으로 실시하게 되었다(『소사』).

문화운동과 더불어 청우당은 점차 후천개벽의 지상천국 건설을 직접목표로 해서 인간개혁, 사회개혁의 대중운동을 전개했다. 이에 따라 농민부, 노동부, 청년부, 학생부, 여성부, 유소년부, 상민부 등 7대 부문운동을 대대적으로 전개해 나갔다. 일제의 감시 하에서 이루어진 제한된 운동으로서 그 시기 청우당의 7대 부문운동을 능가한 사회활동을 한 단체는 없었을 것이다. 간략히 부문운동의 구체적 성과를 정리하면 다음과 같다.

① 포덕운동은 당의 목표인 후천개벽의 지상천국을 실현하려는 민중의 계몽운동으로서 당의 선전운동과 함께 연평균 2,000호, 약 1만 명 등 건당 10년을 기점으로는 약 10만 명이 포덕운동에 계몽되었다.

② 천도교 소년회운동은 어린이날의 제정 및 최초의 어린이 잡지인 『어린이』를 간행하는 등 어린이 사랑을 전파했다.

③ 천도교내성단의 활동으로 이는 여성의 해방을 제기한 최초의 페미니즘 운동이었다고 평가된다. 군기관만도 100여 개소, 단원은 수만 명에 이르렀다.

④ 농민운동으로 특히 조선농민사를 결성해 조선 농민의 지위 향상과 소득증대 사업을 모색했다. 『농민』지를 발간해 새로운 영농법을 소개 · 지도하고 농민들의 자치능력 함양에 주력했다. 이는 나중에 농민공생조합 경제주의로 전환해 사업 영역을 확대하기도 했다.

⑤ 문화운동으로 『개벽』지를 비롯한 많은 문화사업을 말한다.

⑥ 체육운동에 주목해 특히 덴마크 체조를 보급함으로써 국민 건강증진을 도모했다.

⑦ 조선노동사를 창건해 노동자 권익보호와 계몽활동을 전개했다.

1931년 당사업이 본궤도에 올랐을 때에 청우당은 3만 당원에 전국적으로 지부가 120여 개나 되는 조선 최대의 조직이었다. 따라서 이 방대한 조직을 이끌기 위해 당에서 채택한 조직운영 방침은 근대적 정당체계와 비슷한 '민주적 중앙집권제' 였다. 이 조직은 (1) 당의 사무가화, 관료화를 방지하고 (2) 당역량의 집중화, 통제화를 위한 것으로 개벽적 목표를 지향하는 당의 주장과 정책 및 기타 일체의 진행방법을 당전체의 요구와 경험에 근거하는 내용을 갖도록 하자는 것이다. 이것은 각 당원과 하부기관의 그 의견과 경험의 일체를 당으로 전달하지 않을 수 없는 것이요, 그러하기 위하여는 각 당원과 하부기관의 그 의견과 경험의 일체를 당으로 전달하는 기회를 주지 않을 수 없는 것이니, 이것이 곧 민주적 원칙을 채용하는 이유라고 그들은 밝히고 있다.

그러나 1920년대 천도교단의 분열로부터 청년당이 자유로울 수는 없었다. 특히 청년당의 심각한 위기는 1925년의 천도교 제4대 교주인 춘암 박인호의 교주직 인정 여부를 놓고 벌인 신구파의 분열이었다. 이후 천도교청년당과 천도교청년동맹으로 분열, 청우당으로 통합, 다시 분열의 길을 걸었지만 그들의 초기 이념과 정신은 변함이 없었다. 그러나 1930년대 국내의 모든 민족운동단체가 존립할 수 없었듯이 7대 부문운동으로 꾸준한 활동을 하고 있던 청우당에게도 일제는 영역의 제한을 가하고 있었다. 그러던 중 신간회의 해체처럼 청우당도 해체의 위기에 직면하자 그들은 자신들의 활동에서 정치를 제거하는 이른바 '大東方主義'를 선언했다.

대동방주의의 선언은 정치조직으로서의 청년당의 존재는 불필요하게 했다. 따라서 청년당의 조직 · 활동 역시 이 연장선상에서 변화하게 되었다. 사회활동의 중심이었던 부문운동을 당 포덕부에서 총괄 · 관리하도록 하였으며, 각 부문단체의 중앙 및 군기관을 해체하고, 조선농민사를 제외한 각 부문단체의 현행규약을 폐지하고 당본부에서 정하는 규제에 따라 부문단체의 조직을 정리하기로 하였다. 이처럼 부문운동을 중심으로 한 대외활동보다는 대내적인 수련 · 수양을 청년당의 중심활동으로 삼음으로써 청년당의 부문운동은 사실상 끝났다고 할 수 있다. 따라서 이후 청년당의 활동은 대외적인 사회운동보다는 대내적인 당원들의 수련 · 포덕을 위주로 진행되었다. 그런 가운데 4대 교주인 춘암 박인호 중심의 멸왜기도사건이 발각되고 천도교는 또 한번의 대탄압을 받으며 모든 활동을 금지당했다. 천도교의 모든 단체들도 강제 해산되었고, 청우당도 1939년 4월 3일에 열린 제13차 전당대회에서 당을 해체하고 당시 천도교가 가맹하고 있던 일제의 국민정신총운동연맹에 합류함으로써 일제시대 청우당의 역사도 막을 내렸다.

이러한 비극은 해방정국에서도 이어졌다. 즉 해방은 그들의 보국안민을 달성할 수 있는 최초의 기회였다. 그러나 분단된 국토와 새로운 외세의 구축은 자주 · 자립의 여지를 전혀 주지 않고 있었다. 해방 후 남북에서 청우당은 재창당되었으나 당세의 분포도가 남북으로 확연히 구분되어 있어 단일 정책의 지향에 많은 어려움이 있었다. 그런 가운데 나온 『천도교정치이념』은 남북 청우당의 합의로 정리되었다. 그러나 해방정국의 혼란은 강대국의 이해득실과 국내 반민족적 세력에 의해 민중의 요망과는 다른 길로 치달렸다. 1947년 11월 UN총회의 남북한 자유총선거 결정이 이루어졌고 청우당이 그 안을 지지하게 되었다. 그러나 결과는 국내의 여느 민족주의 세력의 몰락과 같았다.[8] 해방정국이 분단의 고착화로 귀결되자 청우당의 노선은 민족통일운동으로 전환되어야 했다. 그래서 당은 이후 남북통일운동에 진력했으나 일제와 해방정국을 거치면서 교세의 사회적 세력은 크게 축소되어 버렸다. 나아가 그들은 남에서는 중간 좌파로 몰려 제거되고 북에서는 활동이 대폭 제한되어 노동당에 크게 위축되고 말았다. 결

8. 해방정국에서 활동한 청우당의 통일국가 수립운동은 성주현, “해방 후의 천도교청우당의 통일정부수립운동”(『문명연지』 제2권 제1호, 한국문명학회, 2001) ; 조규태, “해방 후 천도교청우당의 조직과 활동”(천도교청년회중앙본부, 『천도교청년회 80년사』, 2000) ; 임형진, 「해방정국과 천도교청우당」, 『동학학보』 제4호, 동학학회, 2002, 10, 참조.

국 그들의 남북통일운동은 교세회복이라는 또 하나의 임무와 맞물릴 수밖에 없었고, 아직까지는 어느 것 하나 만족한 수준에 도달하지는 못했다.

Ⅳ. 청우당의 조선적 신민주주의 국가이념

청우당은 1927년 8월의 제1차 대표대회까지는 그 주의와 목표가 명확히 제시되지 못하고 있었으나 제1차 대회를 계기로 당헌이 제정되면서 본격적인 이념정당의 노선에 맞는 주의 · 주장 및 정강정책이 성립되었다. 그러나 청우당이 제시한 이념이나 주의는 일제라는 시대적 · 공간적 제약으로 인해 그 근본적 목표가 실현되기는 불가능했다. 그러나 해방정국의 등장은 지하화되었던 청우당의 재출현을 가능케 하는 충분한 공간이었다. 비로소 청우당의 이념과 주의는 햇볕을 볼 수 있었고, 새로운 시대에 적합한 정강정책의 제시가 가능해졌다. 그러나 전술한 대로 청우당은 뜻밖의 분단으로 말미암아 남북한으로 이원화되어야 했다. 그럼에도 남북한 청우당 양자의 차이는 존재하지 않았다.

1. 청우당의 운동목표

청우당이 생기게 된 의의는 당헌 제1조의 내용를 통해 알 수 있다. 당헌 제1조는 "천도교의 주의 · 목적을 사회적으로 달성코자 이에 시종할 동덕으로써 한 개의 유기체를 조직하여 그 명칭을 천도교 청우당이라 한다"고 하였다.

즉 첫째, 천도교의 주의 목적 그대로가 당의 주의 · 목적이 된다는 것 둘째, 사회적으로 달성코자 함은 현실적 정치적 의미를 표시한 것 셋째, 시종할 동덕으로써 조직한다 함은 천도교인 중에도 특히 천도교의 주의 · 목적을 사회적 · 정치적으로 실현하고자 하는 활동부대만을 재조직한다는 것이다. 이것으로 보아 천도교 청우당은 천도교의 전위대, 별동체로서 천도교인 중 정치운동부대의 재조직이라고 정의할 수 있다. 그러므로 청우당은 그 자체 성격이 정치운동을 주로 하는 천도교적 정치단체이지 천도교적 청년운동기관이 아니다.[9]

청우당의 목표는 당의 주의 · 강령 · 정책에 제시되고 있다.

① 주의

지상천국 건설이 우리 당의 주의이다. 이 주의를 달성키 위하여 다음과 같은 강령을 세운 것이다.

9. 교리강연부에서 청년회로 다시 청년당 그리고 최종적으로 청우당으로의 변천의미가 이를 증명한다.

② 강령

그물에 벼리가 있고 옷에 옷깃이 있는 것과 같이 당에도 그와 같은 그것만 잡어 처들면 당의 전체가 쑥 들리워짐과 같을 강령이 (요항) 있을 것은 물론이다.

그런데 강령에는 단순하게 원칙만을 의시함에 그치는 원칙강령과 그 원칙을 줄어서 일층 행동화시킨 행동강령의 이종이 있다고 할 수 있는데 우리 당이 가진 강령은 원칙강령이다. 이 강령을 실행하는 순서와 수단에 대한 대체의 책이 없지 못할지니 이것을 이른바 정책이라 하는 것이나. 당헌에 "본당의 주의 강령을 실현코서 정신개벽을 기한다" 함은 정책의 극대체를 의명한 것이다.

- 사람성 자연에 맞는 실현!
- 사인여천정신에 맞는 새 윤리의 수립![10]

그러나 당시 시국관계로 그 표현이 막연한 추상적 문구이지만 내용의 의미는 첫째, 당의 주의를 지상천국 건설이라 하였으니 지상천국의 내용을 순수 정치적 견지에서만 추상한다면 무침략, 무압박, 무착취, 무차별의 진정한 평등 자유의 세계를 이룩한다고 하였다. 둘째, 당의 강령은 새 제도의 실현과 새 윤리의 수립을 내세웠으나 그 역시 이상적인 미래상을 말한다. 셋째, 당의 정책으로서 정신개벽, 민족

10. 『소사』 136－137쪽. 이어서 『소사』는 청우당의 3대개벽을 설명하고 있으나 정신개벽부문만 서술하고 민족개벽과 사회개벽부분은 기술하지 않고 있다. 일제시대의 한계를 발견할 수 있는 대목이다.

개벽, 사회개벽을 기한다 하였으니, 이 정책에 와서야 비로소 당의 정치적 기본 이념이 표시되었다고 볼 수 있다. 기실 청우당의 활동목적은 이 민족개벽과 사회개벽 두 가지에 중점을 두었던 것이 사실이다. 민족개벽이란 당시로서는 일본 제국주의의 기반에서 우리 민족이 해방을 얻자는 것이 제일의 적이었고, 사회개벽이란 자본사회의 제도를 개혁하여 무산계급을 해방하자는 것이다.

이상 세 가지를 종합해 보면 청우당의 현실적인 정치이념과 운동은 민족해방과 계급해방이었던 것은 분명히 알 수 있다. 원래 보국안민은 천도교의 신조이자 염원이니만큼 천도교의 그것은 곧 당의 이념이 된다. 그런데 해석상 보국은 민족해방이 되고 안민은 계급해방이 되는 점에서 다시 의심할 여지가 없다.

2. 청우당의 宗旨[11)]

청우당의 종지는 인내천사상[12)]으로서, 그것은 구체적으로 본체상 인내천과 응용상 인내천으로 나눌 수 있다. 우선 본체상 인내천은 다시 종교적 · 철학적 사상의 양방으로 구별할 수 있다.

첫째, 종교적 방면의 인내천을 살펴보면, 종교에서는 우주본체

11. 이돈화, 『당지』(북조선 청우당, 1945)의 이론을 주로 참조함. 19–53쪽.

12. 청우당의 종지로서의 인내천은 동학과 천도교의 중심사상인 인내천주의의 정당적 표현이다. 특히 청우당 종지인 인내천은 지금까지의 인내천사상을 최종적으로 본질과 실제의 측면에서 종합 정리하고 있다.

를 인격화하여 천주 혹은 우주신이라 부른다. 그리하여 천지만물은 다 같이 우주본체인 천주 혹은 신령의 조화적 자율적 화생으로 본다. 이 의미에서 천주지만물은 子格이 되고 본체는 父格이 된다. 그러므로 본체(천주)와 현상(만유)은 一體二位이었다. 즉 종교적 차원에서의 하늘과 인간의 관계는 一體二位로서, 하늘은 천주로 표현되는 본체를 의미하고 인간은 만유로서 현상을 나타낸다. 따라서 이들의 관계는 부모와 자의 관계이며, 인간의 본질은 신의 분신이라는 것이다. 그럼에도 인간이 신의 자이면서도 신의 至仁至慈의 성능과 전지전능의 行能을 표현하지 못하는 이유는 인간 개체의 성능이 무명에 가깝기 때문이다. 즉 인간은 개성을 보호하고자 하는 물욕, 번뇌, 미망, 악념 등에 가깝기 쉬운 동물인 까닭에 그 본체인 전능전명을 발휘하지 못하고 스스로 번뇌미망을 자작하여 자승자박의 무명의 고해에 빠져 천과 인의 구별을 짓게 된다. 그러므로 인간이 능히 천도의 수행으로 인하여 무명을 해탈하면 인내천의 본지풍광을 얻게 되는 것이다. 이것이 종교적으로 본 인내천이었다.

둘째로는 사상적 차원에서의 인내천이다. 이는 다시 진화사상의 측면과 철학사상의 측면으로 구분된다. 진화사상으로 보면 진화사상은 불완전이 완전으로 나간다는 의미에서 천지만물은 일시의 창조행동에서 된 것이 아니요, 일원적 우주 진화력이 도도한 자율적 조화에 의하여 지금의 우주와 같은 삼라만상을 만들어낸 것이다. 그러므로 우주진화는 전 계단이 후 계단보다 비교적 불완전하다. 즉 후단이 전단보다 비교적 완전한 것이며, 그리하여 인간은 우주 최후 계단에서 생성한 동물인 까닭에 인간성 중에는 우주의 전 성격을 구비한 측면이 있는 것이다. 이것이 진화상으로 본 인내천이다. 철학사상에서 본 인내천은 인간은 유심유물의 본체인 至氣的 본질을 구비하였다. 그러므로 인간은 정신과 육체에서 지기의 능력을 가지고 우주의 객관적 진리와 인간의 주관적 진리를 통일시킬 수 있다.

응용상 인내천은 전술한 본체상 인내천의 진리를 실생활에서의 응용을 나타내는 것으로, 인내천은 인본사상도 되며, 사인여천의 윤리도 되며, 인간지상의 도덕도 되며, 여천합일의 종교도 되며, 평등자유의 제도도 될 수 있다는 것이다. 하늘과 합치된 인간이고 보면 그것은 당연한 결론일 수 있다.

인본사상은 지금까지의 神, 心, 物중심에서 人間中心으로의 文化를 건설하자는 것이다. 즉 중세의 신본위시대와 자유주의의 물본위시대, 그리고 공산주의의 물본위시대를 이제는 모두 통합해 인간 자신의 문제로 돌아오는 인간본위의 문화를 창조하자는 것이 인내천 사상의 첫 번째 응용이다. 보다 실생활에서의 응용은 정치에 있어 이상적 민주주의, 경제에 있어 공동생산, 공동분배주의, 문화에 있어 대중문화주의, 교육에 있어 보편타당주의, 도덕에 있어 평등자유주의 같은 것을 의미한다고 할 수 있다.

두 번째 응용인, 사인여천의 윤리라는 것은 인간은 그 본질에서 천주의 분신이므로 천주에게 경의를 표하는 심성으로 인간에게도 사인여천의 경의와 만인평등의 윤리를 창건하자는 것이다. 즉 전근대적인 존비귀천의 차별을 철폐하게 하는 것은 물론 부자형제 장유의 간에도 질서의 차별을 정연하게 하는 동시에 인간격의 본질의 평등을 인내천의 원칙에서 인정함과 같은 것이다.

세 번째, 인간지상의 도덕이라 함은 인간자기가 인내천, 즉 신령의 자의 것을 확언하고 인간격의 존엄을 과대하는 동시에 경천 경인

경물의 원리를 활용할 것이다. 강도와 같은 악인이라도 그 행위는 어디까지든지 미워할 수 있으나 그 천부의 본성에는 경의를 표하여 대할 것이며 초목과 생물을 이용후생할지라도 그 생물의 본질을 학대하지 말 것과 같은 의미이다.

네 번째, 與天合一의 종교는 곧 인내천의 종교와 같은 것을 의미하며 평등자유의 제도는 악평등, 악자유를 제재하는 반대로 평등의 중에서 차별적 조화가 있고 차별의 중에서 평등적 조화가 있고 차별의 중에서 평등적 동귀일체가 되는 제도를 건설하는 것이었다.

3. 청우당의 강령

청우당의 강령은 청년당 시절[13]과 해방 후 재창당된 이래로 4개의 강령으로 구성되어 있다.

일, 民族自主의 理想的 民主國家建設을 期함

이, 事人如天의 精神에 맞는 새 倫理 樹立을 期함

삼, 同歸一體의 新生活에 基한 新經濟 制度의 實現을 期함

사, 國民皆勞制를 實施하여 日常輔國의 徹底를 期함[14]

13. 『소사』에 의하면 청년당시절의 강령은 일, 사람성 자연에 맞는 지상천국의 실현! 이, 사인여천에 맞는 새 윤리의 수립!의 두 가지 였다. 『소사』 136쪽.

14. 청우당의 소강령은 초기 4대에서 1948년 제2차 전당대회를 통해 4항이 빠진 3대 강령으로 축소되었다.

1) 민족자주의 이상적 민주국가의 건설을 기함

천도교는 천도의 진리를 세계관으로 요약하여 인내천으로 종지를 삼았다. 인내천은 양으로 세계 각국의 사상을 통일내포하고 있으며, 내용적으로도 보편적 가치를 담고 있어 개별 민족과 국가에 맞는 적용을 가능케 한다. 그 출발의 기초단위는 민족이다.

청우당의 민족은 천도교 정적 영역의 핵심이다. 국가는 민족으로 구성된 권력단체로 단일민족 혹은 복수민족으로 구성된 국가도 있다. 단일민족은 혈통과 역사가 같고, 언어와 문자, 풍속과 습관이 같으며, 문화가 같고 경제적 조건이 같고 최종으로 공통숙명을 가졌다. 그러나 단일민족이라 할지라도 이민족 혈통이 다소간 혼합한 것은 사실이다. 그러므로 민족의 개념을 신비적으로 규정할 것은 아니었다. 아무리 혼혈적 민족이라 할지라도 이해관계가 공통되면 공동의 숙명을 향유하게 되는 것이다. 민족은 공통 이해의 숙명을 가진 점에서 생존경쟁의 단위가 될 가능성을 가졌다.

청우당이 지향하고자 하는 민족주의는 당의 핵심적 이론가였던 야뢰 이돈화의 『신인철학』에서도 제기되고 있다. 즉 그는 민족이란 인류주의의 의미로 보든지 사회주의의 의미로 본다면 거론할 필요가 없는 것이라고 한다. 각자 자기의 민족만을 기준하고 타민족은 배제 또는 무시한다면 군국주의 폐해가 그칠 날이 없고 세계의 평화는 기대할 수 없을 것이기 때문이다. 그런데 민족개벽을 주장하는 이유는 민족의 문화와 생활정도를 향상코자 하는 개벽이니, 즉 민족개벽은 이상주의의 과도기에 있어 최대의 준비적 기초가 된다는 것이다.[15] 이러한 그의 민족주의관은 『당지』에서 소위 신민족주의로 명칭되어진다.

청우당은 보국안민 차원의 1차원적 민족주의를 넘어선 포덕천하의 국제주의를 지향하는 차원높은 민족주의임을 신민족주의로 확인해 주고 있다. 신민족주의는 세계 각 민족이 세계공화를 위해 자기 민족을 좋으로 향상하는 주의이다. 어차피 세계는 민족이 기본 단위이게 된다. 따라서 민족주의는 피해갈 수 없는 인류의 과제가 된다. 청우당의 신민족주의도 이 점을 잘 알기에 보국안민을 통한 각국의 민족주의를 바탕하고 각국의 공존공생의 각성에 호소하는 것이다. 이렇게 될 때 신민족주의는 세계 최고의 이상을 달성하는 것이자 세계공화국을 실현하는 것이 된다는 이상론을 가지고 있는 것이다.

한편 자주의 문제에 대해서 청우당은 자주가 고립이 아님을 강조한다. 즉 자주는 左로는 고립을 제거하고 右로는 의타를 배제한 행동관념이라고 지적한다. 자주란 상호부조의 자연적 원리를 활용하여 자주자유의 독립적인 존재를 의미한다[16]고 할 수 있다. 주목할 점은 청우당의 이러한 자주적 민족국가 건설의 노선이 정립되어 있을 당시는 해방정국의 시기였다는 것이다. 이 시기는 우후죽순처럼 수많은 정당들이 등장하는 때였으나 중경의 임정세력이었던 한독당을 제외한 거의 모든 정당들이 미 · 소 등 외세에 크게 의존해 그들의 세에 거슬리는 '자주' 라는 표현을 거의 쓰지 않았던 시절이었다. 이런 '비자주' 적 분위기가 만연하고 있던 시기에 청우당은 당강령의 1호로서

15. 이돈화, 『신인철학』 천도교중앙총부출판부, 1924.

16. 이러한 자주를 유지하기에 조선의 지정학적 위치가 유리하다는 점을 지적하고도 있다.

'자주'를 강조하고 있다는 점은 청우당을 전형적인 민족주의적 정당으로 자리매김하기에 충분하다.[17)]

민주국가에 대해서도 청우당의 입장은 '민주국가란 것은 문자 그대로 인민이 직접 국가의 주권을 가진다는 말'로 해석한다. 즉 주권이 군주에게 있는 것은 군주국가라 하고 주권이 귀족에게 있는 것을 귀족정치라 하며 주권이 자본가에게 있는 것을 자본주의 국가라 하는 것과 같이 주권이 인민 전체에게 있을 때에 이를 민주국가라 한다는 근대적 정치체제를 말하고 있다. 청우당이 지향하는 민주정치는 신민주주의이다. 이는 당시의 우리 현실을 반영한 것으로 노동자와 농민이 절대다수인 사회인만큼 그들이 중심이 되고 국가의 직접적인 주권을 가진 국가가 진정한 민주국가라는 주장이다.[18)] 그리고 이러한 민주국가는 세계가 모두 진보하여 이루어지게 될 수순이라고 지적하고 있다.

이같은 기초적 이해를 바탕으로 하면 청우당의 제1강령인 민족자주의 이상적 민주국가는 다음과 같이 정의될 수 있다. "신민족주의에 입각한 고립과 의타가 아닌 자주적 노농민주국가의 건설에 청우당의 당력을 집중한다." 즉 구민족주의가 국수적 · 침략적 또는 폐쇄적 민족주의라면, 신민족주의는 횡으로 발전하는 주의가 아니라 세계공

17. 청우당의 자주노선은 동학사상과 운동에 연유한다. 동학의 역사가 곧 민족자주를 향한 역사였기 때문이다. 이는 독립선언서의 첫머리에서도 '자유민'이 아닌 '자주민'임을 선포하는 대목에서도 동학의 역사가 얼마나 자주를 향한 투쟁의 역사였는가를 증명하고 있다. 김철. 1989. "동학의 정치사상–청우당의 삼대강령을 중심으로", 『東學精義』, 동선사, 359–360쪽 참조.

18. 이러한 주장은 당시 자본가 중심의 사회를 지향하는 남쪽과 노동자 중심의 사회를 지향하는 북쪽 모두로부터 소외되는 청우당의 운명을 예고해 주는 것이나 다름 없었다. 김철, 앞의 책, 364쪽 참조.

화를 위하여 자기 민족을 종으로 향상케 하는 주의이다. 따라서 민족은 세계공화에 기여하는 단위민족으로서의 의무와 역할을 분담하게 된다.[19] 이러한 신민족주의에 맞는 자주란 고립과 의타를 배제[20]하면서도 상호부조의 자연의 원리에 따르는 것으로 세계공화에 이바지하는 민주적 국가를 건설하자는 것이다.

2) 事人如天의 정신에 맞는 새 윤리 수립을 기함

대체적으로 정치집단인 정당의 강령에 도덕성을 강조하는 경우는 매우 드물다. 그럼에도 청우당은 강령으로 사인여천의 윤리적 · 도덕적 측면을 강조하고 있으니, 이는 청우당이 동학사상을 바탕하고 있기 때문이다. 즉 도덕성을 상실한 조선에 도덕성 회복을 외치며 등장한 것이 동학이었기에 도덕성이야말로 국가기강의 근본이 된다는 것을 청우당은 사인여천의 정신으로 새로운 윤리관을 세우자는 것이다.[21]

19. 김철, 앞의 책, 366쪽.

20. 고립은 자살을 의미하고 의타는 타살을 의미하므로 자립을 하고 독립은 하되 다른 나라와 더불어 평화적 공존과 협동체제의 중요성이 제기된다는 의미이다.

21. 실제로 개인이든 사회든 윤리 도덕이 확립되어야만 국가가 부패하지 않는다. 세계사의 흥망성쇠를 보더라도 순수한 외침에 의해서 나라가 망한 예보다도 대내적인 부패와 도덕적 타락에 의해서 내우외환을 자초하여 국가를 멸망으로 몰고 간 경우가 허다하며, 특히 정치지도자의 부패와 타락은 나라의 존망과 직접적인 관계에 있어 더욱 경계의 대상이 된다. 김철, 앞의 책, 367쪽.

이러한 세상의 성립을 청우당은 "인내천을 종지로 하는 생활에 있어 사인여천의 윤리가 성립될 것은 자연의 순서이다. 사인여천의 윤리란 것은 인본위사상에 맞는 새 윤리제도를 이름이다"[22]라며 자연의 진화로 인본위시대가 옴은 필연적이라고 주장한다. 사인여천이란 본시 인간의 존엄성을 모든 가치의 척도로 삼는 것이다. 따라서 인간은 하늘과 같은 대우를 받아야 하는 대표적 존재이다.[23] 이처럼 인간 존엄을 최고 가치로 했을 때 권위주의나 독재란 존재할 수 없다. 즉 사인여천의 윤리가 없는 순간은 권력의 남용과 비민주가 횡행하는 시기이며, 이것이 존중되는 순간부터가 민주의 시작이랄 수 있는 것이다.[24]

사인여천의 윤리는 평등만을 강조하는 듯하나 인간의 선의의 자유의지를 자유로 존중하기에 일면에서는 평등이고 일면에서는 자유를 가진다. 사실 자유와 평등은 그 모순성으로 인해 민주주의의 발전과 더불어 숙제로 지금껏 남아 있다. 자유의 강조는 평등에의 치명적 폐를 끼치며 평등의 강조는 자유의 억압으로 이어지기 때문이다. 이것을 풀기 위해 민주주의는 이 둘 모두를 묶을 수 있는 이념으로 '인간에의 존엄' 을 들고 있다. 즉 자유와 평등은 모두 인간에의 존엄

22. 『당지』, 65쪽.

23. 해월 최시형의 "人是天이니 事人如天하라"는 말에서 기원하는 사인여천은 사람 섬기기를 한울님 섬기듯하라는 동학사상의 실천론이다. 사인여천이 있음으로 해서 동학사상의 시천주는 민중속으로 들어와 민중 하나 하나가 주인되는 세상을 건설하여야 한다는 당위를 주게 되었다. 즉 동학이 수운의 관념성을 뛰어 넘어 구체적 실천성을 부여 받는 계기가 된 것이 바로 사인여천이다.

24. 정당에서도 윤리와 도덕의 철학이 반드시 있어야 하는 이유는 여기에 있다.

을 실현하기 위한 하위 개념에 불과하다는 것이다. 이런 민주주의를 가장 완벽하게 실현시킬 수 있는 정신이 있다면 그것이 바로 사인여천이다. 사인여천 그 자체가 최고의 인간의 존엄을 강조할 뿐만 아니라, 자유와 평등의 모순성을 자연스러운 질서와 제한으로 조화시킬 수 있기 때문이다. 나아가 청우당은 개인과 전체의 조화, 사회윤리 그리고 천도교의 삼경윤리를 제시하며 사인여천의 윤리를 구체화시키고 있다.

3) 동귀일체의 신생활이념에 기한 신경제제도의 실현을 기함

동귀일체는 생리적 신체에서 상징한 이념이다. 생리적 신체는 그 자율적 본능으로 百體를 기화작용의 평등으로 통일한다. 자유의지를 자유로 조화하는 것이다. 영양을 평균으로 분배하는 것과 혈액을 자유로 평등 순환하게 하는 것이며, 행동을 격에 맞추어 조절하는 것이며, 원기를 內外百體에 충족하게 하는 등 실로 자연의 영묘라 할 수 있다. 이것은 전적으로 유기체의 본능이었다. 인간사회를 유기체로 보는 견해와 무기체로 보는 견해의 구별이 있으나 여하이 사회조직을 유기화하여 인체의 생존원리에 들어맞도록 이상하는 것이 동귀일체의 생활이었다.

즉 신체와 사회는 밀접한 상관관계를 가지니 신체가 세포라는 개체로 조직되어 있다면 사회는 개인이란 개체로 조직되어 있으며, 신체가 오장육부, 사지백체, 이목구비의 기관으로 형성되어 있다면 사회는 각종의 공공기관과 임의단체들로 구성되어 있다. 이밖에도 신체는 신경의 상부 지휘와 하부 전달기관을 가지고 있으며, 그것을 총괄하는 정신이 있고 혈맥이라는 교통수단을 가진다. 사회는 중앙이라는 상층부와 이들의 지시를 실천하는 지방조직이 있으며, 그것들을 통합시키는 그 사회의 통일사상이 존재하고, 교통 · 통신 등 커뮤니케이션으로 그 전달이 이루어진다. 이처럼 신체와 사회는 유기체로서의 기능을 거의 비슷하게 공유하고 있다. 특히 신체가 동식물의 섭취로 신체라는 유기체를 유지하듯이 사회라는 유기체가 유지되기 위해서는 올바른 경제제도가 있어야 한다.

사회진화도 인간의 신체를 강제할 수 없듯이 인위적 강제로 강행시킬 수 없다. 즉 사회진화 역시 불가항력에 의한 무위이화로 발전해야 한다.[25] 인간이나 사회나 유기체이기에 무위이화의 자연적 진화야말로 가장 이상적인 진화이다. 무위이화가 실현되는 것이 동귀일체이다. 동귀일체의 신생활이란 무엇보다도 강제하지 않는 것이다. 따라서 청우당은 사회생활에 가장 큰 불편을 주는 것 중 하나인 소유제도는 강제를 통해 이루어지니 무엇보다도 이것이 유기체를 파괴하는 만악의 근원이라고 지적한다.

이로써 청우당의 경제원칙은 대단히 진보적임을 알 수 있다.[26] 소유제에 대한 부정적 인식은 토지문제에 와서는 더욱 신랄해진다. 청우당은 소유문제에 왜 이렇게 부정적일까. 당시는 아직 우리나라에

25. 『당지』, 70-71쪽 참조.

26. 마르크스의 소유제 부정론과 같은 인식적 기초가 청우당 경제론의 토대이다. 마르크스가 소유제가 없어진 사회를 공산사회라고 했다면 이들은 동귀일체사회라고 명명했다.

서 자본주의의 폐가 두드러진 시기도 아니었음에도 불구하고 청우당은 이미 한국사회에서 자본주의가 크게 성할 것을 예상이라도 한 듯이 거침 없이 소유문제를 비판하고 있다. 이는 아마도 동학의 출현이 그러했듯이 청우당도 민중에 기초한 정당이기에 그러했을 것이다. 동학 이래로 그 추종자들은 한국사회의 전형적인 민중 그 자체였다. 조선 말이나 일제, 그리고 해방 후에도 가난하고 무지한 무지랭이들이 그들이었다. 그들은 역사의 주체요 주인공이라면서도 어느 시대, 어느 순간 한번 실제로 자신들이 신바람난 주체가 되어 보지 못했던 사람들이었다. 당연히 그들의 소유권 이 땅 어디에도 존재하지 않았다. 청우당은 민중주의를 대변하는 정당이었기에 가장 그들의 염원을 들어서 정책화해야 할 의무가 있는 정당이었다. 그들의 소유제 폐지, 토지국유화 등은 당시 민중의 염원 그 자체였다. 그리고 그 폐를 시정하는 역사는 지금의 대변동시대에 가능하다며 시급성을 말하고 있다.

그러나 청우당은 무조건적인 소유제의 폐지가 능사가 아님을 지적하고 있다. 그리고 그것을 극복하는 소위 창조충동의 역할에 자신들의 의무가 부여되어 있음도 자각하며 이것들을 동귀일체의 경제관으로 연결하고 있다.[27] 동귀일체의 경제는 자본주의니 사회주의니 하는 말을 쓰지 않으면서 인간개체의 윤리적인 이념을 바탕하고 있다고 볼 수 있다. 인내천의 사상으로 인간들을 무장시켜 인간의 원초적인 소유충동을 창조충동으로 변환시킴으로써 경제문제를 해결하자

27. 인간의 소유충동은 항상 인류부패의 원인이 된 데 비하여 창조충동은 과거의 불안전에서 탈피하여 미래의 완전을 향하여 발전하는 계기가 되므로 정신개벽의 요체는 창조충동에 있다. 황선희, 『한국근대사상과 민족운동』 혜안, 1996, 262쪽 참조.

는 것이다. 그것은 분배에 보다 치중하는 사회주의 경제론을 지향하면서도 부의 저하분배가 아닌 부의 평등적 향상분배인 사회민주주의적 지향성을 동시에 담아내고 있고, 한편으로는 국가의 개입을 철저하게 배제하는 자유주의적 시장질서에 철저하고 있다고 할 수 있다.

나아가 청우당이 지적하는 명백한 사실은 경제문제라는 것이 독립된 변수로 홀로 설 수는 없다는 점이다. 경제는 분명 정치와 깊은 상관관계를 맺고 있으며, 사회적 여건도 뒷받침되어야 한다. 그리고 특히 경제운영의 주체가 인간인 이상 인간의 심성과 자질 등이 결정적 역할을 한다.[28] 결국 경제문제는 인내천 사상으로 무장하고 동귀일체한 인간이 운영해야 한다는 것이다.

4) 國民皆勞制를 실시하여 일상보국의 철저를 기함

국민개노란 말은 놀고 먹는 사람들을 없애자는 뜻이라기 보다도 한 걸음 깊이 들어가 天道公理에 입각한 誠의 표현을 가르치는 말이다. 즉 『중용』의 "誠者는 天之道요 誠之者는 人之道"라는 말처럼 천도가 誠으로써 존재의 원리로 되었다 하면 천의 자인 인간도 誠으로 존재가치를 표현하여야 한다는 것이다.

구체적으로 국민개노란 말은 '誠'자를 의미한다. 성은 自疆不息을 이름이며, 보편타당의 진리표현을 말한다. 국민 전체가 의타를 끊고 고립을 버린 후 자주자립의 정신에 의하여 자율적 생활을 영위

28. 김철, 앞의 글, 379쪽.

하는 것을 자강이라 하고 보편타당이라는 것은 누구에게나 행복이 되고 누구나 가능한 사실을 의미한다. 예를 들면 근검과 같은 것은 누구에게나 행복이 되며 또한 가능한 일이 된다. 그러므로 보국의 도는 누구나 근검자강하여 정진 또한 정진하는 곳에 爲己爲國의 행복이 만들어지는 것이다.

따라서 보국의 길의 방편으로 제시되는 것이 국민개노제이다. 즉 天下生無祿之人이란 말과 天生萬民必授其職이란 말처럼 祿과 職은 하늘로부터 타고났다는 것이다. 따라서 인간은 누구나 그것을 갖고 행하여야 할 의무를 가진 존재가 된다. 그러나 녹과 직이 평균으로 만인에게 균형을 얻지 못하는 이유는 사회제도의 불완전한 것과 본인에게 自彊不息의 성이 없는 데 있다. 특히 이 강령에서 청우당이 강조하고자 하는 것은 국민된 자로서의 자각이다. 사회제도의 불완전을 고칠 수 있는 것도 인간이라 했을 때 인간의 자세는 모든 것에 우선하기 때문이다. 그러나 불행히도 인간들 간에 부족한 誠인식이 만인에게서 녹과 직을 불균등하게 한다. 이것은 실질적 삶이 이루어지는 생활세계의 문제이기에 대단히 중요한 지적이다. 인간이 인간다움을 누리기 위해서는 우선 생활의 바탕이 되는 직업의 안정이 이루어져야 한다.

청우당은 해월 최시형을 자신들의 모범으로 삼아야 하는 최고의 인물로 받든다. 그는 조선에서 개로의 정신으로 일상보국을 체행한 유일한 인물로 평가되고 있다. 그는 종교가이며 혁명가로서 관리의 지목을 피하여 1개월 이상을 한 곳에 머물지 못하고 이곳 저곳으로 이주하는 중에도 어디를 가든지 노를 꼬거나 혹은 짚신을 삼거나 멍석을 내었다. 할 일이 없으면 꼬았던 노를 다시 풀어 꼬는 일도 서슴치 않았다. 제자들이 그 이유를 물으면 “사람은 일시도 손을 쉬어서는 안 된다” 하고 십지를 들어 제자에게 十指說法을 하였다. 그는 이처럼 어느 곳을 가든 유실수를 심었고, 절구를 파고 방아를 놓는 등 쉬임 없이 노동했다.

국민개노는 誠자의 의미를 되새겨 국민된 도리로 국가에 당연히 보국함을 말하는 것으로, 그것은 놀지 않는 데 있다는 지극히 평범한 그러나 진리를 담고 있는 강령이다. 청우당원들은 특히 해월이 그러했듯이 앞장서 실천함으로써 모범을 보여야 한다는 원칙을 의미하기도 하는 것이다. 국민개노를 말하는 誠의 정치를 실현하는 것은 곧 정치를 인간들의 구체적 삶 속에 돌려주는 생활정치의 회복이자 실현을 의미한다. 국민개노가 실현되지 않는 국가는 이미 그 존재의 의미를 상실한 것이다. 이 부분은 청우당이 종교적 교리의 수준을 극복하고 정치적 강령을 제시하는 대표적 표현이라 할 수 있다.

4. 조선적 신민주주의 건설이념

해방정국에서 1946년부터 미소공동위원회가 열렸고 미소 양국은 조선의 정당 및 사회단체의 참여를 보장하는 가운데 청우당이 참가를 희망하며 제출한 건국이념은 동학적 이상국가를 구상하고 있다. 흰 백지에 새로운 국가건설이라는 민족과제에 청우당이 제시한 민주정치, 민주경제, 민주문화, 민주윤리의 건국이념은 동학사상을 바탕으로 한 동학 이상국가론이었다고 볼 수 있다.

청우당은 해방정국 당시 조선민족에게 부여된 정치적 사명은 민족해방과 사회해방이라고 설정했다. 두 가지 과업을 동시에 수행하지 않으면 안 되게 된 것이 당시 조선의 특수사정이었다. 이것을 위해 청우당은 조선은 어디까지 조선민족의 조선이니만큼 정치도 우리의 힘으로 수립해야 한다는 민족주의 의식을 표명한다. 즉 "국제 민주주의 원칙에 의하여 우리 민족의 절대다수가 요망하는 진정한 민주주의 국가사회를 건설하여야 할 것은 물론, 연합군의 원조도 우리의 주권이 손상됨이 없이 자력의 부족을 보충하는 정도로서 민족적 우호관계를 돈독히 하는 데 한할 것이요, 그 이상의 타력신뢰, 외세의존은 배제하지 않을 수 없다는 것이다. 신뢰는 자주가 아니요, 의존은 독립이 아니기 때문이다."[29] 여기서 청우당이 제시하는 것이 조선적 신민주주의이다.

조선적 신민주주의는 자본주의의 한계와 공산주의의 한계를 극복하려는 정치노선이며, 동학이 이루고자 했던 보국안민을 실현하려는 정치노선이기도 하다. 이것은 조선민족이 원하는 정치, 경제, 문화는 연합군의 지도자들보다도 조선의 평민이 더 잘 안다는 정치적 자주의 원칙에서 출발한다. 그러므로 조선은 미국형인 자본가 중심의 자유민주주의나 소련식의 무산자 독재의 프로 민주주의도 원치 않는다. 즉 조선적 신민주주의란 민족해방과 계급해방을 차별 없이 동일한 목적으로 해결하고자 하는 민주주의이다. 이른바 조선적 신민주주의는 조선의 독립과 함께 조선 민족사회에 맞는 민주정치, 민주경제, 민주문화, 민주도덕을 동시에 실현하려는 민주주의이다.[30]

29. 김병제, 『천도교정치이념』 천도교총본부 지도관, 1947, 123-124쪽.

우선 청우당이 제시하는 건국이념에서 정치는 민주정치[31)]이다. 즉 조선의 현 단계에서 민주정치란 자본가 전횡의 자유민주주의도 아니요, 무산자 독재의 프롤레타리아 민주주의도 아니고, 조선에 적응한 조선적 신민주주의에 기초한 민주정치이다.

진정한 민주정치를 실현하자면 "전 인민이 정치적 · 경제적 · 사회적으로 자유와 평등을 향유할 수 있는 진정한 민주주의라야 한다"는 것이며, 민주정치의 실현을 위해 우선 평등과 자유를 보장하는 인민의 기본권을 확립하는 동시에 입법기관의 민주화와 행정 및 사법기관의 민주화가 이루어져야 한다는 것이다. 청우당이 제시하는 인민의 기본 권리는 다음과 같다.

① 인민은 법률상 일률 평등으로 할 것.
② 인민은 법률에 의하여 권리와 자유를 상실한 자를 제외하고는 일률로 정치 · 경제 · 문화 · 사회생활의 전영역에 참여할 권리를 가질 것.
③ 만 20세 이상의 인민은 평등한 선거권, 피선거권을 향유할 것.
④ 인민은 언론, 출판, 집회, 결사, 신앙, 연구, 시위, 파업의 자유를 가질 것.
⑤ 인민은 신체의 자유를 가질 것. 즉 법률에 의함이 아니면 체포, 구금, 심문 또는 처벌을 받는 일이 없을 것.

30. 위의 책, 124쪽.
31. 『천도교의 정치이념』, 앞의 책, 126-134쪽 참조.

⑥ 인민은 거주의 자유를 가질 것. 그 거주의 장소는 법률에 의함이 아니면 침입 수색 또는 봉쇄함을 부득할 것.

⑦ 인민은 이전의 자유를 가질 것. 법률에 의함이 아니면 이것을 제한함을 부득할 것.

⑧ 인민은 서신비밀의 자유를 가질 것.

⑨ 인민은 법률이 허하는 한도에 재산사유의 권리를 가질 것.

⑩ 인민은 육체적 내지 정신적 노동력의 보호를 받을 권리를 가질 것.

⑪ 인민은 국가의 부담으로 최소한도의 초등교육을 받을 권리를 가질 것.

⑫ 인민은 청원, 소원, 소송을 제기할 권리를 가질 것.

⑬ 인민은 기타 자유 내지 권리는 사회의 질서, 공공의 이익을 방해하지 않는 한 균일한 국가의 보호를 받을 권리를 가질 것.

⑭ 인민의 자유 내지 권리를 제한하는 법률은 국가안정의 보장, 긴급위난의 방비, 사회질서의 유지 또는 공공이익의 증진을 위하여 필요한 것에 한함.

진정한 민주정치를 실현하기 위하여 이상과 같은 인민의 기본적 권리를 주장하는 한편, 중앙 · 지방을 통하여 입법기관에서 인민의 의사를 대변하는 대의원이나 행정기관에서 인민의 공무를 대행하는 행정관, 사법기관에서 인민의 양심적 명령을 실현시키는 사법관을 막론하고 다같이 인민의 일반적 · 평등적 · 직접적 선거에 의하여 이를 선출하는 동시에 그들의 실제행동이 인민의 본의에서 월권 또는 탈선될 경우에 그에 대한 정정 또는 파면하는 권한도 인민이 가져야 한다고 주장한다. 그러므로 인민은 진정한 인민의 정치의 주권자가 되고 관리는 진정한 인민의 공복이 될 것이고, 비로소 진실로 인민을 위한 법률을 제정하고 경제를 건설하고 교육을 실시하게 될 것이며, 또는 그렇게 하는 데서야 비로소 다수가 소수의 무리한 지배와 압박을 받지 아니하며 선이 악에게 억울한 굴종을 면하게 될 것이라는 것이다.

청우당은 "민주경제[32]라 함은 동귀일체의 신생활이념에 기한 민주주의 경제제도를 이름한다"고 규정하고 있다. 즉 과거 봉건시대의 경제제도는 봉건적 특권계급이 경제적 실권을 가졌었고 현대 자본주의 사회의 경제제도는 다수의 자본가계급이 경제적 실권을 잡았던 것과는 근본적으로 다르게 근로층에 속한 인민대중이 민주주의적으로 경제적 실권을 가질 수 있는 경제제도를 말한다.

지금까지 생산수단(토지, 광산, 공장, 교통기관, 기계 등)과 분리되어 있던 생산력 담당자(농민, 노동자, 기술자 등 근로층)에게 생산수단을 법적으로 재분배 또는 장악하게 하여 사회적 생산의 정당한 토대를 부여하는 동시에 경제권을 소수의 지주 자본가로부터 인민 전체에 옮겨놓자는 것이요, 계급적 대립이 없는 단일성인 민족경제를 실현하자는 것이다. 이러한 내용을 가진 민주경제만이 조선민족이 재생할 유일한 방도일 것이며, 이러한 민주경제의 방향으로 발전되어 가는 것이 조선 경제사회의 역사적 순로이며, 이러한 민주경제제도의 실현을 담당할 수 있는 정권만이 진정한 민주주의 정권일 것이며, 이러한 민주경제제도를 실현할 수 있는 정치만이 진정한 민주주의 정치일 것이다.[33]

32. 위의 책, 135－140쪽 참조.

원래 '민주정치'와 '민주경제'와는 불가분리의 표리관계를 가진 것이다. 정치를 표면적 형식적이라 하면 경제는 이면적 실질적인 점에서 민주경제를 떠난 민주정치는 존립할 수 없을 것이며, 민주적 신경제가 명목에만 그치면 민주정치도 명목에만 그치고 말 것이다. 그러나 당시 일부 정치가들은 정치적 독립이 된 뒤에 경제건설을 논의해도 늦지 않다는 것을 주장했었다. 그것은 정치와 경제의 표리관계를 이해하지 못한 데서 기인하는 것으로 민주정치와 민주경제는 건국 당초에 동시 해결하여야 할 연합성과 필요성을 가진 것이다.

공업발전의 공업경제에 있어서도 민주경제체제에 의하여 주요 산업기관은 국유로 하고 그 경영은 국영 반 공영으로 하여 자본가적 이윤착취의 방지를 원칙으로 하는 동시에, 한편으로 토지제도를 개혁하고 농업정책, 즉 농업 생산양식을 근대화시켜 적은 노동력으로 많은 경작과 많은 수확을 얻도록 하며, 그 잉여 노동력을 공업 노동력으로 전환케 하는 것을 그 방략으로 제시하고 있다.

청우당이 건국이념에서 제시하는 민주문화[34]란 동귀일체의 신사회생활에 적응한 민주주의 문화를 말한다. 이것은 봉건사회 또는 자본주의 계급문화의 기형적 문화에 대비되는 표현이다. 즉 우리는 유구한 민족사와 한가지로 찬연한 문화를 자랑한다. 그러나 이제부터 신시대 신생활에 적응한 민주적 신문화를 재수립하지 않으면 안 된다는 것이다. 왜냐하면 과거의 구문화는 부하고 귀한 특권계급만이 향

33. 청우당은 그렇다해서 중소상공업의 자유기업을 금지하자든가 또는 어느 정도의 개인사유권을 일체 부인하는 것은 아니다.
34. 위의 책, 140-146쪽 참조.

유할 수 있고 번화한 도시에서만 향락할 수 있는 계급적 · 기형적이기 때문이라고 지적한다.

민주문화의 건설을 위해 청우당은 교육제도의 사회화, 교육기관의 대중화, 교육정신의 민주화를 주장하는 동시에 당면의 급선무로는 문맹퇴치, 초등교육의 의무제 확충을 철저화시킬 것과 경제건설의 기본이 되는 기술자의 양성, 노동자와 농민의 교양, 부인계몽 등을 제안한다. 나아가 청우당은 민중중심의 문화가 신국가의 이념이 되어야 한다고 본다. 그래서 과거의 양반중심적 음악, 양반지향적 문학을 비판하며 민중의 소리, 민중주의적 민주주의의 문학을 강조한다. 원래 문화란 것은 시대적 · 사회적 산물이니만큼 구시대 · 구사회의 기성문화가 그대로 신시대 · 신사회에 적용될 수 없다. 그러므로 현존한 문화의 각 부문에 있어서 봉건적 · 일제적 모든 잔재를 일소하는 동시에 대중생활을 향상시키고 대중정서를 함양시킬 수 있는 민주주의에 입각한 신문화를 건설해야 한다고 지적한다. 물론 신문화를 수립하자면 먼저 새로운 정치 · 경제제도가 실현되고야 될 일이다. 그러나 조선의 현재와 같은 초창기에 있어서 신문화의 운동이 신정치 · 신경제의 건설을 추진시키는 데에 유력한 보조역이 되니만큼 이 문화운동을 적극적으로 전개시키는 것 역시 건국사업의 일익이 된다는 것을 잊지 말아야 한다고 주장한다.

한편 새로이 개벽되는 세상으로 맞이해야 할 신국가의 토대는 새로운 민주윤리[35]여야 한다는 것이 청우당의 기본 입장이다. 이는 동학의 개벽관과 같은 것으로, 민주윤리야말로 청우당이 주장하는 새로

35. 위의 책, 146–153쪽 참조.

운 국가의 건국이념이다. 즉 민주윤리란 사인여천정신에 맞는 새 윤리, 즉 민주주의의 윤리를 의미하고 봉건적인 계급윤리와 자본사회의 개인적 · 이기적 윤리를 극복하는 윤리를 말한다. 과거의 우리 민족은 동방예의지국이니 군자지국이니 하여 윤리도덕에 있어서는 세계에 우리가 제일이거니 자긍자처하여 왔으나 청우당은 이를 현재화시켜야 한다는 것이다. 이를 위한 선결과제가 과거의 그 윤리 그 도덕의 내용비판이다.

즉 윤리도덕도 고정불변하는 것이 아니라 이 사회가 변천함에 따라서 변전한다는 것이다. 민주주의의 신사회 · 신시대의 윤리는 인간 상호 간 평등적 입장에서 인격을 기준으로 하고 공동사회 공동생활을 표준하여 거기에 상응되는 도덕으로 세워져야 한다는 것이 청우당의 주장이다. 그러므로 동양 전래의 예도 개념화한 형식적인 허례를 강조해 다시 진흥시킨다면 그는 봉건적인 계급의례의 반복에 불과한 것이지 결코 민주사회의 창조과정을 정화시키는 것이 아니다.

민주적 예란 생활양식에 있어서 인격적으로 평등화하려는 규범인 것이며, 타인에게 불쾌감을 주지 않는 사회적 약속인 것이다. 그뿐 아니라 타인의 의견과 인격을 존중할 줄 알아야 한다. 만일 민주정치를 논하면서 타인의 의견과 인격을 무시한다면 민주정치의 본질을 망각한 것이며, 민주공덕을 말하면서 타인의 면전에서 불쾌한 언동을 자행하는 것은 민주도덕을 모르는 까닭이다. 따라서 신윤리는 인격과 공동생활을 척도로 하고 표준으로 하여 거기에 부합되는 인간의 행위를 말한다. 이를 위해 천도교의 윤리인 사인여천을 가르치고 그 실천행동으로 誠 · 敬 · 信을 제시하고 있다. 이 성 · 경 · 신은 실생활에서의 3경사상의 체현으로 구체화되어 이른바 공동체 구성원 모두의 도

성덕립이 완성된 사회, 즉 광제창생을 이루는 이상사회국가가 건설되는 것이라고 할 수 있다.

Ⅴ. 맺음말

동학과 그를 계승한 천도교는 종교이자 정치운동체였다. 그렇기에 동학에서는 종교적 교리 못지 않게 중요하게 여긴 영역이 정치사상의 영역이었다. 동학에는 민중의 가슴 속 응어리를 풀어줄 수 있는 정치사상이 들어 있었기에 조선 말과 일제시대를 거치면서 40만 명 이상의 순도자를 기꺼이 민족의 제단 앞에 바칠 수 있었던 것이다.

확실히 동학은 특정한 이상향을 설정하고 그것의 실현을 위해 노력하는 가치지향적 운동(Value-Oriented Movement)이었다. 그렇기에 동학은 다른 종교와 달리 강한 현세성과 정치지향성 그리고 혁신성을 가지고 있다.[36] 동학은 천국이 아닌 '지금 여기에서' 인간들의 인위적 노력으로 그들의 목표를 이루고자 했고, 제인질병을 개인을 넘어 국가로 확대하여 보국안민의 길에 이르게 하는 강한 정치성은 바로 개벽이라는 방법론을 통해 구체화하게 했다

동학의 이러한 민족주의적 사상은 시대적 요구와 민중의지의 구체적 표현이었다. 1894년의 동학혁명은 반봉건적 모순에 저항해 민

36. 이보근, 1971, 「동학의 정치의식」, 『신인간』, 신인간사 7-9월호 참조.

족평등사상에서 출발한 반외세의 자주자립 근대국가 건설을 목표로 매진하였다. 동학의 민족주의 이념은 천도교로 개칭된 이후에도 일제시대 내내 가장 강력한 민족단체로 활동함으로써 계승되었다. 갑진개화운동의 주도와 3 · 1운동, 6 · 10만세운동에서의 중심적 역할과 청우당을 통한 민족운동의 사례가 그것을 입증한다.

일제치하의 민족운동단체 중 해방공간까지 이어지면서 일정 정도의 역할을 했던 대표적인 정치세력은 한국독립당, 조선공산당, 연안조선독립동맹의 후신인 남북한의 신민당, 그리고 천도교에서 만든 청우당을 들 수 있다. 그러나 공산당과 신민당은 북한에서 조선노동당으로 통합되어 6 · 25전쟁이라는 민족상잔의 주동세력이 되면서 이전의 독립운동 성과마저 폄하시켜 버리고 말았다. 그리고 그들의 정강정책 역시 마르크스 레닌주의에 입각하고 나아가 주체사상으로 무장됨으로써 남북한의 공통분모 역할에는 한계를 가지고 있다. 한독당의 경우는 해방정국에서 철저한 민족주의 노선으로 민족통합의 통일정부 수립운동에 진력했으나 단선, 단정 불참으로 점차 정치무대에서 소멸되고 말았다. 그러나 천도교 청우당은 민족주의 노선과 통일정부 수립 운동에 있어 한독당과 운명을 함께 했으나 전통적 정치이념을 현재화시켰다는 점에서는 한독당과 차별된다. 즉 청우당은 구한말 이래로 민족운동의 선구였던 동학과 천도교의 이념을 지상에서 실천하고자 창당된 정치세력으로 그 이념은 철저하게 민족 전통의식에 기반하고 동학사상을 계승 · 실천한 개벽의 정당이었다.

분명 동학 · 천도교의 한 세기 반은 성공과 실패의 역사였다. 그것은 종교성을 뛰어넘는 이념성의 이상적 공동체 건설을 목표로 한 도전의 역사였기에 아직 누구도, 어느 국가도 달성치 못했던 실패한 이데올로기 실험의 하나였기 때문이다. 그러나 적어도 19세기 역사적 격변기에서 동양의 작은 국가 조선의 민중들에게 자신들이 역사의 주체임을 각성시킨 점에서는 성공의 역사였다. 그 시절 타이념과의 이러한 질적 차별성을 천도교는 줄기차게 민족의 한가운데서 민중운동으로 실천해 왔다. 청우당의 경우도 일제치하와 해방정국을 거치면서 자주적 통일독립국가 수립운동을 위하여 민족운동, 사회운동 부문에 큰 업적을 내고서도 지금은 잊혀져 버린 정치세력이 되어 있다. 암울하고 희망 없던 그 시대에 국내의 대부분의 유력자나 단체가 친일, 친미, 친소파가 되어가고 민중에 그 좌절감을 더욱 심화시키고 있던 그 때에 청우당의 활동은 항해하는 배를 인도하던 아주 먼 곳의 희미한 등대불과도 같았다고 할 수 있다.

청우당의 정치활동과 이념은 동학사상에 입각해 민족자주의 이상적 통일민주국가를 수립하고자 하는 민족운동이자 도덕국가건설사상이었다고 평가할 수 있다. 그들은 여느 정치세력과 달리 명백한 정치이념을 가지고 해방된 국가의 미래상을 제시했었다. 청우당의 운동과 이념은 분명 많은 문제와 한계를 가지고 있다. 그러나 그것은 우리 역사에서 한국 민족주의 운동의 전통이라고 할 수 있는 현실적이냐 비현실적이냐의 문제가 아닌 正道냐 邪道냐의 문제이기에 그 의의와 가치는 평가될 수 있을 것이다. 청우당의 조선적 신민주주의 국가는 동학사상이 추구했던 후천개벽의 이상사회를 구체화시켜 놓은 모형이라고 하는 이유도 이와 같은 그들의 노력과 운동이 평가되어야 한다고 보기 때문이다.

참고문헌

❖『동경대전』.

❖『용담유사』.

❖ 김병제 대표집필,『천도교정치이념』, 천도교총본부 지도관, 1947.

❖ 김병준,「지상천국의 건설자 천도교청년당의 출현」,『천도교회 월보』157호, 1923. 10.

❖ 김　철,「동학의 정치사상-청우당의 삼대강령을 중심으로」,『東學精義』, 동선사, 1989.

❖ 三均學會,『素昻先生文集』下卷. 횃불사, 1976.

❖ 성주현,「해방 후의 천도교청우당의 통일정부수립운동」,『문명연지』제2권 제1호, 한국문명학회, 2001.

❖ 신인긴사,『삼일재현운동지』, 천도교중앙총부 출판부, 1969.

❖ 如菴先生文集編纂委員會,『如菴文集』上 · 下, 1971.

❖ 오익제 편,『천도교 요의』, 천도교중앙총부 출판부, 1986.

❖ 오지영,『동학사』, 영창서관발행, 1940(아세아문화사, 영인본발행, 1973).

❖ 이돈화,「조선 신문화 건설에 대한 도안」,『개벽』4호, 1920.

❖ 李敦化,『천도교창건사』, 천도교중앙총부발행, 1993(경인문화사, 영인본 발행, 1973).

❖ 이돈화,『당지』, 청우당중앙당선전부, 1947.

❖ 이돈화,『신인철학』, 천도교중앙총부출판부, 1924.

❖ 이보근,「동학의 정치의식」, 신인간사,『신인간』1971, 7-9월호.

❖ 임형진,「해방정국과 천도교청우당」,『동학학보』제4호, 동학학회, 2002, 10.

❖ 정용서,「일제하 천도교 청년당의 정치 · 경제 사상 연구」, 연세대 사학과 석사학위 논문.

❖ 조규태, 「해방 후 천도교청우당의 조직과 활동」, 천도교청년회중앙본부, 『천도교청년회 80년사』, 2000.

❖ 조기간, 『천도교청년당소사』, 천도교청년당본부, 1935.

❖ 천도교청년회중앙본부, 『천도교청년회 80년사』, 2000.

❖ 황선희, 『한국근대사상과 민족운동』 혜안, 1996.

제 5 장

조봉암의 국가건설사상 :
민주사회주의 국가이념

조현수(국민대)

Ⅰ. 머리말

1887년 고등학교 졸업시험이 끝난 시점에 러시아의 짜리즘 체제 하에서 억압받고 있었던 17살 난 바르샤바의 한 여고생인 로잘리아 룩센부르크(Rozalia Luksenburg)는 하나의 세상을 마음 속 깊이 품고 있었다. "나의 이상은 모든 사람들을 사랑하면서 살 수 있는 그러한 사회질서이다. 이 이상을 추구하고 이 이상의 이름으로 나는 언젠가 증오할 수 있게 될지도 모른다."[1] 조봉암의 정치사상 및 국가건설사상

1. Seidemann, Marria, Rosa Luxemburg Leo Jogiches, Rowohlt 1998, 9쪽. 주정립 옮김, 『어느 여성 혁명가의 사랑과 투쟁 Rosa Luxemburg : 나는 지배받지 않는다』, 푸른나무 2002, 8쪽.

은 이러한 이상에서 출발하며, '증오'의 미학은 적극적 참여주의와 실천의 이념 속으로 투영된다.

해방정국과 1950년대 한국정치의 전개양상과는 극히 대조적으로 제2차 세계대전 종식 후 서구 자본주의는 약 30년 동안 이른바 '자본주의의 황금시대', '케인즈주의 4반세기' 혹은 '케인즈시대'로 표현되는 시대가 시작되었다.[2] 서구 자본주의 진영은 사회주의 진영과의 체제경쟁에서 승리하기 위해 일차적 과제로서 체제내적 공고화를 모색하며, 체제내적 공고화의 일환으로 민주주의의 도입 및 정착과 민주주의의 실질적 발전을 담보하기 위해 '사회복지국가' 창출을 전면에 내세운다. 하지만 자본주의의 '황금시대'라는 용법은 선진자본주의 국가들에서만 나타난 제한적이며 매우 폐쇄적인 사건이었다.

본 연구에서는 단지 이상 속에서 방황했던 이상주의 정치가 혹은 현실순응주의적 기회주의 정치가[3]가 아니라, 미래에 대한 청사진을 제시하면서 현실인식에 철저했던 실천적 · 현실주의 정치가,[4] "혁명가적 격정과 정력"을 지녔지만 "슬픈 영화를 보면 눈물을 줄줄 흘리는"[5] 휴머니즘적 조봉암의 정치활동상을 고찰함으로써 그가 지닌 국가상 및 국가건설사상이 과연 어떠한 내용을 담고 있는지를 규명하

2. Kekachman, R., *The Age of Keynes*, Random House, New York, 1966 ; Schoenfield A., *Modern Capitalism*, Oxford University Press, Oxford, 1965 참조.

3. 민국당의 조병옥은 조봉암이 제헌국회에서는 내각책임제 개헌에 반대하다가 1952년 4월 국회의원 123인의 발의로 제출한 내각책임제 개헌에 서명한 행위를 두고 그를 "기회주의자"로 규정하였다. 《조선일보》1952. 8. 5. 참조.

4. 서중석은 조봉암이 이념과 현실을 적절히 결합시켰다는 점에서 그를 "진보적 민족주의자"로 규정하고 있다. 서중석, 위의 책, 32쪽.

5. 정태영, 『조봉암과 진보당』, 한길사 1991, 71쪽.

고자 한다.

1958년 1월 12일 새벽, 서울시경 형사대는 이강학(李康學) 치안국장과 최치환(崔致煥) 시경국장의 지휘 하에 진보당 간부에 대한 일제 검거에 나섰다. 12일 밤 조봉암은 관철동의 친구 집에서 해외로 망명할 것을 권하는 친구들의 권고에 다음과 같이 대응하였다고 한다. "설마하니 나를 죽이기야 하겠는가. 선거가 끝나면 내주겠지!"[6] 그러나 조봉암의 죽음은 이승만 독재정권의 요지부동한 "국가방침"이었다. 그리하여 "정치재판"의 희생양인 조봉암은 다음과 같은 유언을 남긴 채 "슬픈 삶"[7]을 미감해야 했다.

> … 이박사는 소수가 잘 살기 위한 정치를 했고 나와 나의 동지들은 국민 대다수를 고루 잘 살게 하기 위한 민주주의 투쟁을 했다. 나에게 죄가 있다면 많은 사람이 고루 잘 살 수 있는 정치운동을 한 것밖에 없다. 나는 이박사와 싸우다 졌으니 승자로부터 패자가 이렇게 죽음을 당하는 것은 흔히 있을 수 있는 일이다. 다만 내 죽음이 헛되지 않고 이 나라의 민주발전에 도움이 되기 바랄 뿐이다 ….[8]

조봉암은 "정치란 한 사람이 잘 되기 위해서는 반드시 한 사람은 죽어야"[9] 하는 살생적 정치공간 속에서 냉소주의적이며 도식주의

---

6. 임홍빈, 「竹山 曺奉岩의 죽음」, 『신동아』 65년 8월호, 368쪽.
7. 이영석, 『죽산 조봉암 : 그의 슬픈 삶과 죽음의 이야기』, 원음출판사 1983 ; 『조봉암, 누가 그를 죽였는가? : 죽산 조봉암의 정치재찬과, 그 베일을 벗긴다』, 세상의 창 2000 참조.
8. 『죽산 4』, 454쪽.

적인 현실인식을 지양하고 현실과 이념의 변증법적 조화를 통해 "제3의 길" 혹은 "정치적 중용"의 길을 모색하였다. 그는 "자본독재와 계급독재를 지양하고 민주주의, 평등경제, 평화통일"에 기초한 정치사회를 상정하고 "현실과의 조화" 속에서 이 정치사회를 구현하기 위해 진력하였다.[10] 해방정국에서 좌우합작에 의한 민족국가 건설을 위해 진력한 중도파 민족주의자들이 전적으로 거부하였던 1948년 5 · 10선거에 조봉암이 참여한 것도 현실과 이념 사이의 변증법적 통일의 귀결이었다. 조봉암 · 진보당이 지닌 국가건설사상의 역사적 평가는 지구화적 국면에 돌입한 세계사적 정세와 현재 전개되고 있는 유럽정치의 발전노선과 관련하여 볼 때, 단지 흘러간 과거사에 대한 진부한 평가가 아니라 앞으로의 국가이념 및 발전방향 정립에 큰 의미를 부여해 줄 수 있을 것이다. 이러한 점에서 조봉암에 대한 평가는 현재적 · 미래지향적 의미를 지닌다고 할 수 있다.

본고에서는 조봉암의 국가건설사상을 시기별 분류에 의거하지 않고 총체적 차원에서 논의하고자 하지만 조봉암의 활동시기는 세 시기로 구분된다.

제1시기는 그가 20세가 되던 해에 3 · 1독립운동에 참가함으로써 비로소 싹이 트는 민족의식을 통해 조선공산당에서 주도적인 역할을 행하면서 일제 하에서 반제국주의 투쟁이라는 틀 속에서, 즉 계급노선에 입각한 민족해방투쟁을 전개하는 시기(1919–1932)이다. 필자

9. 권대복, 「죽산단상」, 『죽산 6』, 313쪽.

10. 박명림, "한국민주주의와 제3의 길 : 민주주의, 사회적 시장경제, 그리고 평화 · 통일의 결합–조봉암 사례연구", 『죽산 6』, 109쪽.

는 이 시기를 공동체 속에서의 정체성을 확립하고 구현하는 시기, 혹은 '일상' 과 '구조' 의 정치에 대한 총체적 인식기로 규정하고자 한다. 제2시기는 해방정국(1945-48)에서 박헌영 및 공산당과의 결별을 선언하면서 전개되는 조봉암의 민족노선 및 정치활동 시기이다. 이 시기는 조봉암이 "사상적 성숙"과정을 거치면서 현실과 이념의 변증법적 조화를 통해 자신의 정치이념 및 정치사회를 펼치고자 모색하는 시기로 규정될 수 있을 것이다.

마지막 시기(1948-1959)는 조봉암이 정부수립 후에 초대 농림부장관을 거쳐 국회부의장으로 활동을 시작해서 진보당의 결성 및 진보당사건으로 인해 이승만의 살생의 정치의 산물인 '사법살인' 의 결과 순식간에 형장의 이슬이 된 채 역사의 뒤안길로 사라지는 시기이다. 필자는 이 시기를 정당결성을 통해 조봉암이 품고 있었던 정치사회의 구체적인 청사진, 즉 민주사회주의 국가이념의 건설을 위해 진력했던 시기로 규정하고자 한다.

Ⅱ. 조봉암의 정치이념에 관한 고찰 : '참여'와 '실천'의 정치

1. '일상'과 '구조'의 정치에 대한 통찰

조봉암은 20년대 조선 공산주의 운동[11]을 대표한 인물 중의 한 사람이다. 그는 3 · 1운동의 참가에서 1932년 9월 30일 중국 상해에서 체포되어 7년간의 옥고를 치르게 되기 전까지 민족해방과 독립을 위해 투쟁하였다. 3 · 1운동은 조봉암의 정치의식 및 이념형성 혹은 봉건성에 대한 성찰과 함께 근대성의 형성에 결정적인 계기로 작용하였으며, 그는 이 역사적 계기를 통해 자기 정체성을 인식하게 되었다. "서대문형무소에서 나와서 고향으로 돌아온 나는 서대문형무소로 갈 때의 나와는 전연 딴 사람이었다. 나는 나라가 무엇이라는 것을 알게 되었고, 내 민족을 위해서 무엇을 할 것인가 하는 것을 생각하는 사람이 되었다 … 3 · 1운동은 나로 하여금 한 개의 한국 사람이 되게 하였고, 나를 … 감옥으로 보내준 일본놈은 나로 하여금 일생을 통해서 일본제국주의와 싸운 애국투사가 되게 한 공로자였다."[12] 다른 한편으로

11. 한국 공산주의 운동의 전개과정에 관해서는 김준엽 · 김창순, 『한국공산주의 운동사』 1, 2, 3, 4, 5, 청계연구소 1986 ; 서대숙, 『한국 공산주의 운동사연구』, 화다 1985 ; 이정식/스칼라피노, 『한국 공산주의운동사』, 돌베개 1987 참조.

그는 3·1운동을 통해 민족해방투쟁의 한계를 체험했고, 이 투쟁의 관철을 위해서는 좀더 체계적인 새로운 이론과 방법이 필요하다는 점을 인식하였다. 즉 그는 방법론적인 측면에서 식민지배라는 '일상'과 이 일상을 규정하고 있는 제국주의라는 '구조'의 정치에 대한 총체적 인식을 통해 민족해방투쟁을 위한 새로운 길을 모색해야 할 필요성을 인식하였던 것이다.

그런 연유로 조봉암은 1920년 7월 7일 민족해방투쟁에 적당한 수단을 찾기 위해 다양한 사상이 만발하고 있었던 일본으로 유학길에 올랐다. 일본 유학생활에서 그는 "사회주의를 연구하고 사회주의자가 되고 사회주의 운동을 하기로" 결심했는데, 이 결심은 조봉암이 지니고 있었던 미래지향적 정치사상이 투영된 것이라고 볼 수 있다. 그가 "사회주의를 연구하고 사회주의자가 되고 사회주의 운동을 하기로" 한 이유는 단지 한국의 독립 때문만은 아니었다. 그는 이미 이 시기에 독립 후에 봉건적 사회구조 및 질서들을 타파하고 '자유', '평등' 그리고 '정의'에 기초한 국민국가 건설을 이미 가슴 속에 품고 있었다.

> 일본 제국주의를 반대하고 한국의 독립을 쟁취해야 할 것은 물론이지만 한국이 독립되어도 일부 사람이 권력을 쥐고 잘살고 호사하는 그런 독립은 아니고 모든 사람이 자유롭고 모든 사람이 잘살고 호사할 수 있는 좋은 나라를 만들겠다고 결심하였다.[13)]

12. 조봉암, 「내가 걸어온 길」, 『죽산』 1, 332쪽.
13. 위의 글, 『죽산』 1, 337–338쪽.

요컨대, 조봉암에게 있어 사회주의는 "일부 특권층이나 일부 부자들을 위한 독립이 아니고 전민족이 잘 살고 전민족이 행복스러울 수 있는 독립, 특히 노동자나 농민이나 … 많은 근로대중이 다 같이 잘 살 수 있는 그런 독립"[14]을 쟁취하기 위한 도구였으며, 동시에 독립 후의 '자유', '평등'에 기초한 복지사회의 실현을 위한 하나의 지침 내지는 수단이었다고 볼 수 있다. 이승목은 「죽산 조봉암의 유훈」이라는 글에서 "… 죽산은 공산주의 운동을 하기는 했지만, … 공산주의의 실현 그 자체가 목적이 아니었으며, 주로 그 목표는 약소민족의 해방, 즉 우리 민족의 독립과 발전에 있었다. 공산주의 운동은 어디까지나 그것을 달성, 실현시키기 위한 수단, 방법에 지나지 않았다"는 점을 분명히 하고 있다.[15] 또한 정태영은 「일제 하 민족해방투쟁과 조봉암의 공산주의운동에 관한 연구」에서 "부르주아 혁명을 자체적으로 수행하지 못한 채 사회경제적으로 미숙한 봉건사회에서 일본 제국주의의 침략에 의해 그 식민지로 전락한 한국에서 공산주의는 반식민 민족해방투쟁의 한 방편으로 자연스럽게 받아들여졌다"고 기술하였다.[16] 부언하면, 일제식민지 상황에서 서구 자본주의의 지원을 더 이상 기대할 수 없자 민족해방·민족독립을 지상과제로 지정했던 한국의 진보적 지식인들은 자연스럽게 사회주의 혹은 볼셰비즘과 긴밀한 협력관계를 형성하게 되었던 것이다.

조봉암은 일본 유학의 초기에 정태성, 임택룡, 박열, 김약수, 원

14. 조봉암, 「나의 정치백서」, 『죽산』 1, 390쪽.
15. 이승목, 「죽산 조봉암의 유훈」, 『죽산』 4, 389쪽.
16. 정태영, 「일제 하 민족해방투쟁과 조봉암의 공산주의운동에 관한 연구」, 『죽산』 6, 29쪽.

종린, 권희국, 김판권 등과 함께 흑도회(黑濤會)를 조직하였다. 이 단체는 재일 조선인 사회운동단체의 효시라고 볼 수 있으며, 소수의 무정부주의자들과 학생들에 의해 조직되었다. 그러나 이 단체는 곧바로 해체되고 1922년 1월 박열, 정태성 등의 무정부주의자들은 풍뇌회(風雷會)를 조직하여 흑우회(黑友會)라는 이름으로 활동하였고, 김약수, 안광천, 이여성, 김종범, 정운해, 송봉우, 백무, 변희용 등의 사회주의 계열은 재일 노동자와 학생들과 긴밀한 관계를 가지면서 북성회(北星會)—척후대(斥候隊)라는 기관지 발행—를 조직하여 활동하였다.

그는 일본 유학의 초기에 무정부주의에 관심을 가졌지만 이 사상의 "관념적인 유희"에 불만을 표명하고 민족해방과 독립을 위한 실천적 행동의지의 표현과 구현의 방책으로 볼셰비즘에 주목한다.

> 나는 처음에는 '흑도회'까지 조직하기를 했으나 아나키스트들의 관념적인 유희에는 만족할 수가 없었다. 그때의 생각에도 지식적 충족이나 관념적인 만족으로가 아니고 무슨 조직을 가지고 힘을 만들어서 일본놈과 싸우고 독립을 해야겠다고 생각이 되고 또 독립이 된 뒤에는 사회주의 사회를 건설해야 된다고 생각이 되었다. 그래서 나는 아나키즘으로부터 볼셰비즘으로 기울어졌다.[17]

여기서 잠깐 1920년대 초의 한국적 상황을 서술해 보자. 일제 식민지체제 하에서 1920년대 초의 사회운동에서 등장한 계급투쟁론의 강조는 노동자계급이 질적 · 양적으로 성숙하지 못했던 그 당시의 사

17. 조봉암, 「내가 걸어온 길」, 『죽산』 1, 340쪽.

회적 상황과 발전국면을 고려해 볼 때, 프롤레타리아 계급의식운동이라기보다는 봉건적 사회구조에서 억압당하고 있었던 농민들의 인간의식운동이자 인간권리운동의 성격이 더 강했다고 볼 수 있다.[18] 요컨대, 1920년대 초는 노동자계급이 주체적인 사회계급으로 성숙하지 못한 상황이었고, 그런 까닭에 노동운동은 프롤레타리아 계급의식 하에 노동자의 헤게모니가 관철된 노동자 · 농민 동맹관계가 형성된 운동이 아닌 미분화된 상태의 운동이었다.[19]

따라서 1920년대 초의 시대적 정세를 분석한 글들에서는 소작인과 지주의 관계를 변형된 노동자와 자본가의 관계로 이해함과 동시에 농업국인 조선의 노동문제는 도시보다는 농촌에 있다고 역설하였다.[20] 조봉암 또한 이러한 사회발전 국면에 대한 통찰을 지니고 있었

18. 유진희, 「노동운동의 사회주의적 고찰」, 『共濟』 2호, 1920. 10, 11쪽.

19. 1920년에 발족한 최초의 전국적 규모의 노농운동단체인 조선노동공제(共濟)회도 미분화된 노농운동단체였다. 1922년 조선노동공제회에서 분리하여 조선노동연맹회가 결성되어 신사회건설과 계급의식에 의한 일치단결을 선언하였고, 1923년에 열린 전조선청년당대회와 조선노동대회준비위원회에서도 계급노선을 표명하였다. 전조선청년당대회에서는 "무산계급의 해방을 제1의적 급무로 한다"고 선언함으로써 강력한 계급지향성을 보여주고 있다. 김준엽 · 김창순, 『한국공산주의운동사』 2, 청계연구소 1986, 120쪽. 1924년 4월 형성된 조선노농총동맹은 강령(초안)에서 "오인은 노농계급을 해방하여 완전한 신사회의 실현을 목적으로 한다"고 선언하였다. 그러나 주지하다시피 사회주의 단체들이 계급적 노선을 지향하고 있다하더라도 선언적인 의미가 강했으며, 철저한 계급의식 하에서 노동자가 헤게모니를 장악한 채 사회운동을 이끌지는 못했다는 점에서 미분화된 사회운동이었다.

20. 나경석, 「세계사조와 농촌운동」, 『공제』 창간호, 1920 ; 유진희, 「노동운동의 사회주의적 고찰」, 『공제』 2호, 1920 ; 신백우, 「소작인조합론」, 『공제』 2호 ; 최중갑, 「금일 조선의 노자관계」, 『개벽』 1921 참조.

다고 볼 수 있다. 3 · 1운동 이후 "배워야 산다"는 구호 하에 한반도 전역에서 향학열이 불타올랐고, 이러한 물결은 반봉건적 인간자각운동 혹은 인간존중운동의 구체화 과정이었다.[21] 일제는 이 시기를 '실력양성운동'과 '향학열 발흥시대'로 칭하고 사상적 전개 및 발전양상에 따라 1919−20년을 독립운동시대, 1921−23년을 실력양성운동과 향학열 발흥시대, 1924−26년을 좌경화시대, 1927−29년을 민족 · 공산 합류시대로 분류하였다.[22]

조봉암이 1차 조선공산당과 고려공산청년회의 창설임무를 띠고 국내로 다시 들어온 시기는 이른바 좌경화시대였다. 이 시기에 나타난 조봉암의 정치이념 및 노선은 인민이 지축이 되는 인민의 진정한 해방과 행복이 보장되는 신사회질서의 창출이었고, 신사회질서의 창출 또한 계급노선에 입각해 풀어야 할 과제였다.

> 우리가 말하는 사회운동이라는 것은 한 국가, 한 사회에 있어서도 유산계급과 무산계급이 대립한 경우에는 계급투쟁을 전제로 하여 철저히 사회를 개선하라는 것입니다. 그런 까닭에 서로 이해가 충돌되는 양대 계급을 혼동하여 같은 민족이라는 막연한 관념 아래서 부르짖는 민족운동과는 본질상으로 차이가 되는 것이올시다.[23]

이 인용문을 놓고 유추해 볼 때, 조봉암은 식민지체제라는 '일

21. 서중석, 『한국현대 민족운동연구』, 역사비평사 1991, 89쪽.
22. 조선총독부 경무국 보안과, 『高等警察報』 제5호 참조.
23. 《동아일보》, 1925. 1. 7.

상' 을 규정지우고 있는 '구조' 의 해체를 통해 새로운 '일상' 을 추구하고 있다고 해석할 수 있다. 즉 조봉암의 정치이념 및 사회변혁 노선은 단지 반일을 통한 국권회복운동이 아니라 반제국주의 투쟁으로서의 민족해방운동이었다고 볼 수 있다. 이 점은 "일본 제국주의 통치의 완전한 타도, 조선의 완전한 독립", "제국주의의 약탈전쟁을 반제국주의의 혁명전쟁으로", "중국 노농혁명의 지지, 소비에트 연방의 옹호" 등의 내용을 담고 있는 「조선공산당 당면문제 슬로건」[24]에서 잘 드러나고 있다. 요컨대, 조선공산당의 기본 시각은 조선의 완전한 자주독립국가의 건설이 일본 제국주의와의 전쟁에서의 승리에 있다는 점이다. 조봉암이 '계급투쟁' 이라는 개념을 사용하고 이에 바탕하여 신사회질서를 언급하고 있기는 하지만, 위의 인용문에서 조봉암이 주목하고자 했던 점은 새로운 '일상' 의 정치의 추구는 '일상' 을 규정지우고 있는 '구조' 의 정치에 대한 통찰에서 비로소 이루어질 수 있다는 것이다. 이러한 맥락에서 조봉암은 사회변혁운동, 즉 '구조' 의 해체를 통한 새로운 '일상' 정치의 확립은 로자 룩셈부르크(Rosa Luxemburg)의 자발성 테제에서 주장되었던 것처럼 대중의 자발성에 토대를 둘 때 가능하다는 점을 역설하였다.

> 사회운동 전선이, 전위부대의 결속이 운동의 제1보(第1步)라면 이 결속된 소수부대는 대중 속에서 민중을 동(動)케 하여야 될 것이니 곧 민중을 동케 하는 방법을 배워야 될 것이다. 민중을 동케 함에는 무산계급의 당면한 문제를 적확(的確)히 관찰해서 분투할 것이다.[25]

24. 김준엽 · 김창순 공저, 『한국공산주의운동사』 2, 청계연구소, 307쪽.

2. '참여'를 통한 현실과 이념의 변증법적 조화

외관상으로 볼 때, 경계를 자유롭게 넘나드는 조봉암의 초극적인 정치적 이탈, 전향 혹은 "사상적인 성숙", "이념적인 발전"을 어떠한 정치적 이념 및 관점에서 해석해야 할 것인가? 조봉암은 단지 현실순응주의적 인물에 불과한가, 아니면 "사상적인 성숙"을 통해 볼셰비즘을 지양한 인물인가?

1924년과 25년은 한국에서 사회주의 운동과 대중조직의 창시기로 평가될 수 있다. 이 시기에 조선공산당과 고려공산청년회가 조직되었고, 이 조직과정에서 조봉암은 전형위원으로서 지도적인 역할을 하였다.[26] 그는 분명히 1차 조선공산당의 핵심 인물이었으며, 공산주의자였다. 사회주의자로서의 조봉암이 해방 후 공산당과 결별하고 "조선민족은 민주주의 원칙에 의하여 건실한 자유의 국가를 건설함에 있고 어느 일 계급이나 일 정당 독재나 전제이어서는" 안 되며, "조선의 건국은 민족 전체의 자유생활이 보장되어야 할 것"이며, "노동계급의 독재나 자본계급의 전제를 반대한다"는 내용의 성명서를 발표하였다.[27] 또한 그는 1948년 김규식, 김구 등의 민족주의자들이 선택

25. 조봉암, 「치안유지법의 실시와 금후의 조선 사회운동」, 『개벽』 1925년 6월호, 12−13.
26. 김준엽 · 김창순, 『한국공산주의운동사』 2, 291−337쪽 참조.
27. 조봉암, 「비공산정부를 세우자」, 『죽산』 1, 39−40쪽.

한 행동노선과는 달리 단독정부 수립의 승인을 의미하는 5 · 10선거에 참여하였다. 이러한 조봉암의 정치적 활동은 상황적 인식에 대한 기회주의적인 처세술인가? 다시 말해 그는 남북지도자 연석회의에 참석할 수 없었던 상황 때문에 단독정부 수립에 참여한[28] 정치적 기회주의자에 불과한 인물인가?

이 점을 논의하기 위해 자주 인용되는 이동화의 남북협상과 단독선거 참여에 관한 생각을 들어보자.

> 협상파 정치인들은 5 · 10선거에 대하여 적극적이고 현실타당적인 행동을 취하는 대신에 소극적 관념적인 명분론을 크게 내세웠다. 이것이 큰 과오가 아닐 수 없었음은 물론이다. 왜냐면 5 · 10총선거는 단순한 양심과 지조 또는 명분과 위신의 문제는 아니었으며 … 우리 민족의 운명과 직결된 중대한 현실정치적 문제였기 때문이다.
>
> … 만일에 그들(협상파 정치인 : 필자)이 … 현실타당적으로 행동할 수가 있었다면 아마도 그들은 이 선거에서 승리하여 과반수의 의석을 차지할 수도있었을 것이며, … 만일에 그들이 국회에서 과반수를 지배할 수가 있었더라고 한다면 … 이승만 독재정권의 출현을 방지하는 동시에 보수적 반동적이 아닌 민주적 혁신정권을 수립할 수도 있었을 것이다.[29]

이에 더하여 이동화는 협상파들이 선거에 참여했더라면 "북한

28. 박태균, 앞의 책, 146−149쪽 참조.
29. 이동화, 「발문」, 여운홍, 『몽양 여운형』, 정태영, 앞의 책, 143쪽에서 재인용.

의 공산지배집단이 … 불법적인 남침을 감행하였다손 치더라도 국민대중의 열렬한 지지를 받았을 한국의 민주적 혁신정권은 … 이 나라를 민주와 혁신, 안정과 건설의 방향으로 이끌어갈 수 있었을 것"임과 동시에 조국통일의 달성을 위해서도 더 바람직했을 것이라는 입장표명을 하였다.[30] 요컨대, 이동화는 협상파들이 지녔던 현실정치의 역동성에 대한 인식부족을 비판할 뿐만 아니라, 나아가 남한만의 단독선거가 내포하고 있는 정치발전적 의미—'민주적 혁신정권'의 수립과 '통일'로의 전진—를 긍정적으로 평가하고 있다.

해방투쟁과 이념을 실현하기 위한 실천적 도구로서 사회주의를 수용하였던 조봉암은 해방 직후 "오직 소련의 지시대로만 움직이는 소련의 주구적인 역할"을 담당했던 "좌익 소아병"에 전염되었던 조선공산당의 비주체적·비현실적 정치노선을 비판하였다.[31] 부언하면, 조봉암의 인식론적 사유방식 및 정치사상과 현실과의 의미맥락에서 볼 때, "한국독립을 위한 사회주의이고 한국독립을 위한 공산주의자"가 관건이었던 까닭에 "한국민족을 버리고 한국독립을 불고하는 사회주의 혹은 공산주의"[32]는 그 어떤 현실적·이론적인 이념으로서의 의미를 담지할 수 없었다. 조봉암이 정치이념 그 자체에 의미를 부여했고 정치이념이 추구하는 이상 자체에 얽매여 계급투쟁, 계급독재만을 강조하였다면, 진보당의 강령과 정책에서 구체화되었던 것처럼, 그에게 있어 "이념적 발전" 혹은 "사상적 성숙"을 통한 민주사회주의 정

30. 위의 곳.
31. 조봉암, 「나의 정치백서」, 『죽산』 1, 390쪽. 박헌영과 조선공산당에 대한 비판에 대해서는 조봉암, 「존경하는 박헌영 동무에게」, 『죽산』 1, 27–34쪽. 참조.
32. 같은 곳.

치사상은 존재하지 않았을 것이다.

이러한 의미맥락에서 조봉암의 민주사회주의 정치이념은 해방정국에서 존재하였던 첨예한 이념적 대립을 지양하고자 하는 정치적 의지의 표명이며, 굳이 조봉암 자신의 변명을 인용하지 않는다 할지라도[33] 5 · 10선거에의 참여는 '참여'를 동한 이론과 현실의 변증법적 통일을 지향하고자 하는 정치이념의 표출이었다고 해석할 수 있다. 한 연구자의 표현을 빌리면, 조봉암의 "고뇌와 비극은, 한국에서 정치적 이상을, 다만 주장하는 데 그치지 않고 현실에서 어떻게든 실현하고자 고투했던 사람들의 역사적 도정을 상징"하였던 것이다.[34] 그는 현실과 이상의 역동적 관계를 인식하고, 이 역동적 관계를 '참여지향적 행동표출'을 통해 풀고자 고민했던 것이다. 이러한 의미맥락에서 조봉암의 '참여를 통한 현실과 이념의 변증법적 통일'의 결론은 "공산독재도 자본주의 독재도 다 같이 거부하고 인류의 새 이상인 … 만인이 다 같이 평화롭고 행복스럽게 잘 살 수 있는 복지사회를 건설"[35] 이라는 정치이념으로 귀결된다.

33. 조봉암, 「나의 정치백서」, 『죽산』 1, 391쪽. 참조.
34. 박명림, 「한국민주주의와 제3의 길 : 민주주의, 사회적 시장경제, 그리고 평화 · 통일의 결합 -조봉암 사례 연구」, 『죽산』 6, 109-110쪽.
35. 조봉암, 「나의 정치백서」, 『죽산』 1, 396-397쪽.

3. 이상적 정치사회 구현을 위한 실천적 토대 : 의회, 정당, 민주주의

조봉암은 자신의 참여지향적 정치이념을 구체화하기 위해서는 무엇보다도 체계적인 조직이 필요하다는 점을 잘 인식하고 있었다. 그는 일제 식민지체제 하에서 민족해방투쟁을 보다 조직적으로 수행하기 위해 1차 조선공산당과 고려공산청년회의 결성을 주도하였던 것이다. 조봉암에게 있어 참여를 통한 현실과 이념의 변증법적 조화는 정당정치, 의회주의, 민주주의에 기초한 정치사회의 구현을 추구하게끔 한다. 그는 "정치적 자유는 국민의 실력과 노력과 투쟁으로서만 향유할 수 있는 것"이며, 결코 "남의 긍휼의 선물로서 얻을 수 있는 것"[36]이 아니라는 점을 역설하면서 민주주의 또한 '방어적' 차원의 민주주의가 아니라 대중의 적극적 참여와 '사회적 시장경제' 개념[37]을 동시에 포괄하는 '발전적' 민주주의 관점에서 수용하고 있다.

요컨대, 조봉암의 민주주의는 "무능부패한 낡은 자본주의적 민주주의와 이에 대한 안티테제로서의 볼셰비즘을 다같이 지양할 수 있

36. 조봉암, 「우리의 당면과업」, 『죽산』 1, 223쪽.
37. 주지하다시피 이 개념은 알프레드 뮬러-아르막(Alfred Müller-Armack)에 의해 정립되었고, 독일연방공화국(BRD)의 경제장관을 역임했던 기독교민주당의 정치가인 루드비히 에르하르트(Ludwig Erhard)는 이 개념을 실천하였다. 이 개념은 발터 오이켄(Walter Euken)의 질서자유주의(Ordo Liberalismus)에 사회보장제도를 결합시킴으로써 탄생하였다.

고 또 지양하게 될 사회적 민주주의"를 의미했다. 그런 까닭에 조봉암에게 이상적 정치사회 구현을 위한 방법론, 즉 "개혁이냐 아니면 혁명이냐?"에 대한 문제를 제기한다면 그의 대답은 분명할 것이다. 이러한 관점에서 조직화의 중요성을 이미 오래 전부터 인식하였던 조봉암은 민주사회주의 정치사회의 건설을 위한 기본 조직으로서 대중정당을 염두에 두었고, 이의 형성을 위해 진력하였다. 즉 그는 정당의 본질이라는 맥락에서 한국의 정당의 현실을 비판하면서[38] 정책과 대중적 기반에 토대를 둔 정당의 창출을 염두에 두었고, 의회정치와 정당정치를 통해 자신이 지향했던 민주사회주의 국가이념을 구현하고자 했다. 농림부장관에서 물러난 조봉암은 대중정당 결성을 위해 노력했지만 실패하였고, 제2대 부회장에 당선되어 대중정당을 결성하고자 했지만 6 · 25동란으로 인해 이 시도는 중단되어야 했다.[39] 하지만 그는 1951년 6월 이영근을 책임자로 하는 신당준비사무국을 열고 그해 10월, 부산에서 당의 중요한 조직이 될 전국농민대표자회의를 개최함과 동시에 '농가회의' 라는 상설조직을 발족시켰던 것이다.[40]

38. 조봉암, 「우리의 당면과업」, 『죽산』 1, 193쪽 참조.

39. 정태영, 『조봉암과 진보당』, 176–183쪽 참조.

40. '농가회의' 에 관해서는 「농가회의 준비요령」, 정태영, 앞의 책, 387–395쪽 참조. 이 시기에 조봉암은 언론 · 출판 · 결사의 자유, 체포구금의 공포로부터 자유, 빈곤으로부터의 자유, 질고로부터의 자유라는 이념을 계승한다는 점에서 정당의 명칭(가칭)을 '자유당' 으로 정하였다고 한다. 이영근, 「진보당 조직에 이르기까지」, 정태영, 앞의 책, 619–640쪽 참조. 그러나 서울시경 사찰과의 『사찰요람』에서는 조봉암의 신당조직을 '자유사회당 비밀서클' 로 칭하고 있다. 조봉암이 지향한 정치사상이 민주사회주의라는 점을 감안해 볼 때, 조봉암이 염두에 두었던 정당의 명칭은 '자유사회당' 일 가능성이 높다. 서중석, 앞의 책, 45–46쪽. 참조.

조직화된 대중과 대중적 조직의 결합에 기초하여 조봉암은 정당정치, 의회정치를 깊이 신봉하였으며, 정당 및 의회정치는 참여지향적 개혁주의를 실현하기 위한 의미 있는 방법론적 토대였다. 그러한 점에서 대중, 정당, 의회는 조봉암의 정치사상에서 하나의 총체성을 구성하고 있다. 더욱이 그의 정치사상은 피해대중론으로 연결되는 민권주의에 대한 분명한 역사적 인식에서 출발하고 있으며, 농가회의를 조직하였던 것도 현실정치에서 대중정당정치를 실천하고자 하는 의도에서였다. 또한 조봉암은 대중정당정치를 위한 지지기반을 농민에게서 찾고, 그런 까닭에 농민대중조직의 필요성을 통감하였다. 그가 구상한 농민조직은 "농민 여론을 강력히 지도 · 조성하고 또 그들의 사랑방 공론을 중앙에서 클로즈업시킴으로써 그들의 갈 바를 지향하고 그들의 원하는 대로 시정의 기초로 할 것"이며, "지방 폐단을 근절하는 농민의 권익을 자주적으로 옹호 · 해결함에 있다." 요컨대, 농가회의는 "농민 자체의 구체적 내용을 전개하는 운동이고, 지도적인 양면의 실천운동"[41]에서 정향점을 추구하고 있는 의식개혁적 계몽단체였다.[42] 이처럼 조봉암은 혁명을 통한 사회변혁보다는 삶의 정치, 즉 일상정치의 개혁을 통해 "소수가 잘 살기 위한 정치"가 아니라 "국민대다수를 고루 잘 살게 하기 위한 민주주의 투쟁"에 역점을 두었던 것이다.

조봉암에게 있어 사유체계, 실천, 이념 등은 현실적인 삶에 대한 인식으로부터 출발한다. 필자가 앞서 언급한 것처럼 조봉암은 현실인

41. 조봉암, 「농가회의 준비요령」, 정태영, 앞의 책, 393쪽.
42. 같은 곳.

식에 근거한 "사상적 성숙" 내지는 "이념적 발전"을 통해 해방정국과 1950년대에 민주사회주의 국가건설을 위해 진력한다. 그리고 이 민주사회주의 정치이념은 평화통일론, 진보당의 (경제)정책, 피해대중론에 적극적으로 투영된다.

Ⅲ. 조봉암 · 진보당의 국가건설사상 : 민주사회주의

1. 대중의 자발성과 평화통일론[43)]

진보당의 정책은 9개의 정책으로 나누어 구성되어 있으며,[44)] 경

43. 1948년 5 · 10선거 후에 72명의 무소속 국회의원으로 구성된 '무소속구락부'가 결성되었는데, 이 정치집단은 행동강령으로 "조국의 남북통일 완전자주독립국가 쟁취와 민주주의 민족자결국가형성 위에 균등사회의 구현을 목표로 내 세우고 있다. 또한 '평화적' 정치투쟁을 통해 이 목표를 관철할 것을 명기하고 있다. 정태영, 앞의 책, 162쪽 참조. 또한 1950년 5월 30일 치루어진 제2대 국회의원 선거에 참가한 김규식의 민족자주연맹, 조소앙의 사회당, 장건상의 근로인민당은 통일정책으로 '협상'과 '민족자주역량'에 기초한 '평화통일론'을 주장하였다. 다시 말해 평화통일론은 조봉암의 전유물이 아니라는 것이다.

44. 『죽산』 4, 86－108쪽.

제정책에 상당한 분량을 할애하고 있다. 그러나 동시에 진보당의 정책을 분석할 경우 주목해야 할 점은 '통일문제'가 진보당의 정책에서 제일 먼저 등장하고 있다는 점이다. 한 연구자는 "당시 상황에서 진보당이 내세운 혁신정치, 민주주의적 경제체제도 매우 선진적이었음에 틀림없지만, 당시 혁신세력과 보수세력 간의 대립점이 통일론"에 있다는 점을 들어 진보당의 정책에서 "사회민주주의라는 이념의 표방이 아니라 평화통일론의 제시"에 가장 주목해야 한다고 주장한다.[45] 해방 후 조봉암은 1946년 10월 7일 좌우합작 7원칙이 발표되었을 때, 좌우합작을 적극적으로 지지하면서 "합작조건이 자당자파에 다소 불리한 것을 이유로 통일과 합작을 반대함은 대국적 입장에서 정당하다고 할 수 없다"는 입장을 표명하였다.

1956년 2월 14일에서 25일까지 모스크바에서 개최된 소련공산당 20차 전당대회에서 흐루시초프가 주장한 '평화공존'이라는 시대사적 상황과 무관하지 않았던 조봉암의 평화통일 방안은 동족상잔을 피하고 미·소 양국으로 하여금 마찰을 일으킬 위험을 안고 있는 행위를 결코 삼가야 한다는 반냉전적 인식에서 출발하고 있다. 요컨대, '통일문제'가 진보당의 정책에서 제일 먼저 나온 이유는 냉전적 대결구조의 지양 속에서 민족통일 혹은 완전한 민족독립의 문제를 고민하고, 북진통일운동이 지니는 비현실성·비민주성을 지적함으로써 결국 남한사회에서 민주주의의 틀을 확립하고자 함에 있었다고 볼 수 있다. 이러한 정치적 의미맥락에서 당의 목적과 관련하여 진보당의 당헌 제2조는 "본당은 당의 정강정책 및 결의의 실천으로 조국의 통

45. 박태균, 앞의 책, 279쪽.

일과 균형 있는 복지사회의 구현을 목적으로 한다"는 점을 명기하고 있다.[46] 즉 진보당은 한 축에는 '조국의 통일'을, 다른 축에는 '피해대중을 위한 정치'라는 차원에서 '복지사회의 구현'을 2대 주요 정책과제로 제시하고 있다.

조봉암의 평화통일론은 제3대 국회의원 선거에 출마하지 못하게 된 정치적 상황의 긴박성과 1954년 4월의 제네바 회담에 대처하기 위해 진보세력의 투쟁방향을 담고 있는 "정치적 테제"였던 「우리의 당면과업 : 대공산당투쟁의 승리를 위하여」[47]라는 글에서 체계적으로 전개되었다.[48] '상황적 지혜'와 '구조적 분석'의 상호작용 결과 나온 산물인 조봉암 · 진보당의 평화통일론은 "공산주의가 시대착오적이고

46. 『죽산』 4, 109쪽.

47. 조봉암, 「우리의 당면과업 : 대 공산당투쟁의 승리를 위하여」, 『죽산』 1, 175–236쪽.

48. 조봉암은 「우리의 당면과업 : 대 공산당투쟁의 승리를 위하여」와 1955년 12월 22일 발표된 진보당 발기취지문의 강령에서는 '평화통일'이라는 단어는 사용하고 있지 않다. 그러나 진보당 창당대회에서 나타난 강령에서는 "민주세력이 결정적 승리를 얻을 수 있는 평화적 방식에 의한 조국통일의 실현"이라는 문구로 적고 있으며, '평화'라는 단어를 명기하고 있다. 진보당의 '평화통일'은 1956년 5 · 15 정부통령선거에서 단일후보를 내기 위한 야당연합운동이 전개될 때 전면에 나타났다. 그 당시 진보당 선거위원장 서상일은 야당연합의 전제조건으로 ① 책임정치의 구현, ② 수탈없는 경제체제, ③ 조국통일은 국제 관여 하에 평화적 방법에 의하여 이룩한다는 세 가지 사항을 민주당에게 제시하였다. 1955년 6월 16일에서 7월 11일까지 26회에 걸쳐 한국일보에 「내가 본 내외정국」에서는 '평화통일'이라는 단어는 사용되고 있지 않다. 조봉암 · 진보당은 1956년 5 · 15 정부통령선거에서 '평화통일'이라는 단어를 사용하기 시작하였다. 조봉암은 「내가 대통령에 당선되면」(『한국일보』, 1956. 4. 29)에서 " … 민주승리의 평화통일을 쟁취하기 위하여 국가적 총력을 … 경주할 것이다"라고 선언하고 있다. 『죽산』 1, 306–307쪽.

왜곡된 민족주의가 반동임을 입증하는 정치철학", 즉 "진보주의"[49] 지평의 산물이었다. 아울러 이 진보주의는 자유주의, 즉 "개성과 개인의 자유가 존중되고 보장되는 사회", 민주사회주의, "사람이 사람을 착취함이 없이 각자의 노력에 의해서 여유 있게 살 수 있는 사회", 평화주의, "전쟁이 없는 사회", 그리고 세계주의, 즉 "전인류가 모두 평등하게 사랑할 수 있는 사회"라는 정치이념 및 사상에서 출발함과 동시에 이 사상들의 구현을 그 목표로 하고 있다.

민족/반민족이라는 이분법적 냉전적 사유체계에 기초하고 있는 이승만 · 자유당의 통일정책 혹은 통치담론인 북진통일론은 사실상 민족문제의 현실주의적 해결책이라기보다 정치적 지지와 강화를 위한 도구였고,[50] "반민족주의적 정치를 정당화하는 방패막"[51]이었다. 요컨대, 이승만의 북진통일론은 "극우 반공체제 강화를 위한 현상유지정책"[52]의 성격을 강하게 내포하고 있으며, 민족문제를 극복하고자 하는 차원에서의 민족자주정신을 높이기 위한 것이라기보다 냉전체제에서의 진영논리를 가장 극단적으로 대변하고 있다.[53] 이에 반해 조봉암 · 진보당의 평화통일론은 냉전체제의 발전적 수용을 통한 "정치적 현실주의"의 반영이었다고 해석할 수 있을 것이다.[54]

49. 윤길중, 「진보당조직의 의의와 그 주장」, 『죽산』 4, 160–161쪽.
50. 홍원표, 『현대정치철학의 지형』, 308–309쪽 참조.
51. 같은 책, 310–311쪽.
52. 서중석, 『조봉암과 1950년대』, 역사비평 1999, 258쪽.
53. 서중석, 「이승만과 북진통일 : 1950년대 극우반공독재의 해부」, 『사회비평』 제29호. 여름, 141쪽.
54. 박명림, 「한국민주주의와 제3의 길 : 민주주의, 사회적 시장경제, 그리고 평화 · 통일의 결합–조봉암 사례연구」, 『죽산』 6, 158쪽.

이러한 정치공간 속에서 조봉암의 평화통일론은 극우 반공세력인 이승만 정권의 정당성에 대한 직접적인 정치적 도전으로 등장하였고, 정치적 도전의 주체로서 대중의 적극적인 참여와 지식인의 각성을 전제하였다. "정부가 잘못하는 일이 있으면 그것을 용기 있게 시정시켜야 할 권리를 주장하지 못하고 그저 불평이나 말하고 방관시하고 있는 것은 현대 문명사회의 국민으로서는 있을 수 없는 태도인 것이다."[55] "특히 내가 모든 지식인들에게 호소하고 싶은 것은 정치적 혼란에서 생겨진 소극적인 경향이나 세기적 수난자로서의 절망감을 극복하고 '다 한번 새로 한다'는 감격으로 민중운동의 선두에 나서서 모든 민중을 적극적으로 지도하고 조직하는 데 헌신하기를 바라는 것이다."[56]

대중의 적극적인 참여와 지식인의 각성이라는 전제하에서 조봉암의 평화통일론은 대공투쟁에서 승리하기 위해 "내정의 쇄신과 민주세력의 집결"을 주장하였다.[57] 조봉암이 판단할 때, 조국통일은 민주진영과 공산진영과의 군사적 대결이라는 차원보다는 하나의 정치적 대결 속에서 해결해야 할 과제로서 이 대결에 승리하기 위해서는 무엇보다도 "민주진영이 초당적으로 단결하여 일치한 행동"[58]을 통한 민주세력의 결집이 중요하다고 보았으며, 동시에 이를 선행조건으로 하여 자유세계와의 긴밀한 협력관계를 강조하였다.[59]

55. 조봉암, 「우리의 당면과업 : 대 공산당투쟁의 승리를 위하여」, 『죽산』 1, 223쪽.
56. 같은 책, 227쪽.
57. 같은 책, 179쪽.
58. 같은 책, 184쪽.
59. 같은 책, 185쪽.

결국 조봉암의 입장은 공산진영과의 대결구조 속에서 정치적 대결을 통한 평화통일을 이룩하기 위한 선행조건으로 먼저 사회 속에서 민주세력이 정비되어야 하고, 나아가 이 세력들이 초당적 입장에서 단결해야 한다는 것이다. 하지만 민주진영의 총단결에 앞서 한 사회에서 민주진영을 정비해야 하고 민주주의를 발전시켜야 하는 일이 중요하다. 왜냐하면, "민주세력이 없는 곳에 민주진영이 있을 수 없고 민주진영이 없는 곳에 정비나 집결운운이 논의될 여지가 없음은 물론, 민주적 자주통일 독립이란 하나의 관념적인 희망론에 불과"하기 때문이다.

조봉암은 평화적 통일이 국책적인 테두리 안에서 추진되어야 하기 때문에 집권층의 태도가 확정되어야 한다는 점을 전제하면서 평화적 통일을 쟁취하기 위한 필요조건으로 민주세력의 대동단결체, 즉 "통일행동체"를 구성할 것을 제안하고 이에 대한 방안으로 4가지 안을 제시하고 있다.[60] 그는 제1안으로 자유당과 민국당의 협조체제 하에서 모든 당파와 개인이 집결하는 방안, 제2안으로 먼저 야당연합을 결성하고 그런 다음 여당과 협조하여 민주민족진영의 최고 집결체를 구성하는 방안, 제3안으로 이승만 대통령이 선도하는 방안, 제4안으로 조야(朝野) 지도층을 총망라하는 비상집결체를 구성하는 연합전선 결성방안을 제시하였다. 조봉암은 현 정세 하의 모든 객관적 조건을 고려해 볼 때, 정부가 냉전적 사고가 취하지 않는다면 제2안이 "가장 가능성 있고 합리적인 안"으로, 제4안에 대해 "민중에게 새로운 감각

60. 조봉암, 「우리의 당면과업 : 대 공산당투쟁의 승리를 위하여」, 『죽산』 1, 228-232쪽 참조.

과 자기들의 대표 혹은 지도자가 여기에 적극 참여하고 있기 때문에 자신들의 의사를 표시할 기회를 가지고 또한 국가기관에 대한 국민의 불신감을 제거할 수 있다는 점에서 다른 방안보다도 더 "이상적이며 실질적인 안"으로 간주하였다. 조봉암이 제4안을 '이상적이며 실질적인 안'으로 평가한 이유는 그가 지닌 정치적 지평이 대중의 자발성의 기초하여 개인과 공동체에 대한 조화로운 균형을 추구하는 발전적 민주주의(developmental democracy) 이념을 지향하고 있었기 때문이라고 평가할 수 있을 것이다.

조봉암은《한국일보》에 26회에 걸쳐「내가 본 내외정국」이라는 제목으로 게재된 글[61]에서도 통일에 대한 자신의 입장을 표명하고 있다. 그는 통일문제를 상당히 실용주의적 · 공리주의적 · 목적지향적 관점에서 접근하고 있다는 점을 알 수 있다. 왜냐하면, 그는 "우리는 반공이고 반공존(zone)이지만 필요가 있고 유익하기만 하면 공산블럭과 회의도 하고 협상도 해야 될 것이고, 더욱이 그것이 자유진영 전체의 유익한 경우라면 솔선해서라도 주장해야 될 것이니 정치적 세력이라는 데 대해서 모순 같이 생각할" 문제가 아니라고 진단하고 있기 때문이다.[62] 하지만 조봉암은 유엔의 합법적인 주도 하에서 수립된 대한민국이 "남북통일의 모체이며 통일독립 자유국가 건설의 기본이어야 한다"는 관점에서 출발하고 있다.[63]

정치적 평화통일이 왜 이루어져야 하는지에 대한 당위성과 관

61. 조봉암,「내가 본 내외정국」,『죽산』1, 237−294쪽 참조.
62. 같은 글, 292쪽.
63. 위의 글, 238쪽.

련하여 조봉암은 민족주의 차원에서, 사회경제적 차원에서, 마지막으로 우리 민족의 자유와 평화, 그리고 전세계 인류의 평화와 행복증진의 차원에서 정치적 평화통일의 당위성을 논의하고 있다.[64)]

그리고 그는 남북통일이 지금까지 이루어지지 않고 있는 가장 근본적인 이유로 우리의 해방이 외세에 의해 이루어졌다는 점을 들면서, 통일을 쟁취함에 있어 국제적인 구조적 제약이라는 한계를 가질 수밖에 없었다는 점을 지적하고 있다. 즉 "우리의 무력성 때문에 생겨진 국제적 제약"이 가장 중요한 원인이라는 점이다. 하지만 남북통일이 되지 않는 이유로 "우리 민족 가운데 진실로 통일되기를 원치 않는 세력이 일부에 있다"는 점이다.[65)] 하지만 그는 구조적 제약의 해결을 위해 우리 민족 스스로의 의지가 통일쟁취를 위한 선결조건이라는 점을 강조하고 있다.[66)] 이러한 점에서 조봉암이 변함없이 주장한 '민주세력의 총단결' 혹은 '민주세력의 집결체' 구성이 지니는 정치사상적 의미는 '실천(Praxis)'에 있다고 볼 수 있다.

진보당의 정책에서 명시된 문구와 마찬가지로 「평화통일에의 길」에서도 조봉암은 무력통일의 실현불가능성을 논의하면서[67)] 사회 내의 정치적 민주주의 발전과 고용창출을 통한 복지사회의 실천이야말로 평화통일의 기본 전제임을 역설하고 있다. 요컨대, 조봉암은 평화적 통일방안을 사회민주주의적 접근방식을 통해 해결하고자 한다. 진보당의 간사장인 윤길중은 「진보당이 나가는 길」에서 "모든 국민의

64. 조봉암, 「평화통일에의 길」, 『죽산』 1, 426−427쪽.
65. 위의 글, 428−429쪽.
66. 위의 글, 430쪽.
67. 위의 글, 438쪽.

생활권을 보장하는 것이 반공과 통일의 기본이 된다"는 입장을 견지하고 있다.

> 우리 대한민국이 하루속히 정치적 민주주의를 완전히 실천하고 모든 국민을 굶어죽지 않도록 응급조치를 취하고 중소기업을 보호육성하고 모든 기간산업 건설을 적극 추진케 하여 생산의 도를 높이고 완전고용제를 실시해서 나라안에 실업자가 없게 하는 등의 혁신적인 정치와 진보적인 정책을 과감히 실천하는 것, 그렇게 함으로써 모든 국민이 민주주의를 찬양하고 민주주의 하에서 생활하는 것을 행복하게 여기도록 하는 것이 민주주의 승리에 의한 통일방안의 기본이 된다는 것이다.[68]

조봉암은 「평화통일에의 길」에서와 마찬가지로 「평화통일의 구체적 방안」에서도 남북통일이 정치적 · 평화적 통일이 되어야 하는 이유를 일관되게 주장하고 있다.[69] 동시에 주목해야 할 점은 이 글에서도 조봉암은 남한사회의 정치적 쇄신, 민주화, 경제적 안정을 평화적 통일의 선결조건임을 재차 표명하고 있다는 점이다.[70]

이상적 정치사회의 건설을 향한 방법에 있어서는 관점을 달리했지만 로자 룩셈부르크가 지향한 사회와 마찬가지로 조봉암이 추구했던 정치적 이상사회는 자유와 개성이 존중되고 보장되는 사회, 착

68. 같은 곳.
69. 조봉암, 「평화통일의 구체적 방안」, 『죽산』 1, 455쪽.
70. 위의 글, 462쪽.

취없는 사회, 각자의 노력에 의해 평화롭고 여유 있는 생활을 영위할 수는 사회, 전쟁이 없는 사회, 모든 인류가 평등하게 사랑할 수 있는 사회에 기반을 둔 사회복지국가였다. 조봉암의 사유체계 속에서 볼 때 정치적 승리 혹은 평화의 달성은 복지사회 건설을 위한 토대였고, 평등사회의 실현은 자유와 개성이 보장되는 민주주의 사회의 실현을 위한 토대로 연결된다. 즉 그의 사상체계에서 사회복지국가는 민주주의의 최고 형태인 것이다.

2. 경제정책

1) '사회시장경제' : 개인과 공동체의 조화적 발전

민주사회주의 이념은 '다원적' 사회를 추구한다. '다원적'이라는 말의 의미는 정과 반에 대한 자율적인 토론을 통하여 인식의 진보를 추구하는 대화적인 변증법적 다원주의를 뜻한다.[71] 민주사회주의 국가는 국가와 사회를 지배하는 원리인 민주주의, 사회정의, 자유로운 인간발전을 위한 근본조건 등이 침해당하는 것을 허용하지 않는다. 로자 룩셈부르크는 "보통선거, 침해되지 않는 언론 및 집회의 자유, 자유로운 논쟁이 존재하지 않는다면 공적 제도의 삶은 관료주의만이 유

71. Lucio Lombardo-Radice, *Pluralismus in einer sozialistischen Gesellschaft*, in : Bermbach Nuscheler (Hrsg.), Sozialistischer Pluralismus, Hamburg 1973. 참조.

일한 활동요소가 되는 거짓 삶이 될 것이다"라고 주장하였다.[72] 프랑크푸르트 선언에서는 "민주사회주의는 경제적 · 사회적 안정과 증진하는 번영을 기초로 하여 개인의 자유의 확대를 목표로 한다"[73]고 기술하고 있다.

조봉암이 정치적 평화통일을 주장할 경우에, 이 통일의 쟁취를 위한 선결조건으로 사회 내의 민주화와 경제적 안정이 필요하다는 점을 앞에서 논의하였다. 진보당이 민주사회, 평등사회, 나아가 정의사회와 남북통일의 구현을 위해 강력하게 주장한 경제정책은 다름 아닌 민주사회주의 정치이념에 바탕한 경제정책이었으며, 이 정책의 궁극적 지향점은 민주사회주의 국가건설이었다. 이 절에서는 진보당이 주장하는 경제정책을 고찰함으로써 이 점을 규명하고자 한다.

한국에서의 사회민주주의는 계급적 대립의 측면보다는 이념적 대립을 지양하고 통일민족국가를 건설하기 위한 '민족 대의'에 기초하여 형성된 개념이었다.[74] 조봉암 · 진보당이 추구한 민주사회주의도 이러한 역사적 맥락에서 탄생한 정치이념이었다.

진보당은 먼저 8 · 15해방 후 대한민국이 자주적인 발전의 길로 나아가지 못하고 부정불의한 정치적 · 사회적 상태가 초래된 이유는 ① 이 나라의 토착자본가 및 지주계급을 대표하거나 혹은 이와 연결된 우익적 · 보수적 정치세력이 무능성, 부패성, 무견식성, ② 무능 부패한 우익 정치세력과 크레믈린의 괴뢰인 민족반역적 공산세력을 다

72. Rosa Luxemburg, *Die Russische Revolution*, in : Politische Schriften III, Ossip K. Flechtheim (Hrsg.), 1968, 136쪽.

73. 「프랑크푸르트 선언」, 권희경, 앞의 책, 240쪽.

74. 김기승, 『조소앙이 꿈꾼 세계』, 지영사, 2003, 301, 303쪽.

같이 배제하면서 민족존재의 위기를 극복하고 나아가 복지국가를 건설할 수 있는 진정한 민주주의 세력이 확립되지 못했기 때문이라는 시대적 진단을 가하고 있다.[75] 그런 까닭에 진보당은 "민주주의의 최고 형태"로서 민주사회주의의 지향점은 "광범한 민중의 경제적 빈곤을 퇴치하고 그들의 물질적 생활"을 향상시킴으로써 "만인에게 자유와 평등을 보장"하는 데 있다고 규정하였다. 즉 민주사회주의는 낡은 자유민주주의 혹은 개인적 민주주의를 지양하고[76] "민중의 생활적 욕구를 충족시킬 만한 사회적 부의 생산이 없이는 민주적 자유의 참다운 실현"이 존재할 수 없다는 전제 하에서 "경제건설을 촉진하여 사회적 생산력을 크게 제고하는 한편 사회적 생산물의 공정한 분배에 의하여 사회적 정의"를 실천하는 데 있는 것이다.[77]

앤서니 크로스랜드(Anthony Crosland)는 "사회주의는 평등에 관한 문제"로 규정하였다. 이러한 규정에 따르면, 민주사회주의자와 이들의 반대자들 사이의 차이는 계획화의 정도나 생산수단의 국유화와 같은 구조적인 문제가 아니라 계급들 사이에 존재하는 사회적 격차를 극복하거나 혹은 유지하려는 투쟁과 연관성을 가지고 있다는 점이다. 다시 말해 민주사회주의자들은 리카아도적 사회주의를 수용하면서 재분배를 통한 평등사회, 나아가 정의사회를 지향한다는 것이다. 이러한 맥락에서 진보당의 정책에서 "사회적 민주주의는 평등적 민주주의이며 동시에 계획적 민주주의이다." 자유민주주의가 소수의 자유를

75. 「진보당정책」, 『죽산』 4, 91–92쪽.
76. 위의 책, 94쪽.
77. 위의 책, 92쪽.

의미한다면 사회적 민주주의는 다수의 자유를 의미하며, 공동체주의적 평등사회 건설이념에 입각한 평등적 민주주의이다.[78] 민주사회주의국가는 '부르주아적' 자유법치국가 원리와 인격의 보호원리를 제거 혹은 부정하는 것은 아니며, 이들을 완전한 형태로 발전시키고자 한다. 그런 까닭에 민주사회주의 이념에서 경제적 민주주의는 정치적 민주주의를 실현하기 위한 전제이며, 이를 위해 국가개입을 통한 '계획이 필요하다. 진보당에 따르면, 사회민주주의는 경제에 대한 '계획'과 '통제'에 기반하고 있는 '계획적 민주주의'이다. 진보당이 판단하기에 '계획'과 '통제'가 개인의 자유와 경제발전을 저해하는 요인[79]으로 작용하기보다는 칼 폴라니의 사유체계[80]에서 찾아볼 수 있는 것처럼 자본주의 경제의 '모순'과 '무정부성'을 지양하기 위해 필요불가결한 메커니즘이다. 요컨대,

> 우리는 계획과 통제에 의하여서만 자본주의 경제에 있어서의 무정부상태를 극복할 수 있고 건설적 노력과 자원의 배분을 합리화할 수 있으며 물질적 결핍상태의 조정을 공정화 할 수 있는 것이다. 분배의 평등을 기하고 사회생산적 필요를 우선적으로 충족시키기 위한 통제와 경제건설을 합리적 효과적으로 수행하기 위한 계획은 인간적 자유의

78. 「프랑크푸르트 선언」, 권희경, 앞의 책, 236쪽 참조.

79. Hayek, F., *Collectivist Economic Planning*, London : Routledge & Kegan Paul 1935 ; *The Road to serfdom*, London : Routledge & Kegan Paul 1944. 참조.

80. Polanyi, K., *The Great Transformation : Politische und Ökonomische Ursprünge von Gesellschaften und Wirtschaftssystemen*, 1944, Übersetzt von H. Jelinek, 1957 Wien : Europa Verlag. 박현수 옮김, 『거대한 변환』, 서울 : 민음사 1991. 참조.

부정이 아닐 뿐만 아니라 그 경제적 조건을 마련함으로써 자유의 실질적 구현을 촉진 달성하는 필요 불가결한 수단이며 방법인 것이다.[81)]

그런 까닭에 진보당은 "폭력적인 독재적 볼셰비즘적 방식과 아울러 소위 자유민주주의적 방식을 단호히 거부 배격하여야 하는 동시에 우리의 새로운 건설에 있어서는 대중적이고 과학적인 '사회적 민주주의=계획적 민주주의' 방식과 원칙"에 의거하여 정치경제적 발전을 추구해야 한다고 역설한다.[82)] 진보당이 "자유민주주의적 방식을 단호히 거부 배격하여야" 한다고 주장하는 것은 자본주의 체제를 부정하겠다는 의지를 담고 있는 것이 아니라, 일방적으로 자유방임적 시장경제 체제에 입각한 경제정책은 민족자본이 제대로 육성되지 않은 현 한국의 경제발전에 비추어 볼 때 바람직한 경제발전 노선이 아니라는 점을 강조하고자 함에 있다. 부언하면, 1955년 12월 12일에 발표된 진보당 강령초안의 3항과 진보당 강령 3항에서 명시되었던 것처럼 진보당의 경제정책의 지향점이 '생산분배의 합리적 통제를 통한 민족자본의 육성'에 있었던 만큼 자본주의 체제의 모순들을 뮬러 아막(Müller Armack)의 "사회적 시장경제" 개념 혹은 케인즈주의 국가개입주의에 입각하여 극복하고자 하는 차원에서의 적극적인 정치적 의지표명이었다고 해석할 수 있다. 진보당이 지향하는 이러한 경제정책은 프랑크푸르트 선언의 '경제적 민주주의' 절에서 천명된 바와 동일한 의지를 담고 있으며,[83)] 앞서 논의한 바와 같이 평화통일과 불가분

81. 「진보당정책」, 『죽산』 4, 95쪽.
82. 같은 곳.

의 관계를 형성하고 있다.

> 그러면 역사의 현 단계에 있어서의 우리의 민족적 대과업이란 … 하나는 양단된 우리의 국토를 통일하는 일이며 또 하나는 우리 경제의 부흥과 건설을 대대적으로 촉진 달성하면서 후진적인 이 나라를 선진적인 사회민주국가로 전환시키는 일이다. 그리고 이들 양자는 상호 관련적이어서 … 대한민국의 경제건설이 신속히 촉진달성되고 … 우리의 종합적 역량이 크게 배양 강화됨이 없이는 우리 국토의 민주적 통일이 좀처럼 실현되기 어려울 것도 또한 사실이 아닐 수 없다.[84]

이제 진보당이 주장하는 국유화의 논거에 대해 고찰해 보자. 진보당은 자유방임적 자본주의의 폐해를 시정하고 민족자본의 육성을 기반으로 하여 민주사회주의 국가이념을 구현하기 위해 교통, 체신, 운수, 은행 등의 주요한 산업부문들과 대기업들의 국유화를 주장하였고, 이는 제헌헌법의 이념을 계승하고 있다.[85] 조봉암 · 진보당이 국유화를 주장한 논거는 그 당시에 한국의 산업이 처해 있는 자본의 미성

83. 권희경, 앞의 책, 239쪽.

84. 「진보당정책」, 『죽산』 4, 95–96쪽.

85. 제헌헌법은 제84조에서 "대한민국의 경제질서는 모든 국민에게 생활의 기본적 수요를 충족할 수 있게 하는 사회정의의 실현과 균형 있는 국민경제의 발전을 기함을 기본으로 삼는다. 각인의 경제상 자유는 이 한계 내에서 보장된다."는 취지 하에서 제85조와 제87조에서 중요한 지하자원 및 공공성을 가진 기업의 국유, 국영 혹은 공영과 제88조에서는 사영기업의 국유 혹은 공유를 명시하고 있다. 건국헌법의 취지 그 자체는 국민경제의 확립 위에서 공동체주의적이며, 민주사회주의적 정치이념의 지향에 있다고 해석할 수 있다.

숙을 극복 및 관료 · 매판자본 타도 → 한국경제의 식민지적 경제구조의 탈피 및 균형적 산업발전 → 경제자립 쟁취 → 빈곤으로부터의 국민대중을 해방하고자 함에 있었다. 다시 말해 국유화의 근거는 한편으로 자본주의 원칙에 입각하여 자본의 열약성(劣弱性) 극복, 자립경제를 유도함과 동시에 민주사회주의 원칙을 견지하고, 다른 한편으로 관료자본 특권층의 발호와 무산자 독재를 배격하면서 균등경제를 실현하고 나아가 대중을 빈곤에서 벗어나게 한다는 취지에서였다.[86)]

진보당의 경제정책[87)]은 이른바 "자유계획경제"로 '계획경제'와 '자본주의 경제'를 적절히 조화시킨 정책으로 프랑크푸르트 선언에서 나타난 '경제적 민주주의'에 상응하는 조치였다. 이 선언에서 민주사회주의적 계획의 범위와 목적이 명시되고 있는데, 이에 따르면 "사회주의적 계획은 생산수단 전체의 공유화를 전제하지는 않는다. 그것은 중요한 부문, 예컨대 농업, 수공업, 소매업, 중소기업 등에 존재하는 사적 소유와 병존한다. 국가는 계획경제의 틀 속에서 생산과 복지의 증진에 공헌할 수 있도록 그들을 도울 수 있고 또 그렇게 해야 한다"는 점이다.[88)] 요컨대, 민주사회주의 계획화가 지니는 정치사상 내지는 정치경제학적 의미는 소수의 수중에 경제권력이 집중되는 상황을 미연에 방지함으로써 경제 · 사회적 안정과 복지 증대에 기여하며, 나아가 개인의 자유를 확대시킨다는 점이다.

이러한 의미맥락에서 진보당이 추구하는 계획화는 "후진성의

86. 유병묵, 「사회대중당의 산업국유화정책」, 『사상계』 1960. 10. 181－182쪽 참조.
87. 윤길중, 「계획성 있는 경제체제」, 『죽산』 4, 122쪽.
88. 「프랑크푸르트 선언」, 권희경, 앞의 책, 239－240쪽.

초극"이라는 논리에 입각하고 있다. 진보당의 간사장인 윤길중은 「진보당조직의 의의와 그 주장」이라는 글에서 "한국에 있어서의 민주사회 단계는 아직도 미래에 속해 있다. 그렇기 때문에 한국에서는 아직 민주사회당이 나타나지 못하고 바로 그 선행과정인 진보당이 결성" 되는 것이라고 주장하면서, "한국 진보주의는 우리나라 후진성의 초극과 건전한 양심 자본의 육성을 구상하는 한국적인 프래그머티즘"[89] 이라고 논평하고 있다. 결국 '계획화'는 "후진성의 초극"이라는 관점에서 "자유방임경제와 계획경제를 대비하여 계획경제의 좋은 점을 자체 경제에 도입하여 그 모순성을 지양"하는 데 있다.[90] 그런 까닭에 진보당의 경제정책의 정향점은 중앙행정기구에 의한 전반적인 통제를 거부하면서[91] 국민 경제발전에 유해한 경쟁을 조정하여 건전한 생산활동을 유도하자는 데 있다.[92]

2) 자유계획경제 체제와 국민경제 확립 : 피해대중의 정치구현

조봉암 · 진보당이 주장하는 자유계획경제 체제의 궁극적 지향점은 피해대중을 위한 정치사회의 구현에 있다. 1950년대의 한국의 사회계층적 상황을 감안해 볼 때, 조봉암 · 진보당이 주장하는 패해대

89. 윤길중, 「진보당조직의 의의와 그 주장」, 『죽산』 4, 159쪽.
90. 윤길중, 「계획성 있는 경제체제」, 『죽산』 4, 123쪽. 그리고 129쪽 참조.
91. 위의 글, 134-136쪽.
92. 위의 글, 132쪽.

중의 대부분을 차지하고 있었던 계층은 농민이었다. 따라서 농민의 복지증대를 도모하는 농업정책은 대중적 지지기반을 농민에게서 찾았던 진보당의 경제정책에서 중요한 부분을 차지할 수밖에 없었다. 조봉암은 농림부장관 재직시 '농업협동조합법' 제정을 추진하였고, 농림부장관직을 그만둔 후에도 '한국농민회의'의 설립운동을 추진하였다. 1956년 10월 말 현재 농가부채는 상당히 심각한 문제였다.[93] 진보당은 무엇보다도 농민들로 하여금 피해를 당하지 않는 농업정책을 제시하면서 농민 생활수준의 개선을 꾀하고자 하였다.[94] 즉 근로대중과 연관된 산업부문에 있어 진보당은 생산력의 발전을 통한 근로대중의 복지증대를 주장하였던 반면에, 농업정책에 있어서는 생산력 발전의 제고보다는 우선적으로 고리채의 법정이자 한도설정, 금납제 실시, 양곡의 수급조정, 농업노동력의 확보, 농업보험제 실시 등을 통한 농민의 권익을 보호하는 데 역점을 두었다.[95]

진보당의 농업정책은 이 정당이 경제정책의 기본노선으로 삼았던 민주사회주의적인 노선을 따르고 있다. 왜냐하면, 프랑크푸르트 선언에서 천명된 "사회주의자들은 정치적 · 경제적 민주주의를 위하여 투쟁하고 … 생산자 및 소비자 협동조합의 발전을 통해 대중의 생활수준을 향상시킬 것을 요구"[96]하는 것과 마찬가지 방식으로 진보당이 제시한 농업정책 또한 협동조합을 통한 농민생활의 개선, 즉 체제 속

---

93. 김안국, 「수탈 없고 계획적인 번영책—만인이 공존할 수 있는 복지사회건설」, 권대복, 『進步黨』, 지양사 1985, 139—140쪽 참조.
94. 위의 글, 140—141쪽.
95. 진보당의 「정책」, 『죽산』 4, 103—104쪽 참조.
96. 「프랑크푸르트 선언」, 권희경, 앞의 책, 236쪽.

의 개혁을 지향하고 있기 때문이다.

진보당은 산업정책과 관련하여 자유 계획경제 체제와 국민경제의 확립이라는 민주사회주의 국가의 큰 틀을 견지하면서 '발전국가(developmental state)' 로서의 역할을 지정하고 있다. 경제정책의 관점에서 볼 때, 진보당이 시장경제를 인정하고 있기는 하지만 전반적인 면에서 국가개입과 계획화에 더 비중을 두고 있다. 그 이유는 시장과 자본형성이 제대로 되어 있지 않은 사회발전 단계에서 사회 경제발전을 주도하는 주체세력으로서 국가의 역할이 강조되며, 동시에 "낡은 '자유자본 세력주의' 적 방식은 무력하고 무효할 뿐만 아니라 도리어 유해하다"고 판단했기 때문이었다.[97]

진보당이 제시한 산업정책은 민족자본의 형성과 산업 간의 균형적 발전에 기반한 경제자립이라는 관점에서 대산업의 국유화, 기간산업의 시설확충을 위해 국가의 재정투자 확대, 개인자본의 소유권 보장, 기간산업을 포함한 모든 기업에의 사(私)투자의 증대를 장려, 생산조합 조직의 장려와 지원을 통한 생필품 생산의 개선, 생산력의 급속한 발전과 자립경제를 달성하기 위해 경제개발계획을 수립 · 법령화하여 집행, 종합적인 경제개발계획을 위한 관민합동의 경제계획위원회를 설치 등을 제시하고 있다. 조봉암 · 진보당의 입장은 사회자본의 형성이 미성숙한 발전국면에서 경제자립이라는 목표를 달성하기 위해서는 국가에 의한 계획, 지도, 육성 등의 정책이 필요하며, 또한 주요 산업을 국유화함으로써 국가는 경제발전에 중요한 역할을 담당해야 한다는 것이다.[98]

97. 「진보당강령 전문」, 『죽산』 4, 84쪽.

진보당이 제시하고 있는 사회정책, 즉 민주사회주의 사회정책의 핵심은 사회보장제도, 완전고용, 산업민주주의에 있다. 사회보장제도의 구체적인 정책으로 국민의료제도 및 국민연금제도의 확립과 주택청을 설치하여 주택을 대량공급하는 것 등이다. 또한 산업민주주의의 확립을 통해 노동자의 경영참여와 이익균점의 원칙을 실현하고자 하였다.[99]

진보당의 제반 정책들은 서양 정치사상의 전통에서 볼 때 라살레적 사유체계, 즉 "노동에 대한 완전한 권리"의 쟁취를 목표로 하고 있다. 독일사회민주당 슈미트 수상의 주장처럼 "오늘의 기업이윤은 내일의 투자이며, 내일의 투자는 모레의 고용이다." 이러한 기대감은 자본주의 체제에 대한 민주사회주의적 동의의 토대가 되었다. 다시 말해 민주사회주의자 혹은 민주사회주의 정책은 생산수단의 사적 소유의 지양 혹은 폐지를 주장하는 대신에 생산력을 증대시키고 그 이익을 배분한다는 관념 하에 자본주의 체제와의 동반자 관계를 주장한다.[100] 이러한 동반자 관계는 서구사회의 민주사회주의 혹은 사회민주주의의 역사적 형성은 소련 및 동유럽사회의 '실존사회주의' 국가와 서구 자본주의 체제에 대한 동시적 비판에서 출발하고 있다. 조봉암 · 진보당의 정치이념 및 정책 또한 기본적으로 이러한 인식구조 속에 자리잡고 있다. 1952년 제2대 정부통령 선거에서 조봉암 후보는 "나는 계급독재사상을 배격한다. 공산당 독재도 자본가와 부패분자의

98. 유병묵, 위의 글, 182–3쪽.

99. 위의 글, 107쪽.

100. Przeworski, Adam, "Social Democracy as a Historical Phenomenon", 박호성 편역, 『사회민주주의와 민주사회주의』, 99–152쪽. 여기서는 140–141쪽 참조.

독재도 이를 강고히 반대하고 민주주의 체제를 확립한다"는 정강을 내세우고 있으며, 진보당발당대회 개회사에서는 "자본주의와 공산주의를 다 같이 거부하고 청산하는 동시에 …", 또한 진보당 강령 전문에서 "무능 부패한 낡은 자본주의적 민주주의와 이에 대한 안티테제로서의 볼셰비즘을 다같이 지양할 수 있고 또 지양하게 될 사회적 민주주의만이 우리 민족을 자유와 진보와 행복에로 인도할 수 있는 유일한 길 …",[101] 그리고 진보당의 정책부분에서 "… 우리는 폭력적 독재적인 볼셰비즘적 방식과 아울러 소위 자유민주주의적 방식을 단호히 거부 배격하여야 하는 동시에 우리의 새로운 건설에 있어서는 대중적이고 과학적인 '사회적 민주주의=계획적 민주주의' 의 방식과 원칙에 의거하지 않으면 아니되는 것이다." 이 인용문에서 추론할 수 있는 것처럼 조봉암 · 진보당의 노선은 '실존사회주의 국가' 와 자본주의 체제에 대한 동시적 비판이라는 인식론적 토대에 기초하고 있다.

이러한 토대 위에서 조봉암 · 진보당이 제시한 민주사회주의 정책은 민족의 생존과 완전한 자주독립국가의 구현을 위한 수단이자 미래지향적 정치적 이상이었다. 조봉암이 사회주의 이념 혹은 볼셰비즘을 민족의 해방과 독립을 위한 수단으로 수용하였다면, 그의 민주사회주의 이념은 그 자신이 지향했던 정치사회 건설의 수단이자 목표였던 것이다.

101. 「진보당강령 전문」, 『죽산』 4, 78쪽.

3. 피해대중론과 대중의 자발성

1956년 5 · 15정부통령 선거에서 조봉암 · 진보당이 내건 "피해대중은 단결하라"는 선거구호는 극우 반공세력으로부터 평화통일론에 버금가는 격렬한 공격과 비난을 받았다. 조봉암의 '피해대중론'은 자신이 평소에 품었던 정치이념 '자유', '평화', '사랑' 그리고 '정의'에 기반한 정치사회의 구현이라는 가치지향의 산물이다. 조봉암의 정치지형은 강제와 불평등이 사회영역을 지배하는 한에서 정치적 권리는 형식적인 권리에 불과하다는 인식에서 비롯된다.

1850년경에 등장한 사회주의는 자본주의 발전으로 인해 그 핵심적인 주제를 정치영역에서 사회영역으로 특히 경제영역으로 민주주의를 확장시켰다.[102] 이러한 문제를 해결하기 위해 사회주의자들은 한편으로는 '혁명'을, 다른 한편으로는 '참여 속의 개혁', 즉 '개량주의' 혹은 '수정주의' 노선을 수용하였다.[103] 특히 제2차 세계대전 이후 유럽의 사회주의자들은 냉전체제 하의 생존방식으로서 개량주의 혹은 수정주의 노선을 노골적으로 택하였고, 조봉암 · 진보당 또한 생존방식으로서 후자의 길을 택하였다. 정태영은 "죽산 선생을 둘러싼 한국정치사의 왜곡은 세계정치사적으로도 그 유례를 찾아볼 수 없는

102. Przeworski, Adam, 앞의 글, 99쪽.

103. "Inaugural Address of the International Working Men's Association", David Fernbach (ed.), *The First International and after*, London : Penguin 1974, 80쪽 참조. Przeworski, Adam, 앞의 글, 99쪽– 145쪽 참조.

왜곡의 증폭사"였다는 입장을 피력하면서 진보당을 "혁명적 변혁세력"으로 규정하는 것에 강하게 반박하고 있다. 그에 따르면, 민주주의 개혁을 지향하는 "사회민주주의 정당인 진보당이 폭력적 변혁세력"으로 규정된 것은 다름 아닌 왜곡의 역사가 초래한 산물에 불과했다는 것이다.[104)]

1956년 5월 15일 제3대 정부통령 선거에서 조봉암 대통령 후보의 '평화통일'과 "피해대중은 단결하라"는 선거구호는 진보당의 정강 및 정책에서 구체화되었다. 조봉암은 진보당 창당대회의 개회사에서 진보당의 존재근거를 이렇게 피력하고 있다. "우리는 지금 … 새 이상과 새 사고방식의 기초 위에서 … 혁신적인 정치행동을 하려는 대중의 전위로서 진보당을 조직하는 것입니다. … 인류의 새 이상을 파악하고 이념적으로 뭉친 정당은 필연적으로 광범한 근로대중을 사회적 기반으로 하는 피해대중의 당이 되는 것이고 …. 우리들은 근로대중의 벗이 되고 피해대중의 전위대가 되는 것입니다."[105)] 또한 진보당 창당대회의 「선언문」에서 진보당은 "사랑하는 이 강토에 만인공영의 새 사회를 건설하기 위하여 모든 피해대중과 함께" 할 것을 선언하고 있다.[106)]

조봉암이 '피해대중'이라는 개념을 직접적으로 표현하여 사용한 것은 그 자신이 작성에 많이 관여했다고 판단되는 1955년 12월 22일 발표된 「진보당 발기취지문」에서였다. 발기취지문에서 진보당은

104. 정태영, 「죽산 조봉암 선생의 죽음과 복권」, 『죽산』 4, 456쪽. 참조.
105. 조봉암, 「진보당 창당 개회사」, 『죽산』 4, 32쪽.
106. 「선언문」, 『죽산』 4, 57쪽.

"우리는 진정한 혁신은 오로지 피해를 받고 있는 대중 자신의 자각과 단결 위에서만 실현될 수 있다는 것을 깊이 인식하고 관료적 특권정치, 자본가적 특권경제를 쇄신하여 진정한 민주책임정치와 대중 본위의 균형 있는 경제체제를 확립할 것을 기약하고 국민대중의 토대 위에 선 신당을 발기하고자 한다"고 선언하였다. 조봉암의 정치사상이라는 관점에서 발기취지문은 두 가지 중요한 점을 시사하고 있다. 그 하나는 피해대중을 위한 정치이며, 또 다른 하나는 피해대중을 위한 정치를 구현하기 위해서는 무엇보다도 피해대중의 자발성이 요청된다는 점이다. 다시 말해 피해대중의 자발적 의지에 기초한 참여가 존재하지 않는다면 피해대중을 위한 정치는 실현될 수 없다는 점이다. 이러한 점에서 진보당은 대중의 자발성에 기초한 "국민대중의 토대 위에 선 신당"으로서 자신을 자리매김하고 있는 것이다.

그렇다면 조봉암에게 있어 '피해대중'은 과연 어떻게 규정되고 해석되어야 하는가? 조봉암이 구사하고 있는 '피해대중'은 해방정국과 특히 6 · 25동란 이후의 한국의 정치상황에 대한 인식에서 나온 한국적 현실의 산물이라고 볼 수 있다.[107] 조봉암은 자신의 정치적 · 평화적 통일에 대해 최종적으로 입장을 정리하고 있는 「평화통일에의 길」에서 '피해대중'을 다음과 같이 정의하고 있다.

> … 피해대중이라 함은 공산침략군에 의하여 민족의 다수가 생명재산의 피해를 입었다는 것과 우리나라의 정치적 현실로 보아 일부 특권적인 특혜적인 몇몇 사람은 잘살 수 있고 거부도 되어있지마는 그러

107. 서중석, 앞의 책, 531－532쪽 참조.

> 한 특권층 때문에 국민대중이 … 대중적인 수탈을 당하는 엄연한 현실에 … 그 대중적인 수탈을 당하는 국민대중을 가리켜 이르는 말이다.[108)]

이 인용문을 놓고 판단해 볼 때, 피해대중은 일차적으로 6 · 25동란과 국내정치적 환경으로 인해 발생한 사회적 범주를 의미한다고 해석할 수 있을 것이다. 진보당 창당대회의 개회사에서 조봉암이 이 대회의 「선언문」과는 다른 표기방식으로 진보당을 "광범한 근로대중을 사회적 기반으로 하는 피해대중의 당" 혹은 "피해대중의 전위대"로 규정한 이유는 대한민국의 국내정치적 환경으로 인해 고통을 당한 피해대중을 그 자신이 평소 지행했던 정치사상, 즉 자유, 평등, 사회정의에 기초한 "인민의, 인민에 의한, 인민을 위한 정치"의 관점에서 철저하게 바라보았기 때문이었다. 6 · 25동란은 거의 모든 인민들을 피해대중화시켰던바, 이 피해대중이 사상의 자유와 생존권의 보장 속에서 인간의 존엄성을 누리면서 평화롭게 살 수 있는 정치사회를 구현하는 것이야말로 조봉암 · 진보당의 역사적 과제였다. 요컨대, 조봉암 · 진보당의 정치이념에서 평화통일론은 피해대중을 위한 정치의 외면화였고, 민주사회주의 국가건설은 피해대중을 위한 정치이념의 구현 내지는 지향점이었다.

피해대중의 구체적인 사회적 범주를 분석하기 위해 우선 진보당 창당대회의 「선언문」에 들어 있는 내용들을 인용해 보자.

> 경제시책은 비생산적인 소비면에 치중하여 의연 자립경제 건설

---

108. 조봉암, 「평화통일에의 길」, 『죽산』 1, 446쪽.

에 대한 실질적인 효력을 결여하고 있습니다. 따라서 매년 수억불에 달한다는 미국원조를 받으면서도 수백만의 실업자와 수십만의 상이군경이 가두에서 방황하고 있고 노동자, 농민, 봉급생활자 및 수백만의 월남피난민들은 말 못할 도탄에 빠져 왔으며 중소 공업자들은 파산과 생활불안으로 전전긍긍하고 있습니다.

… 우리 국민 대중을 이렇듯 비참한 생활형편에 빠뜨리고 통일을 숙원하는 모든 동포로 하여금 이렇듯 절망과 비애 속에 허덕이게 한 것은 그 무슨 까닭이겠습니까.

첫째로는 … 동족상잔적인 6 · 25의 참변을 일으킨 저 공산역도들의 침략 때문입니다. 그러나 이뿐이 아닙니다. 8 · 15 이후 지주, 자본가로서 미군정에 중용되었던 한국민주당 중심의 고루한 정치세력과 대한민국 수립 이후에 있어 한국 정치의 추기(樞機)를 장악하고 민주주의 이름 밑에 반전제적 정치를 수행하여 온 특권 관료적 · 매판자본적 정치세력의 과오에 기인하였다는 것도 명백한 사실입니다.[109)]

조봉암이 '피해대중'에 대해 「평화통일에의 길」에서 내린 정의와 「선언문」에서 나타난 내용들을 종합해 볼 때, 경제적인 측면에서 피해대중은 관료적 특권정치와 자본가의 특권경제에 의해 수탈을 당한 노동자, 농민, 중소상공업자[110)] 등을 의미한다고 볼 수 있을 것이다. 그러나 주지하다시피 경제적인 측면에서의 피해대중은 해방정국과

109. 「선언문」, 『죽산』 4, 54－57쪽.

110. 1950년대의 생활상에 대해서는 최석채, 『서민의 抗爭』, 凡潮社, 1956, 125쪽 ; 백광하 편, 앞의 책(1953, 5. 25), 세계출판사, 1955, 128－129쪽 참조.

1950년대에 나타난 한국의 단세포적 정치구조와 이로 인한 부정적인 타나토스(Thanatos)적 정치행위로 인해 발생한 정치적 수탈을 간과할 위험성을 지니고 있다. 만일 이 시기에 나타난 구조와 행위를 무시하고 조봉암이 주장한 피해대중 내지는 '피해대중을 위한 정치'를 이해하고자 한다면 그것은 아무런 의미도 지니지 못할 것이다. 부언하면, 조봉암이 시사하고 있는 피해대중의 범위는 단지 "공산침략군에 의하여 민족의 다수가 생명 재산의 피해를 입었다"는 것뿐만 아니라, 나아가 공산침략이 있기 전에 이미 반공 이데올로기에 의해 말할 수 없는 고통과 탄압을 당했던 사람들을 포함하고 있다. 요컨대, 조봉암이 주장하고 있는 피해대중은 정치적 다원주의가 전혀 용인되지 않은 매카시즘적 상황에서 자의적인 정치권력에 의해 자행된 부정적인 타나토스적 정치행위에 의해 희생당한 집단을 지칭한다고 볼 수 있을 것이다.

조봉암은 1948년 5 · 10선거에 참여하고 국회의원이 된 이후부터 줄곧 권력의 자의성과 무제한성, 즉 인민에 대한 권력의 횡포에 관해 항상 경계심을 늦추지 않았고, 나아가 권력의 횡포에 대해 경고하였다. 그는 헌법초안위원회의 위원으로 활동하면서 헌법은 "인민의 손으로 만들어진 인민을 위한 헌법이어야 하며", "인민의 자유와 민족통일로서 조국의 독립을 수호 보장할 대헌이어야" 한다고 주장하였다.[111] 또한 그는 인민주권론에 입각하여 헌법제정과 인민의 권리의무를 규정하는 목적은 인민 전체가 모두 위정가가 될 수 없는 까닭에 인민의 권리를 법으로 규정해서 정치가로 하여금 각각 권력을 제한하고

111. 조봉암, 「헌법 초안 총평」, 『죽산』 4, 71쪽.

분담하게 하여 합리적으로 실천하게 하자는 데 있는 것이지 치자계급이 피치자들을 통합하기에 편리한 수단을 만들자는 데 있는 것이 아니라는 입장을 견지하였다.[112] 권력구조와 관련하여 조봉암은 현재의 헌법초안이 "제왕 이상의 강대한 권한"을 지닌 대통령이라고 규정하고 이에 반대입장을 강력하게 표명하였는데, 그 이유는 대통령에게 너무 강력한 권한을 주게 되면 독재화할 수 있고 아울러 피해대중을 양산할 수 있다는 점을 염려했기 때문이었다.[113]

1952년 8월 5일 치러진 제2대 정 · 부통령 선거에서 조봉암은 10가지 정견을 발표하였다. 이 중에서 '피해대중'과 연관이 있는 정견으로 들 수 있는 것은 네 번째 항의 "동포가 서로 사랑하고 아끼는 정신을 크게 일으키어 국민의 사상을 순화시키고, 억지로 반대파를 공산당으로 만들려는 좌익적인 파쟁을 근절할 것"과 여섯째 항의 "독재적인 경향이 빚어내는 질식상태에서 모든 국민을 해방시키고 관권 남용을 방지함으로써 민폐를 일소하고 동시에 국민의 기본권리를 절대적으로 옹호할 것이다"를 들 수 있다. 정견에서 노골적으로 표현하고 있지는 않지만 "억지로 반대파를 공산당으로 만들려는 자익적 파쟁을 근절할 것"이라는 문구가 지니는 함축적 의미는 극우 반공 정치세력에 의해 자행된 양민학살과 연관을 맺고 있다.[114]

따라서 피해대중의 사회적 범주는 첫째, 6 · 25동란으로 인해 피해를 당한 피지배자계층, 둘째, 관료적 · 특권적 경제가 행한 경제적

112. 위의 글, 75쪽.
113. 위의 글, 79-80쪽.
114. 서중석, 앞의 책, 536쪽 참조.

수탈로 인해 피해를 당한 인민, 셋째, '빨갱이'로 몰려 피해를 당한 지배계층 및 피지배계층 등을 포함하고 있다고 할 수 있을 것이다. 세 번째 범주와 관련하여 조봉암은 한민당이 이승만 정권에 대항하여 대통령제를 의원내각제로 개헌하고자 했을 때, 이에 반대하는 글에서 정치의 일상이 된 매카시즘 정치행위에 의한 피해대중을 언급하고 있다. 요컨대, 한민당이

> 자기 정당 이외에 다른 정당이나 자기 당파 이외의 다른 사람들은 즉 자기를 반대하는 분자에 대해서는 … 공산당이라 혹은 빨갱이라 하는 것으로서 능사를 삼고, 그렇게 하는 것으로써 자기의 반대파를 제압하는 기본정책으로 하고 있다고 하는 것도 세상에 모르는 사람이 없는 것입니다. … 공산주의라는 공(共)자도 모르고 또는 정반대로 공산당에 반대하는 사람들까지도 자기네 반대파인 경우에는 공산당으로 몰아서 얼마나 많은 공산주의자 아닌 공산주의자를 만들고 … 그로 말미암아 얼마나 많이 민심으로 하여금 대한민국 정부를 이반케 하며 대량으로 공산당을 제조하고 있는가 하는 것도 천하가 다 아는 사실입니다.[115]

또한 진보세력 내지는 진보당의 투쟁방향을 제시하고 있는 「우리의 당면과업」에서 조봉암은 이승만 정권이 저지른 보도연맹원 학살에 대해 자신이 지녔던 참담한 심경을 토로하고 있다.

115. 조봉암, 「우리는 왜 개헌을 반대했나」, 『죽산』 1, 128쪽.

> 덮어 놓고 보련에 가입했던 사람은 일률적으로 위험하다고 해서 공산당과 부역하리라는 견해 밑에 우리편으로부터 죽임을 받았고 한편 공산당으로부터는 공산당을 이탈하고 대한민국에 돌아가서 대한민국을 지지했다는 이유하에 역시 학살을 당했던 것이다. … 다만 살기 위한 욕구로서 또 무식의 소치로 … 이런 참변을 당하고 보니 그 얼마나 본인들이 억울할 것이며 … 목숨을 가진 백성이 살아보겠다고 발버둥질 친 것밖에 그 무슨 다른 죄가 있으랴.[116]

어느 한 개인을 위하여 존재하는 것이 아니라 국가구성원의 공공선을 실현해 주어야 할 수단에 불과한 '정치권력'이 매카시즘적 살생의 정치로 인해 조봉암 자신은 누구보다도 고통을 당하였으며, 결국 피해대중의 화신으로 되었던 것이다. 다시 말해, 피해대중은 냉전체제라는 세계사적 환경 속에서의 해방정국과 1950년대의 정치공간의 균열적 결합을 통해 발생한 개념화라고 볼 수 있으며, 그런 까닭에 광범위한 사회계층을 포괄하고 있다. 후에 조봉암 · 진보당은 창당대회의 강령에서 "생산분배의 합리적 계획으로 민족자본의 육성과 농민 노동자 모든 문화인 및 봉급생활자의 생활권을 확보"한다는 목표하에 피해대중에 대한 경제적 강구책을 주장함과 동시에, "공산독재는 물론 자본가와 부패분자의 독재도 이를 배격하고 진정한 민주주의 체제를 확립하여 책임 있는 혁신정치의 실현"을 선언하고 있다. 피해대중을 위한 정치의 실현은 다름 아닌 경제적 민주주의의 기초 위에

116. 조봉암, 「우리의 당면과업 : 대 공산당투쟁의 승리를 위하여」, 『죽산』 1, 215쪽.

서의 정치적 민주주의의 실현인 "진정한 민주주의 체제를 확립하여 책임 있는 혁신정치"를 구현하는 데 있으며, 이러한 점에서 피해대중은 역사적 · 정치경제학적 인식의 산물로 단정지울 수 있다.

앞에서 언급하였던 것처럼 피해대중의 다수는 농민이었다. 진보당이 1955년 12월 22일 발표한 취지문과 강령에서 "대중 본위의 균형 있는 경제체제의 확립"을 주장하였을 때 그 중심적인 대상은 우선적으로 농민이었다. 1945년에서 1950년에 걸친 소작농의 자작농화와 농지개혁[117]은 국가수립 직후 핵심적인 건국의제 중에 하나였으며, 단순히 경제적 문제에 그치는 것이 아니라 첨예한 정치적 문제였다. 왜냐하면, 토지개혁 문제는 정치적 지배와 피지배의 역학관계를 조정하는 지축이었기 때문이다.[118]

남한사회에서 농지개혁이 지니는 정치사회학적 의미가 컸던 까닭에 이 점은 바로 제헌헌법에 반영되었고, 제86조에서 "농지는 농민에게 분배"한다는 내용이 첨가되었다. 유진오는 헌법 초안을 작성할 때, 한민당의 김성수에게 제헌헌법의 기본원칙들을 설명하였다고 한다. 유진오는 김성수에게 "농지개혁만이 공산당을 막는 최량의 길"임을 설명했고, 이에 대해 처음에는 농지개혁에 즉각적인 찬성을 표시하지 않았던 김성수도 농지개혁에 찬성하였다고 한다.[119] 이 점은 그 당시의 남한사회에서 농지개혁이 사회체제의 안정적 발전을 위해 상당히 중요한 위치를 점하고 있다는 점을 단적으로 입증해 주고 있다.

117. 농지개혁에 관한 분석을 위해서는 장상환, 「농지개혁과정에 관한 실증적 연구」, 강만길 외, 『해방전후사의 인식』 2, 한길사 1985, 292−358쪽. 참조.
118. 위의 글, 126쪽 참조.
119. 유진오, 『헌법기초회고록』, 일조각 1980, 29−30쪽.

농지개혁은 근대화와 민주화를 위한 선결조건이었다.[120] 조봉암은 봉건성과 근대성이라는 지축을 대립키면서 농지개혁의 본질을 '소작제도의 폐지'라고 예단하고, 농지개혁의 정치사회학적 의미를 "우리나라의 봉건적인 사회조직을 근대적인 자본주의 제도로 발전"시키는 데 있다고 강조하였다. 그는 소작제도를 단지 경제적 지배, 피지배의 문제가 아니라 봉건시대의 사회제도와 인간관계 및 정치적 역학관계를 지배하는 연결고리로 진단하였다. 요컨대, 그는 농지개혁을 통해 봉건적 사회구조를 지양하고 근대적 사회구조로의 전환을 모색하고자 했던 것이다.[121]

앞서 언급하였던 것처럼 조봉암의 피해대중론과 민주사회주의 정치이념에 입각한 복지사회의 구현은 평화통일을 쟁취하기 위한 선결조건이었다. 조봉암의 관점에서 볼 때 평화통일은 민족의 대과업이었지만, 이 과업을 달성하기 위해서는 무엇보다도 남한사회의 사회발전 내지는 체제의 공고화가 요구되었던 것이다. 그런 까닭에 그는 피해대중의 적극적 참여에 의한 피해대중을 위한 정치에 주목하였고, 이 정치의 실현을 위해 민주사회주의 정치이념을 도입하였던 것이다.

120. 정태영, 앞의 책, 170쪽 참조.
121. 박명림, 139-140쪽 참조.

Ⅳ. 맺음말

조봉암은 자신의 죽음을 감지한 가운데 1959년 7월 17일 다음과 같은 성명을 발표함으로써 삶에 대한 더 이상의 애착을 버린 채 자신의 운명을 받아들이면서 국민과 진보당 동지들에게 자신의 입장을 밝힌다.

> 조국에의 충성은 변함 없읍니다. … 조국에 대한 충성은 생사를 초월한 나의 신조이고, 어느 애국자를 막론하고 다 같은 심경일 것입니다. 특히 과거의 우리 동지들은 현실의 포로가 되지 말고 우리의 이념을 살리기 위하여 최후까지 노력하시기 바랍니다.[122]

그는 "죄 없이 징역살이를 하거나 까닭 없는 굴복을 하느니보다 차라리 사형을 택"[123]함으로써 자신의 구명운동에 종지부를 찍었다.

전술한 것처럼 조봉암이 비록 1차 조선공산당과 고려공산청년회의 결성에 지도적인 역할을 담당했던 것은 사실이지만 그는 공산주의사회를 이상적인 정치사회로 상정하지는 않았다. 권대복은 조봉암을 처음 대면한 자리에서 "선생님께서는 왜 일정 때 공산당운동을 하셨습니까?"라고 질문하자 조봉암은 다음과 같이 대답하였다.

122. 임홍빈, 「죽산 조봉암의 죽음」, 『죽산』 4, 442쪽에서 재인용.
123. 같은 곳, 437쪽.

> 어허 내가 공산당운동을 했나, 우리나라 독립운동을 했지 … 레닌의 소비에트 정부가 피압박 약소민족의 해방을 위해 돕겠다고 하기에 우리나라 독립을 쟁취하기 위해서는 … 소련의 도움을 받을 필요가 있겠다 싶어 … 공산당에 참여한 것이었네. 그렇지만 그때 나의 지상목표는 우리의 독립이지 공산당운동이 아니었네.[124)]

그에게 있어 체제 혹은 정치이념은 행위주체인 인간이 그리는 이상적 정치사회의 구현을 위한 수단에 불과하였다.

조봉암이 본래부터 그렸던 이상적 정치사회는 진보당의 정책에서 분명하게 드러나는 바와 같이 자유, 평등, 정의에 바탕한 민주사회주의 국가건설이었다. 그가 지향한 민주사회주의 국가는 자본과 인간의 공존사회, 인민이 중심이 되는 정치사회였고, 그런 까닭에 자유계획경제를 진보당의 경제정책의 근간으로 삼았던 것이다. 그는 제2차 세계대전 이후의 세계사적 발전에 대한 냉철한 현실인식과 그에 대한 대응을 바탕으로 적극적인 참여정치와 개혁정치 하에서 평등지향적 민주사회주의 국가를 건설하고자 하였다. 그러나 조봉암의 민주사회주의 정치이념이 결실을 거두지 못하게 된 이유로는 크게 보아 두 가지로 해석할 수 있을 것이다. 그 첫째는 해방정국과 1950년대의 통치지배담론이었던 소아병적인 반공주의를 들 수 있으며, 둘째로는 '노동자계급의 부재' 라는 역사적 발전단계를 들 수 있을 것이다. '역사는 보수세력에 대항하는 진보세력의 등장을 통해 발전하여 왔다' 는 진

---

124. 권대복, 「영원한 정치지도자의 위상 조봉암」, 『죽산』 4, 482–483쪽.

보사관에서 출발하는 조봉암의 민주사회주의 정치이념은 객관적 토대, 즉 노동자계급이 미성숙한 사회발전 단계에서 앞서 나아갔던 것이다.[125] 비록 그 실현을 보지했지만 조봉암의 정치사상은 소극적인 관조 및 성찰, 냉소주의, 현실순응주의를 극복함과 동시에 객관적 현실인식에 대한 분석을 토대로 미래지향적 성격을 지니고 있다고 하겠다. 나아가 이러한 그의 인식은 민주사회주의 국가건설 이념으로 전개되었던 것이다.

126. 박명림, 앞의 글, 150쪽 참조.

참고문헌

【1차 자료】

❖ 조봉암, 「존경하는 박헌영 동무에게」, 『죽산 조봉암 전집』 1, 서울 : 세명서관 1999, 27-34쪽.

❖ ______, 「비공산정부를 세우자」(1946), 『죽산 조봉암 전집』 1, 39-40쪽.

❖ ______, 「북한동포에게 보내는 '멧세-지'에 관한 건」, 『죽산 조봉암 전집』 1, 41-46쪽.

❖ ______, 「헌법 초안 총평」, 『죽산 조봉암 전집』 1, 71-80쪽.

❖ ______, 「우리는 왜 개헌을 반대했나」, 『죽산 조봉암 전집』 1, 81-136쪽.

❖ ______, 「우리의 당면과업」, 『죽산 조봉암 전집』 1, 175-236쪽.

❖ ______, 「내가 본 내외정국」, 『죽산 조봉암 전집』 1, 237-294쪽.

❖ ______, 「신당은 어떻게 될 것인가?」, 『죽산 조봉암 전집』 1, 295-298쪽.

❖ ______, 「민의와 민주주의」, 『죽산 조봉암 전집』 1, 299-302쪽.

❖ ______, 「내가 대통령에 당선되면」, 『죽산 조봉암 전집』 1, 303-307쪽.

❖ ______, 「내가 걸어온 길」, 『죽산 조봉암 전집』 1, 325-370쪽.

❖ ______, 「나의 정치백서」, 『죽산 조봉암 전집』 1, 384-398쪽.

❖ ______, 「평화통일에의 길」, 『죽산 조봉암 전집』 1, 424-450쪽.

❖ ______, 「평화통일의 구체적 방안」, 『죽산 조봉암 전집』 1, 451-463쪽.

❖ ______, 「나의 옥중 생활기」, 『죽산 조봉암 전집』 1, 503-520쪽.

❖ ______, 「진보당 개회사」, 『죽산 조봉암 전집』 4, 1999, 28-33쪽.

【2차 자료】

❖ 권대복 편, 1985. 『進步黨』, 서울 : 지양사.

❖ 권희경, 1989, 『한국혁신정당과 사회주의인터내셔날』, 서울 : 태양.

❖ 김기승, 2003, 『조소앙이 꿈꾼 세계』, 서울 : 지영사.

❖ 김준엽 · 김창순, 1986, 『한국공산주의운동사』 1—5, 서울 : 청계연구소.

❖ 김학준, 「진보당 평화통일노선의 재평가 : 조봉암의 정치이념의 형성과정 및 내용과 관련하여」, 『죽산 조봉암 전집』 6, 1999, 171—216쪽.

❖ 나경석, 1920, 「세계사조와 농촌운동」, 『공제』 창간호.

❖ Marcuse, Herbert, 1964, 『One—Dimensional Man : Studies in the Ideology of Advanced Industrial Society』, Boston : Bacon.

❖ 박명림, 1999, 「한국민주주의와 제3의 길 : 민주주의, 사회적 시장경제, 그리고 평화 · 통일의 결합—조봉암 사례 연구」, 『죽산 조봉암 전집』 6, 109—170쪽.

❖ 박태균, 1995, 『조봉암 연구』, 서울 : 창작과 비평사.

❖ 박호성 편역, 1991.『사회민주주의와 민주사회주의』, 서울 : 청람.

❖ 서대숙, 1985, 『한국공산주의 운동사 연구』, 서울 : 화다.

❖ 서중석, 1991, 『한국현대 민족운동연구』, 서울 : 역사비평사 1991

❖ ______, 2000, 『조봉암과 1950년대』(상 · 하권), 서울 : 역사비평사.

❖ ______, 2002, 『비극의 현대지도자 : 그들은 민족주의인가 반민족주의자인가』, 서울 : 성균관 대학교 출판부.

❖ 신백우, 1920, 「소작인조합론」, 『공제』 2호.

❖ 심지연, 「국가형성기 조봉암의 활동」, 『죽산 조봉암 전집』 6, 47—70쪽.

❖ 유진오, 1980, 『헌법기초회고록』, 서울 : 일조각.

❖ 이승목, 1989, 「죽산 조봉암의 유훈」, 『죽산 조봉암 전집』 4, 서울 : 세명서관 1999, 387—417쪽.

❖ 이영석, 1983, 『죽산 조봉암 : 그의 슬픈 삶과 죽음의 이야기』, 서울 : 원음출판사.

❖ ______, 2000, 『조봉암, 누가 그를 죽였는가』, 서울 : 세상의 창.

❖ 임홍빈, 1965, 「죽산 조봉암의 죽음」, 『죽산 조봉암 전집』 4, 418—448쪽.

❖ 정태영, 1990, 「조봉암 사형, 미국은 왜 침묵을 지켰나」, 『역사비평』 겨울, 1991.
❖ ______, 1991, 『조봉암과 진보당』, 서울 : 한길사
❖ ______, 1999, 「일제하 민족해방투쟁과 조봉암의 공산주의운동에 관한 연구」, 『죽산』 6.
❖ ______, 1999, 「죽산 조봉암 선생의 죽음과 복권」, 『죽산 조봉암 전집』 4, 449－459쪽.
❖ 유병묵, 1960, 「사회대중당의 산업국유화정책」, 『사상계』 10.
❖ 유진희, 1920, 「노동운동의 사회주의적 고찰」, 『共濟』 2호.
❖ 윤길중, 1956, 「진보당조직의 의의와 그 주장」, 『죽산 조봉암 전집』 4, 서울 : 세명서관 1999, 151－161쪽.
❖ ______, 1956. 「진보당이 나가는 길」, 『죽산 조봉암 전집』 4, 140－147쪽.
❖ ______, 1957.「계획성 있는 경제체제」, 『죽산 조봉암 전집』 4, 121－139쪽.
❖ 서대숙, 1985, 『한국공산주의 운동사연구』, 서울 : 화다.
❖ 이영석, 1983, 『죽산 조봉암 : 그의 슬픈 삶과 죽음의 이야기』, 서울 : 원음출판사.
❖ ______, 2000, 『조봉암, 누가 그를 죽였는가? : 죽산 조봉암의 정치재판과 그 베일을 벗긴다』, 서울 : 세상의 창.
❖ 이정식/스칼라피노, 1987, 『한국 공산주의운동사』, 서울 : 돌베개.
❖ 이현주, 「해방후 조봉암의 정치활동과 인천(1945－48)」, 『죽산 조봉암의 정치적 리더십과 인천』, 새얼문화재단 창립 25주년 기념 심포지엄, 2000, 새얼문화재단.
❖ Seidemann, Marria, 1998, Rosa Luxemburg Leo Jogiches, Rowohlt. 주정립 옮김, 『어느 여성 혁명가의 사랑과 투쟁 Rosa Luxemburg : 나는 지배받지 않는다』, 서울 : 푸른나무, 2002.
❖ 조현연, 「1950년대 진보당의 당 활동과 1999년 진보정당운동」, 『죽산 조봉암 전집』 6, 217－258쪽.

❖ 최중갑, 1921, 「금일 조선의 노자관계」, 『개벽』.

❖ 홍원표, 2002, 『현대 정치철학의 지형』, 서울 : 인간사랑.

제 6 장

신민회(新民會)의 국가건설사상 :
공화제를 향하여

이승현(국회도서관 연구관)

Ⅰ. 서론

신민회는 근대의 길목에서 생성 · 소멸된 많은 국가건설사상의 작은 저수지라 할 수 있다. 신민회라는 작은 저수지에 모인 사상적 자양분은 3 · 1운동이라는 좀더 커다란 저수지로 흘러들어 갔고, 이후 한민족의 국가건설은 공화제를 기본 정치체제로 삼게 된다. 독립협회 이후 제기된 근대국가 건설 노력의 맥이 신민회로 이어지고, 신민회의 국가건설 노력은 다시 3 · 1운동으로 이어진 것이다. 3 · 1운동 이후 공화제 국가 건설이 독립운동 단체의 보편적 목표로 설정되는 데 신민회는 그 징검다리 역할을 하고 있다.

구한말의 애국계몽운동과 의병투쟁의 큰 흐름은 신민회를 통해 합류되었고 민족운동의 새로운 투쟁목표가 도출되었다. 신민회는 공화제 국가를 건설하기 위한 방법으로 초기에는 애국계몽운동의 흐름을 이어받아 자강독립의 노선을 걸어갔다. 그러나 신민회는 결성 초기에 갖고 있었던 "독립을 위한 자강론"을 극복하고 "자강을 위한 독립론", 즉 "독립을 해야 자강할 수 있다"는 선(先)독립론을 발전시켰다.

의병투쟁의 흐름을 이어받은 신민회는 의병투쟁으로부터 두 가지를 배웠다. 하나는 의병투쟁에 나선 민을 보며 민을 재인식하는 계기를 가졌다. 다른 하나는 의병투쟁을 보면서 무장투쟁의 중요성을 깨닫게 된 것이다. 무장투쟁의 중요성에 대한 신민회의 인식은 나중에 독립전쟁론으로 발전하게 되었다.

자강과 무장투쟁을 함께 주장하였다는 점에서, 그리고 민에 대해 새롭게 인식했다는 점에서 신민회는 애국계몽운동과 의병투쟁의 흐름을 계승하였다고 평가할 수 있다. 또한 선독립론과 독립전쟁론을 발전시킴으로써 다른 단체보다 한 걸음 더 나아갈 수 있었다.

신민회의 국가건설사상은 새로운 개념의 "민(民)"에서 출발한다. 신민회 이전의 민을 신민(臣民)이라고 한다면 신민회 이후의 민은 환골탈태하여 신민(新民)이 된다. 그리고 새로운 민은 주권의 담지자로서 국가건설의 주역인 것이다. 안창호는 "신민" 신채호는 "신국민"이라고 표현했지만 이는 모두 국가주권의 소재지가 군주가 아닌 민이라는 사실을 새롭게 발견하고 인식을 전환하는 데서 출발했다.

이 글의 연구시기는 1907년부터 1911년 9월로 한정한다. 이 기간은 신민회를 비밀리에 결성하고 강제로 해산되기까지 실질적으로 활동한 기간이다. 연구주제는 신민회가 근대국가를 건설하기 위해 구상했던 국가건설의 사상적 측면과 주요한 활동에 초점을 맞추기로 한다. 신민회와 관련된 자료와 활동을 바탕으로 연구를 진행함에 있어서 연구방법으로는 스프래건스의 진단과 처방론[1]을 활용할 것이다.

Ⅱ. 대내외 위기인식과 진단

1. 국권상실의 위기

한국은 1905년에 외교권을 상실하였고, 1907년 한일 신협약을 거쳐 1910년에 군주의 주권을 완전히 상실하였다. 상실한 군주의 주권을 대한의 국민이 계승하였다고 보는 주권불멸설에 따른다면 임시정부가 수립되기까지 논리적으로 주권의 공백은 없었다. 그러나 현실적으로 일본의 식민지가 되었던 것 또한 사실이다. 신민회를 결성한 시점인 1907년은 아직 주권을 완전히 상실하지 않은 상태였기 때문에 신민회를 중심으로 꺼져가는 국권의 불씨를 되살리기 위한 노력이 활발했던 시기였다. 많은 사람들은 이미 1905년에 국권상실의 위기를 인식하고 있었다. 당시 여론을 주도하던 언론 중의 하나였던《대한매

1. 이종은, 『현대정치이론의 이해』(나남, 1991); 이 방법을 국가건설 사상 연구에 적용한 예는 이종은, 「유길준의 국가건설사상」, 『한국정치학회보』, 38집 1호(2004)이 있다.

일신보》는 1905년 9월 27일자에서 국력이 허약해져서 외교권을 박탈당하고 일본의 침략 앞에 속수무책으로 당할 수밖에 없는 현실을 적고 있다. 국력이 허약해진 원인으로 지적할 수 있는 것은 신교육의 결핍, 애국심의 결핍, 실업의 결핍, 단체결성의 미약[2] 등이다. 많은 선각자들은 민족의 앞날에 대해 위기의식을 느끼고 있었다.

이로부터 2년 후 좀더 심화된 위기상황을 목도하며 이를 극복하기 위한 비밀결사로 신민회가 발족되기에 이른다. 신민회의 위기인식은 그 발기 취지서에 잘 나타나 있다. 신민회는 일본이 외교권을 박탈하여 외치를 좌우하고 있고, 외국인이 차관으로 앉아 실질적인 내정을 좌우하고 있는 비정상적인 국정상황을 비통한 심정으로 바라보고 있었다. 이런 위기상황 속에서 각종 이권과 영토의 할양이 이루어지면서 난국이 심화되고 있었다.[3]

신민회는 주권상실의 위기를 인식하고 위기를 극복하기 위한 처방을 찾기 위해 현실진단을 시도한다. 신민회는 당시 국권상실의 위기까지 몰리게 된 원인을 "민권"의 결여에서 찾았다. 민권이 없기에 나라는 아래로 일반 국민들은 몽매하고 애국심이 없으며 위로 지도층은 부패했다고 보았다. 신민회는 나라를 올바로 세우기 위한 출발점을 이 모든 것들을 새롭게 하는 데서 찾았으며, 이는 신민운동으로 발전했다.

신민회의 대표적 지도자 중의 한 사람인 안창호의 인식 속에서

2. 김용미, 「신민회의 국권회복운동과 정치사상」, 연세대 석사학위논문(1997), 38쪽.

3. 국사편찬위원회, 「대한신민회취지서」, 『한국독립운동사』(국사편찬위원회, 1966), 1025-1026쪽.

위와 같은 진단의 실마리를 찾을 수 있다. 그는 국권이 상실될 위기에 처한 원인을 전제군주제와 같은 낡은 제도와 의식에서 찾았다.[4] 군주주권체제는 이미 시대에 뒤떨어진 극복대상으로서 보다 빨리 국민주권에 바탕을 둔 공화체제를 수립해야 했으나 하지 못하였기 때문에 국권상실의 위기에 처한 것이라고 본 것이다.

이러한 인식전환 과정에서 민의 의미를 새롭게 발견하고 기존의 구민(舊民)을 신민(新民)으로 바꾸어야 한다는 당위를 찾아낸 것이다. 국권상실의 위기를 극복하기 위해서는 국민을 새롭게 하는 데서 시작해야 했고, 이 운동이 발전하면 결국 공화제에 기반한 새로운 문명국가를 건설할 수 있다는 논리로 발전하였다. 신민회는 “한국의 부패한 사상과 습관을 혁신하여 국민을 유신하며 … 유신한 국민이 통일 연합하여 유신한 자유문명국을 설립”한다는 활동목적을 갖고 있었다.

안창호와 더불어 신민회의 노선을 이끌던 주요한 인물 중 한 사람으로 신채호를 빼놓을 수 없다. 그는 신민사상을 더욱 발전시켜 위기를 극복하기 위한 20세기 신국민상을 제시하였다.[5] 신채호는 새롭게 해야 할 대상으로 다양한 분야를 지적하였다. 국민을 새롭게 하는 것만이 국권상실의 위기를 극복하고 새 나라를 건설할 수 있는 유일한 길이라고 보았다.

안창호와 신채호의 인식에서 볼 수 있듯이 국민주권사상을 확

4. 박만규, 「한말 안창호의 근대국민 형성론과 그 성격」, 『전남사학』, 11집(1997), 437쪽.

5. 신채호, 「20세기 新國民」, 《대한매일신보》, 1910년 2월 22일–3월 3일자.

립하고 국민주권을 실현하는 것이 위기극복의 유일한 길이라고 보았기 때문에 신민회가 이상적인 국가상으로 국민주권에 바탕을 둔 공화제를 설정하게 되는 것은 당연한 귀결이다.

2. 국민주권의식의 고취

신민회는 허물어져 가는 국가주권을 지켜내는 방법의 하나로 애국심을 고취하려 했다. 신민회는 애국심을 고취하기 위한 전제조건으로 국민주권의 실현을 명확히 인식하고 있었다. 군주주권을 해체하고 국민주권을 확립해야 애국심이 고취되고 이를 기반으로 국권을 회복할 수 있다는 인식구조인 것이다. 따라서 국권을 회복한 이후의 정치체제는 군주국가가 아니라 공화제를 이상국가로 설정하였다.

신민회는 국민주권이 확립되어야 내 나라라는 인식이 명확해지고 내 나라를 사랑하는 애국심도 생긴다고 보았다. 군주의 나라는 군주의 나라일 뿐 나의 나라는 아닌 것이다. 신민회의 논리는 군주의 나라에서는 충군의 단계에 머물 수밖에 없지만 국민주권사상에 의해 국민의 나라, 즉 국민 개개인이 내 나라라는 인식을 갖게 되면 애국의 단계로 발전할 수 있다는 것이다. 신민회는 나라를 사랑하는 마음, 애국심이 생겨날 때 국권회복도 가능하다는 희망을 갖고 국민주권의식을 고취하려 했다. 그러나 국민주권의식을 고취하는 것이 쉬운 일은 아니었다.

신민회 출범 초기 애국심에 대한 인식은 통용장정에 잘 나타나 있다. 신민회는 통용장정 제2절 8조에서 "해내해외를 막론하고 애국성이 유한 동포로써 일치단할 사"를 신민회의 주요한 활동으로 규정하고 있다. 애국심 있는 동포들을 모아 일치단결하여 국권수호를 위해 노력하자는 단순한 인식에서 출발하였다. 신민회는 나라가 흥하고 망하는 것은 사람들의 애국심이 있느냐 없느냐에 달려 있을 뿐이라고 보았다.[6] 애국심이 있으면 나라는 망하지 않으며, 망한 나라도 애국심을 잃지 않고 애국심을 고취하면 나라를 되살릴 수 있다고 본 것이다. 망국의 위기를 극복해야 한다는 논리의 연속선 위에 형식상 국가와 정신상 국가의 개념이 등장한다. 대한제국이 국권을 상실하게 되면서 신민회 후기에는 역사의식, 국가의식, 애국심의 외적 발현태로서 국가 또는 정부는 무너질 수 있지만 국가의식, 역사의식이 살아 있는 한 언제든지 다시 회복될 수 있다는 논리로 발전해 나갔다.

이러한 논리 발전과정에서 중요한 연결고리 역할을 하는 사상가는 신채호였다. 그는《대한매일신보》1909년 4월 29일자에서 국가를 정신상 국가와 형식상 국가로 나누어 인식하는 글을 실었다. 신채호는 당시 군주정체의 형식을 가진 대한제국의 멸망해 가는 현실을 부정 내지는 극복하기 위한 노력의 일환으로 이런 논리를 주장한 것으로 보인다. 현실 속에서 형식상 국가는 멸망해 가고 있지만 정신상 국가를 보전함으로써 이후 새로운 형식을 가진 국가를 재창출할 수 있다는 논리인 것이다. 이런 전체적인 과정을 연속적으로 인식할 때 궁극적으로는 국가가 망하지 않은 것이다. 그리고 정신상 국가를 보

6. 단재신채호선생기념사업회, 『개정판 단재 신채호 전집』(형설출판사, 1987), 141쪽.

전하는 원동력은 바로 신국민의 애국심이었고 애국심의 원천은 국민주권의식이었다.

신민회는 애국심을 고취하기 위해 많은 실천운동을 하였다. 대표적인 시도는 학교설립이었다. 많은 학교를 설립하고 그 학교를 통해 애국심을 고취하려 했던 것인데, 안창호가 설립한 대성학교, 이동휘의 보창학교, 이승훈의 오산학교의 활동이 두드러졌다.

학교교육을 통해 신민회가 주안점을 둔 것은 국가의식, 역사의식의 확립이었다. 신민회는 애국심에 기반한 국가의식, 역사의식, 주권의식이 살아 있으면 기회가 왔을 때 이 기회를 잘 활용하여 얼마든지 독립국가를 복원할 수 있다고 보았다. 신민회는 단순히 학교수를 늘리는 데 초점을 맞추지 않고 무엇을 위해 학교를 세울 것인가에 대한 명확한 인식을 갖고 있었다는 점에서도 다른 단체와는 구별되는 점이 있었다. 당시 개인과 가문의 명예를 위해 또는 영리를 위해 학교를 세운 사례도 많이 있었다는 현실을 고려할 때 신민회의 학교설립운동은 더욱 돋보이는 것이다.

신민회의 세 지도자인 윤치호, 안창호, 신채호는 애국심 고취에 대해 모두 기본적인 방향에는 공감했지만 구체적인 실현방법에 있어서는 자신의 사상적 입장에 따라 분화된 자세를 취하고 있다. 신채호는 애국심 고취를 위해 신문논설을 통한 활동을 가장 활발하게 펼친 인물이다. 그러나 이러한 활동의 한계를 누구보다도 정확히 알고 있었다. 그는 당시 계몽운동의 일환으로 활발히 전개되던 강연회를 비판하면서 강연회의 격정적인 감정표출로는 애국심을 불러일으키기 어렵다고 보았다. 또한 논설활동을 비판하면서 논객이 아무리 강개한 글을 써도 독자의 울분은 불러일으킬 수 있지만 애국심을 고취하지는 못한다고 보았다.

그는 강연회나 신문논설을 통한 계몽운동이 갖는 한계를 지적하면서 진정한 애국심은 실력양성을 뜻하는 것으로 보고 있다.[7] 그리고 실력양성의 방법은 타력에 의한 것이 아니라 자력에 의한 것을 뜻했다. 그리고 경제적 실력양성이 독립을 위한 전제가 아니라 경제적 실력양성의 전제가 독립이라는 점도 명확히 인식하게 된다. 신민회는 국민주권의식에 바탕을 두고 애국심을 고취하는 데서 망국의 위기를 극복할 수 있는 힘이 솟아나고 새로운 국가건설이 시작된다고 본 것이다.

Ⅲ. 자주독립의 방법과 전략

신민회는 국가건설을 위해 세 가지 방법을 제시했다. 자력적 실력배양론, 선독립론 그리고 독립전쟁론이다. 자력으로 실력을 배양해 보려 했던 신민회는 현실의 높은 장벽을 넘지 못하고 좌절하게 되며, 선 실력배양 후 독립의 논리는 선 독립 후 실력배양으로 변화한다. 실력배양을 통한 자주독립 노력에도 불구하고 국권을 상실하자 무장투쟁을 통한 즉각적인 독립을 모색하게 된 것이다.

신민회는 실력양성과 더불어 기회의 적극적인 활용도 강조하였

7. 위의 책, 133쪽.

다. 양자를 모두 강조했지만 양자의 선후에 대해서는 명확한 인식을 하고 있었다. 신민회는 기회를 놓치지 않고 잘 활용하기 위해서는 실력을 양성하고 철저히 대비하는 것이 가장 좋은 방법이라는 논리를 갖고 있다. 기회는 언젠인지 확정되어 있지는 않지만 반드시 올 것인데, 이때를 대비해 실력을 길러야 한다는 것이다. 신민회의 기관지 《대한매일신보》는 이에 대한 분명한 입장을 밝힌 바 있다. 1910년 1월 13일자에서 기회는 매우 중요한 것이고 좋은 기회가 온다면 매우 좋겠지만 일을 도모하는 데 있어서 가장 중요한 것은 실력이라는 요지의 글을 게재했다. 실력이 있을 때 찾아온 기회를 잘 활용할 수 있다는 것이다. 실력과 기회가 겸비될 때 진정한 성공을 거둘 수 있다는 논리는 독립과 국가건설의 기회는 반드시 오는데 그때를 대비해 실력을 양성해야 한다는 확신이 깔린 것이다.

그러면 실력과 정신 중에는 어느 것을 더 강조했을까? 신민회는 단연코 정신을 강조하고 있다. "정신만 있고 실력이 없으면 혹 성공할 길이 있을 수 있지만 실력은 있으나 정신이 없으면 멸망을 면할 수 없다."[8] 애국정신과 실력을 함께 강조하는 겸실력주의는 독립우선론, 정신분발론으로 전개된다. 이러한 논리 전개과정에서 신채호는 매우 중요한 역할을 한다. 따라서 다음에서는 국가건설을 위한 실력배양의 논리를 자력적 실력배양과 선독립론, 그리고 독립전쟁 준비론으로 나누어 분석할 것이다.

8.《대한매일신보》, 1909년 4월 1일자.

1. 자력적 실력배양론의 좌절과 선독립론

신민회는 실력배양을 강조하고 실력을 배양하기 위한 실천운동을 전개하였다. 당시 실력배양을 둘러싸고는 두 가지 입장이 경쟁적으로 제시되고 있었다. 하나는 선진 외국의 도움을 받아 실력을 배양하자는 타력적 실력배양론이다. 다른 하나는 선진 외국의 도움을 받지 않고 스스로 실력을 길러야 한다는 자력적 실력배양론이다.

물론 신민회는 외국의 도움 없는 스스로의 실력배양, 특히 국민의 실력, 즉 민력을 배양하는 것에 초점을 맞추고 있다. 이는 일본의 보호 또는 원조 아래 실력을 기르자는 논리를 제압하는 논리다. 당시 실력배양을 주장한 단체들은 많이 있었으며, 특히 일본의 보호 또는 원조 아래 실력을 양성할 수 있다고 보았다. 이에 비해 신민회는 자신에 입각한 자력적 실력배양을 주장했다.[9] 자력적으로 민의 실력을 배양하자는 신민회의 논리는 민에 대한 신뢰에 바탕을 둔 것으로 신민회가 지향하는 공화제와 일맥상통한다.

신민회의 기관지 《대한매일신보》는 1907년 10월 1일자에서 "대한의 독립은 대한인의 자력으로 획득하고 자력으로 보수하여야 완전독립"이라고 주장했고, 10월 21일자에서는 "우리의 독립을 위해서 타국이 원조하는 것은 심히 위태하고 또 자력을 크게 하기 위해서는 타국의 원조가 유익치 않을 뿐만 아니라 반대로 매우 해가 된다"는 견해

9. 박찬승, 『한국근대정치사상사연구』(역사비평사, 1992), 29-30쪽.

를 주장했다.

국민의 실력을 스스로 길러 독립을 쟁취하자는 논리인데, 이는 민주주의 사상과 접목되는 부분이 있다. 신민회가 사용하는 실력은 군주의 실력이 아니라 국민의 실력을 뜻하는 것이다. 즉 나라의 흥망성쇠는 나라의 주인인 국민이 실력이 있느냐 없느냐에 달려 있다는 전제가 깔려 있는 것이다. 나라의 주인이 국민이기 때문에 국민이 실력양성을 할 수 있으면 나라도 사는 것이고 그렇지 못하면 나라도 죽는 것이다. 따라서 나라의 주인인 국민을 새롭게 할 때 쓰러져 가는 나라도 바로 세우고 멸망한 나라도 재생할 수 있는 것이다. 자력적 실력양성론이 국민을 주체로 본 것은 이상적인 정치체제로서 공화제를 설정한 것과도 논리적으로 통하는 것이다.

신민회가 자력적 실력배양론을 발전시켜 타력적 실력배양론을 극복한 점을 긍정적으로 평가할 수 있다. 그러나 실력배양을 하는 것조차도 독립이 전제되어야 가능하다는 사실을 깨닫기까지는 아직 좀 더 많은 시간과 뼈저린 경험이 필요했다. 자력적 실력배양론은 현실 속에서 그 한계에 부딪히게 되며 이러한 경험들은 선독립론이 나올 수 있는 자양분이 된다.

신민회의 실력양성론은 경제부문에서 철저한 좌절을 겪었다. 신민회 통용장정 제2절 10조는 "실력을 확장하야 국체를 완전케 할 사"를 규정하고 있다. 신민회는 같은 장정 제2절 6조에서 "실업가에 권고하야 영업방침을 지도할 사"를 규정하였고, 7조에서는 "본회에 합자로 실업장을 설하야 실업계의 모범을 작할 사"를 규정하고 있다.

이런 장정의 내용을 볼 때 신민회의 목적에 동의한 사람들 중 상당수가 실물경제와 관련된 계층이었다는 점이 그렇게 놀라운 일이 아니다. 일제가 조작했던 105인 사건에 연루되어 123명이 기소된 바 있는데, 이 중 상공업자가 50명을 차지하였다.[10] 신민회는 안창호를 중심으로 일본상품 불매운동, 민족산업의 보호와 육성을 위한 상권수호운동 등을 전개하기도 했다. 또한 신민회는 민족산업을 진흥시키기 위해 관서자문론을 주장하기도 했다. 그러나 신민회의 산업진흥운동은 교육운동만큼 성공하지는 못했다. 애국심과 열정만으로 일본의 거대자본을 극복하기는 힘이 모자랐다. 이는 다시금 경제건설을 통한 국부증대가 국권회복과 독립에 얼마나 중요한가를 깨닫게 하는 경험이 되기도 했다.

신민회의 경제부문 운동은 실패했지만 그 의미가 전혀 없는 것은 아니었다. 첫째, 전통적인 사농공상의 가치관을 극복하는 계기가 되었다. 둘째, 합자형식의 기업형태와 근대적 경영방식을 제시하여 근대기업의 가능성을 보여주었다.[11]

신민회는 국민경제의식개혁운동을 추진하여 외국 자본주의의 경제침략에 대응하고자 했다. 국민의 의식을 개혁함으로써 경제적 독립을 확보하고자 했다. 예컨대 전통 유교사회의 상공업 경시사상을 극복하는 의식개혁을 통해 상공업의 중요성을 인식시키고 상공업을 장려하여 국부를 증대하고자 했다. 국부의 증대는 곧 국가의 실력이라고 생각한 것이다. 신민회가 경제실력론을 주장한 근본적인 이유는 정치적 독립은 경제자립이 바탕이 되어야 한다는 사상에서 출발한다.

---

10. 윤경로, 『105인 사건과 신민회 연구』(일지사, 1990), 79쪽.
11. 김청수, 「신민회 연구 : 조직과 활동을 중심으로」, 영남대학교 석사학위논문 (1985), 53쪽.

신민회는 경제실력론을 통해 당시 물밀듯이 밀려오는 일본의 경제침략에 대응하고자 했다. 즉, 산업을 진흥하는 것이 곧 애국이고 구국이라는 논리를 세운 것이다. 경제실력론은 실업구국론과 연결되었다.

신민회의 경제실력론을 긍정적으로 평가할 만한 실마리는 국가건설을 전제로 했다는 점에서 찾을 수 있다. 경제적으로 실력을 길러야 독립을 회복할 수 있다는 논리는 대개 사회진화론의 경쟁논리에 입각한 지식인 대부분이 생각하고 있었던 논리였다. 그러나 신민회의 경제실력론은 이것을 넘어섰다는 점에서 높은 평가를 받을 수 있다.

1909년 6월 18일자《대한매일신보》를 보면 독립국가의 전제조건으로 실력과 부강을 내세우는 것은 옳지 않다고 하여 자강론을 정면으로 반박하고 있다. 즉 경제적 · 정치적으로 완벽한 국력을 갖고 독립한 나라만 있는 것은 아니며, 오히려 그 반대가 진실이라는 인식이다. 기존의 대부분의 자강단체들이 실력을 길러야 독립을 할 수 있다는 논리에서 출발했다. 선실력양성론은 당시 현실을 고려할 때 부분적으로는 합리성을 지닌 것이었지만 사회개혁을 통한 실력양성은 국권의 유지와 분리하여 생각할 수 없는 것이다. 그럼에도 불구하고 자강론자들은 실력양성만을 주장함으로써 사실상 일본의 국권장악과 식민정책을 용인하는 결과를 가져왔다.[12)]

그러나 신민회에 가담한 신채호는 이를 극복하고 독립을 해야 경제적으로도 부강해질 수 있다는 논리를 주장한 것이다. 신민회는

12. 김명구, 「한말 · 일제강점 초기 신채호의 민족주의 사상」, 『단재 신채호의 현대적 조명』(도서출판 다운샘, 2003), 194쪽.

이처럼 선 독립, 선 국가건설론의 입장에서 경제문제에도 접근하였다는 점에서 다른 자강단체와는 다른 면을 보여주었다.

신민회가 자강론으로부터 선독립론으로 입장을 바꾸어 가는 과정은 신민회를 주도한 3인의 노선변화와 중첩된다. 윤치호, 안창호, 그리고 신채호 세 사람은 보기에 따라서는 상호 간의 공통분모를 찾기 어려워 보일 정도로 다른 입장으로 해석될 수 있는 여지도 있다. 그러나 분명히 이 세 사람 사이에는 공통분모가 있으며, 단지 이를 실천하는 방도를 달리하는 차이라고 볼 수 있다. 예컨대 윤치호가 명백한 선실력양성 후 독립의 입장이라면 안창호는 실력양성과 독립의 병행의 입장에 가깝고 신채호는 선독립 후 실력양성의 입장이라고 할 수 있다. 안창호의 경우 선실력양성 후 독립의 입장으로 분류하는 견해도 있다.[13] 신민회는 초기에는 선실력배양 후 독립론의 입장을 견지하였다. 1908년경까지는 대체로 선실력양성론의 입장이었다. 그러나 시간이 가면서 1909년 무렵부터는 선실력양성론을 비판하며 독립과 실력배양의 병행을 주장하게 되었고, 마침내 이를 완전히 극복하여 선독립 후 실력배양론의 입장으로 변화해 갔다.[14] 독립이 있어야 실력도 양성될 수 있다는 선독립론이 신채호 이후에 신민회의 기본 입장이 된 것이다.

13. 박찬승, 앞의 책, 105쪽.
14. 위의 책, 91쪽.

2. 독립전쟁준비론

신민회는 자력적 실력배양론에 따라 실천운동을 전개하였으나 목표하는 바를 달성하지 못하고 조선은 일본의 식민지가 되었다. 이에 새로운 방략을 구상하게 되었는데, 그 중 하나가 독립전쟁론이다. 신민회가 무장투쟁을 통해 국권을 회복하겠다는 노선을 걷게 된 것은 의병운동에 뿌리를 두고 있다. 신민회는 의병투쟁을 지지함으로써(《대한매일신보》, 1907. 8. 18) 과거 의병투쟁을 지지하지 않았던 독립협회와는 다른 입장을 견지했다.[15] 신민회가 의병운동을 지지한 것을 두 가지 측면에서 해석할 수 있다. 첫째는, 국민에 대해 신뢰하고 있었다는 사실이다. 독립협회는 민에 대한 신뢰가 없거나 있다 하더라도 약했기 때문에 의병운동을 비판하였지만 신민회 단계에서는 이를 극복한 것이다. 둘째는, 신민회의 독립전쟁론의 뿌리가 깊다는 실마리이기도 하다.

신민회에서 독립전쟁을 주장한 사람으로는 신채호를 대표적인 논자로 꼽는다. 그러나 안창호의 경우도 독립전쟁을 주장한 단초들이 밝혀진 바 있다. 안창호는 일본을 상대로 국권을 회복하기 위한 전쟁을 주장하였다. 그러나 즉각적인 개전을 주장하는 즉전론은 아니었고, 전쟁을 치밀하게 준비하여 결정적인 시기가 왔을 때 전쟁을 통해 국권을 회복할 수 있다고 본 것이다. 안창호는 "실력을 양성함에는 상당

15. 《대한매일신보》, 1907년 8월 18일자.

한 세월을 요하므로 그 실력이 생긴 때에 무력으로써 일을 도모하든가 혹은 정치적으로 일을 도모하든가를 정할 심산"이었다고 말하기도 했다.[16] 이처럼 안창호의 독립전쟁준비론은 일본과의 전쟁에 대비한 실력준비였고, 일제가 다른 제국주의 강대국과 충돌할 때 전쟁을 개시한다는 구상을 갖고 있었다.[17] 안창호의 논리는 철저하게 선준비 후 전쟁론이라고 할 수 있다.

이에 비해 신채호는 좀더 강도높은 무장투쟁을 통한 독립전쟁론을 강력하게 주장했다. 독립전쟁준비론은 국권상실 이후 다른 양상으로 전개해 나갔다. 장기적인 실력양성과 같은 준비에 방점이 찍힌 것이 아니라, 독립전쟁에 방점이 찍히면서 해외 독립군기지 건설과 무관학교 설립으로 발전하였다. 독립전쟁론은 1909년 봄에 본격적인 논의가 시작되었다.[18] 이때 외국의 적당한 지역에서 독립군 간부를 양성하기로 결정했다. 신민회는 1910년 3월 서울회의와 4월 청도회의를 거치면서 구체적인 독립전쟁을 준비하였다. 1910년 3월 간부회의를 통해 독립전쟁론을 국권회복의 최고전략으로 채택하였고, 국외 독립운동기지 건설사업안을 확정하였다.

독립운동기지 건설사업안은 크게 일곱 가지 항목으로 구성되었다. 첫째, 장백산 부근과 같이 일제의 통치력이 미치지 않고 국내 진입이 유리한 곳을 독립운동기지 후보지로 결정하였다. 둘째, 선정된 최적의 후보지에 일정한 면적을 구입확보한다. 셋째, 신한민촌을 건설하

16. 도산기념사업회, 『속 도산안창호』(도산기념사업회, 1954), 90쪽.
17. 박만규, 앞의 논문, 441쪽.
18. 원의상, 「신흥무관학교」, 《신동아》, 1969년 6월호, 236쪽.

고 경제적 자립을 도모한다. 넷째, 신한민촌에 다수의 애국청년을 보낸다. 다섯째, 신한민촌에 무관학교를 세우고 독립군을 양성한다. 여섯째, 중국의 북경무관학교에 국내의 애국청년을 입학시키고 간부로 육성하여 독립군 전력으로 확충한다. 일곱째, 양성한 독립군이 국내 진공하고 신민회가 호응하여 일제를 물리치고 국권을 회복한다.

1910년 4월 청도회의에서는 무관학교를 세우고 교관을 양성하며 전문기술자를 확보하는 내용을 결의하였으며, 신채호는 무관학교 교관으로 결정되어 블라디보스톡으로 떠났다. 그러나 1910년 8월 망국을 맞이하면서 이러한 계획들은 실천에 옮겨지지 못하고 일단 좌절하였다. 그러나 1910년 12월에는 독립운동기지 건설을 위한 선발대가 서간도로 이주하는 데 성공하였다. 1911년 1월과 9월에 신민회에 대한 탄압이 강화되었음에도 불구하고 간도 이주는 계속되어 신민회의 독립전쟁론에 근거한 교육기관과 항일단체가 속속 결성되었다.

신민회가 독립전쟁을 통해 국권을 회복하는 데까지 이르지는 못했다. 그러나 독립전쟁론을 긍정적으로 평가할 수 있는 측면이 있으며, 이를 네 가지로 정리할 수 있다.[19] 첫째, 간도에 독립운동기지와 무관학교를 설립함으로써 무장독립군활동의 모체가 되었다. 둘째, 무장투쟁을 지도할 새로운 지도사상을 확립하는데 일정한 역할을 했다. 셋째, 독립전쟁론은 1910년 이후 독립운동의 골격이 되었으며, 1919년 이후 일반화되었다. 넷째, 국외에서의 독립운동이 국내의 독립운동에 일정한 영향을 주었다.

19. 김청수, 앞의 논문, 66–67쪽.

Ⅳ. 공화제 국가의 모색

신민회를 높게 평가할 수 있는 중요한 근거 중의 하나는 근대적 민족국가의 정치체제로 공화제를 제시했다는 점이다. 신민회는 애국심을 고취하여 국권을 회복하고 공화제 국가를 건설한다는 구상을 갖고 있었다. 신민회는 공화제라는 이상적인 국가상을 명확하게 갖고 있었다는 점에서도 다른 단체와 구별할 수 있다. 신민회의 공화제 구상은 3 · 1운동과 임시정부를 거치면서 면면히 이어진 결과 1945년 광복 이후 남북한에서 공히 실체를 갖는 정치체제로 실현되기에 이른다.

1. 이상적 국가상

신민회는 이상적 국가로 공화제를 구상하고 있었고, 그 밑 바탕에는 명확한 주권재민의식이 깔려 있었다. 여기서는 공화제와 국민주권에 대한 신민회의 인식정도를 추적해 볼 것이다.

신민회는 「大韓新民會通用章程」에 적고 있듯이 자유문명국 수립을 최대의 활동목표로 설정했다.[20] 신민회의 자유문명국은 군주 1

20. 국사편찬위원회, 『한국독립운동사』(국사편찬위원회, 1965), 1028쪽.

인만 자유로운 나라가 아니라 다수의 국민이 자유로운 문명의 나라이다. 신민회는 대한을 혁신하기 위해 발기했는데, 부패한 사상과 관습을 혁신함으로써 국민을 새롭게 하고, 교육, 산업을 개량하여 경제역량을 강화하고, 새로운 국민이 통일하고 연합함으로써 자유문명국을 건설하겠다는 목표를 갖고 있었다.

이 자유문명국의 정체는 무엇일까? 신민회가 말하는 자유문명국은 바로 공화제를 정체로 한 국가이다. 신민회는 "유신한 자유문명국을 성립한다"고 했는데, 그 속뜻은 한국이 공화정체의 독립국이 되겠다는 것이다.[21] 당시 신민회의 활동을 조사하여 보고한 일본 사람은 "深意는 韓國으로 하여금 列國保護下에 共和政體의 獨立國으로 함에 目的이 있다"라고 적고 있다. 일인의 눈에도 신민회의 활동목적이 공화정체의 독립국가 건설이라는 점이 명확하게 드러난 것이다. 그런데 일인의 보고에는 "열국보호하"라는 말이 들어가 있어서 좀더 주의 깊은 분석이 필요하다. 일본은 공화제가 되었든 군주제가 되었든 "열국보호", 좀더 구체적으로 말하면 일본의 보호 아래 있게 되기를 기대하고 있었던 것으로 보인다.

신민회의 주요한 지도자 중 한 사람인 신채호는 "20세기 신국민"에서 좀더 명시적으로 공화제에 대한 구상을 밝힌 바 있다. 그는 "전제봉건의 낡고 고루함이 사라지고 입헌공화의 복음이 두루 퍼져 국가는 인민의 낙원이 되며, 인민은 국가의 주인"이 되는 세상을 문명의 진보로 적고 있다. 즉 입헌공화국을 이상적인 국가상으로 제시하고 있다. 신채호는 전제군주제를 타도하고 봉건제도를 타파함으로써

21. 위의 책, 1024쪽.

인민이 주인되는 공화제 국가를 건설할 수 있고, 인민은 공화제 국가 안에서 낙원을 찾을 수 있다고 본 것이다. 신채호의 주장은 정치적으로는 국민이 주인되는 공화주의, 경제적으로는 국민경제가 바탕을 이루고 있는 자본주의[22]를 뜻하는 것이었다. 안창호와 신채호의 사고에서 드러났듯이 신민회는 국민주권사상에 입각한 새로운 나라, 즉 입헌공화제의 민주국가를 이상적인 국가상으로 제시하고 있다.

한국의 근대국가 건설사상사를 추적해 보면 신민회에 와서야 비로소 공화제 수립을 이상적인 대안으로 공식화한 것을 알 수 있다. 그러면 신민회는 왜 공화제 국가를 건설하고자 했을까? 국민이 주인이 되는 공화제 국가만이 국가주권을 수호할 수 있다고 보았기 때문이다. 주권의 담지자로 국민을 명확히 인식했고 이러한 인식을 바탕으로 국민이 주인이 되는 나라 "공화제 국가"를 건설하려 했던 것이다.

신민회 단계에 와서야 국민주권에 대한 명확한 인식이 자리를 잡게 되기 때문에 공화제가 이상적인 국가상으로 제시된 것이다. 따라서 국민주권에 대한 신민회의 인식을 추적하는 작업은 매우 중요해 진다. 그 실마리는 안창호의 발언과 《대한매일신보》의 글에서 찾을 수 있다. 안창호는 공개강연에서 군주주권을 부정하는 발언을 했다.[23] 국가는 국왕 한 사람의 소유가 아니라고 말한 것이다. 이는 당시 상황에서는 대단히 부담스러운 일임에도 불구하고 용기를 내어 공개적으로 언급한 것이다. 국가가 국왕의 소유가 아니라면 누구의 소유일까? 당

22. 김용미, 앞의 논문, 48쪽.
23. 박만규, 앞의 논문, 436쪽.

연히 국민의 소유라는 인식이 바탕에 깔려 있었다.

1910년 무렵의 신민회는 국민과 주권의 불가분성을 강조하는 등 좀더 명확한 국민주권인식을 보여주고 있다. 신민회는 "국민이 있어야 주권이 있고 주권을 잃으면 국민의 권리도 잃게 되니 국민과 주권은 불가분의 관계이며, 국가란 민중의 단체요 주권은 민중의 힘을 합친 것이니 주권을 잃은 국민은 참다운 국민이 아니다"[24)](《대한매일신보》, 1910. 6. 19)라고 인식한 것이다.

국권상실의 경험과 국권상실 이후 의병운동을 통한 민의 대응이라는 현실도 신민회가 군주주권이 아닌 국민주권을 기본 사상으로 삼게 되는 과정에서 일정한 영향을 끼친 것으로 보인다. 군주주권체제 아래서는 황제가 주권을 갖고 있기 때문에 일본은 황제를 위협하여 주권을 빼앗아 갈 수 있었다. 또한 고종의 강제 퇴위 이후 전개된 후기 의병운동을 보면서 '민'에 대한 인식을 바꾸게 되었다.[25)] 주권의 형식적 담지자로서 황제의 무능과 주권의 실질적 담지자로서 민의 역할과 능력에 대해 재인식을 하게 된 것이다.

군주주권을 부정하고 군주주권을 극복하는 과정에서 국민주권사상을 대안으로 생각하게 된 것이다. 국가와 주권을 지키는 것은 군주가 아니라 국민 개개인임을 인식하는 것이 신민회가 생각하는 국민주권이고, 신민회가 지향한 국가체제는 군주제가 아닌 공화제로 귀결될 수밖에 없었다.

---

24. 《대한매일신보》, 1910년 6월 19일자.
25. 윤대원, 「한말 일제 초기 정체론의 논의 과정과 민주공화제의 수용」, 『중국현대사연구』, 제21집(2001), 66쪽.

사실 신민회 출범을 전후한 시기에는 입헌군주제와 입헌공화제가 전제군주제의 대안으로 고려되었다. 현실을 고려해 볼 때 많은 지도자들은 입헌군주제를 현실성 있는 국가상으로 생각하고 있었다. 안창호는 입헌군주제가 아닌 입헌공화제를 전제군주제의 대안으로 제시하였고, 그 근본 사상으로 국민주권사상을 강력히 주장하였다.

논리적으로는 설득력이 있지만 현실적으로 실현 가능성이 낮았던 안창호의 주장이 현실적인 힘을 얻게 된 계기는 고종의 퇴위였다. 실존인물로서 국왕이 존재하는 상황과 존재하지 않는 상황은 군주제 폐지를 전제로 한 공화제 건설론에는 현격하게 차이가 있다.

일제에 의한 강제퇴위 이후 군주제에 대한 반응은 두 가지가 가능했다. 첫째는, 외세의 간섭에 분노하며 강제퇴위된 군주를 복권시키려는 입장이다. 복벽주의 내지 보황주의라고 할 수 있는데, 이러한 흐름은 1910년 유인석, 이상설 등이 사망할 때까지도 여전히 유지되었다. 둘째는, 역사발전의 장애물로 간주된 국왕의 퇴위를 기정사실화하고 공화제로 나가려는 입장이다. 신민회는 두 번째 입장에 서 있었다. 신민회의 힘에 의한 것은 아니었지만 고종의 퇴위는 주권상실의 위기이면서 동시에 공화제 건설의 기회이기도 했다.

신민회는 공화제 국가를 건설하기 위한 방법론을 두 단계로 제시하였다. 신민회는 국권을 상실하기 전까지는 유신운동을 통해 국권을 지키고 공화제 국가를 건설할 수 있다고 생각했다. 그러나 신민회의 노력에도 불구하고 국권을 상실한 다음에는 독립전쟁을 통해 국권을 회복하고 공화제 국가를 건설할 수 있다고 보았다. 그래서 국권을 상실한 이후에는 독립전쟁을 준비하는 데 있어서 중심적인 역할을 자임하게 된다.

신민회가 채택했던 공화주의 노선은 신민회 해산으로 실현되지 못하였다. 독립협회 이래 두 번째 좌절이었다. 그러나 이상적인 국가상으로서 공화주의는 이상설의 신한혁명당운동이 실패한 뒤 1917년 등장하는 대동단결 선언으로 계승되었다. 조소앙이 기초했고 신민회의 신채호도 지지했던 「대동단결선언」에서 공화주의는 한민족의 공식적인 독립투쟁 노선으로 천명되기에 이른다.[26] 이 흐름은 1919년 3 · 1운동으로 이어졌고, 이후 독립운동 단체의 보편적인 목표로 공화제가 채택되었다. 독립운동을 거쳐 광복을 맞이하고 서양의 정치체제인 공화제가 비교적 성공적으로 대한민국의 정치체제로 안착하기에 이른다. 대한민국 제헌헌법 제1조는 대한민국은 민주공화국이다라고 규정하고 있다. 이런 일련의 맥락을 되짚어 보면 독립협회로부터 시작한 공화제의 수용과정이[27] 신민회라는 징검다리를 거쳐 대한민국의 정치체제로 자리잡게 되었음을 알 수 있다.

2. 신민신국론

신민회를 발기하면서 안창호는 두 가지 과제를 제시했다. 하나는 한민족을 근대국민으로 발전시키려는 신민운동이었고, 다른 하나

26. 김명구, 앞의 논문, 198–202쪽.

27. 최형익, 「한국에서 근대 민주주의의 기원」, 『정신문화연구』, 제27권 3호(2004), 3쪽.

는 한반도에 자주독립의 근대국가를 건설하려는 신국운동이었다.[28] 신민은 곧 주권을 가진 국민이고 신국은 국민주권에 입각한 자유문명 국가로서 민주공화제 국가인 것이다. 신민회의 국가건설 노선은 신민 신국론으로 요약할 수 있다. 앞에서 살펴본 대로 신국은 공화제국가임을 알 수 있다.

그러면 신민회가 생각하는 신민은 무엇일까? 신민회가 사용한 '신민'은 양계초의 신민설의 영향을 받은 것인데, 특히 사회진화론적 진보사상을 수용한 것이다.[29] 신민은 구민을 전제로 하며 민족성 개조를 염두에 둔 것이다. 구민은 군주제 아래의 신민(臣民)을 뜻하는 것이고, 이 신민(臣民)을 신민(新民)으로 바꾸기 위해서는 민족성을 바꾸어야 했다. 신민회가 생각한 민족성 개조는 자력적 개조로서 일본에 동화되는 것을 전제로 한 민족성 개조와는 차원이 다르다. 신민회는 개인이 스스로를 개조해야 한다고 보았다. 일본이 말하는 민족개조와 다른 점은 이 민족 개조, 개인 개조가 타인, 타국과 같은 타력에 의한 것이 아니고 스스로에 의한 자기 개조여야 한다는 점이다. 개조의 핵심은 주권의 담지자로서 국민주권의식을 갖도록 하는 것이다.

안창호는 "한국민족 전체를 개조하려면 그 부분의 각 개인을 개조하여야 하겠고, 각 개인을 다른 사람이 개조하여 줄 것이 아니라 각각 자기가 자기를 개조하여야 한다"고 인식했다.[30] 신민이 되기 위해 민족성을 개조해야 했는데, 그 범주는 사상, 교육, 도덕, 문화, 실업, 정

28. 박만규, 앞의 논문, 429쪽, 435쪽, 437쪽.
29. 조동걸, 『한국민족주의의 성립과 독립운동사연구』(지식산업사, 1989), 85쪽.
30. 주요한, 『安島山 全書』(三中堂, 1963), 6쪽.

치, 사회 등 거의 모든 영역에 걸쳐 있다. 유신된 시민들이 연합 단결하여 새 사회, 새 나라를 건설하자는 것이다. 신민회는 신민이 스스로(自) 새로워지는(新) 자신의 과정을 거쳐 새롭게 탄생한 유신된 국민이라고 했다. 신민회는 신민이 과거 스스로 새롭게 태어나지 못하였기 때문에 현재 나쁜 결과를 얻게 되었지만 나라를 위하는 길은 역시 스스로 새로워지는 것뿐이라고 밝히고 있다.[31] 타력에 의한 새 나라 새 국민운동이 아니라 자력에 의한 새 나라 새 국민운동을 주장한 것이다.

신민에 대해서 신채호도 언급한 바 있다. 신채호가 처음부터 신민을 강조한 것은 아니었다. 1908년 8월 이전의 신채호는 신민 또는 국민보다는 영웅에 더 많은 관심을 갖고 있었다. 당시 지식인들이 대개 그러했듯이 부국강병을 통해 제국주의 국가로 성장하는 것을 최상의 목표로 설정했기 때문에 개인의 권리보다는 국권을 보전하기 위한 애국심을 강조했고, 민중은 단지 계몽의 대상이었기 때문에 이들을 지도할 영웅의 존재가 필요했다.[32]

그러나 1908년 8월 발표한 글을 통해 영웅사관을 극복하고 국민의 잠재력에 주목하는 인식의 전환을 보여준다. 국민에 대해 이렇게 전환된 인식은 20세기 신국민을 발표하면서 절정에 이른다. 신채호는 신국민론을 제기하면서 "신국민은 전제군주 아래서의 신민이 아닌 국민주권체제 아래서의 국민을 가리키는 것으로서, 신국민의 조건으로 평등, 자유, 정의 등의 도덕, 상무교육, 국민경제, 국민적 종교"를 지

31. 국사편찬위원회, 앞의 책(1966), 1026–1027쪽.
32. 김도형, 『대한제국기의 정치사상 연구』(지식산업사, 1994), 116–123쪽.

적하고 있다[33](《대한매일신보》, 1910. 2. 22).

신채호는 어떤 계기로 영웅사관을 극복하고 인식을 전환했을까? 가장 가능성이 높은 계기는 당시 활발하게 전개되었던 의병운동에서 찾을 수 있다. 1907년 8월 고종의 강제폐위와 군대해산을 계기로 전국적으로 의병운동이 확대발전하였다. 1908년–1909년의 2년 동안은 후기 의병운동이 최고절정에 이르렀다. 당시 의병장의 격문 등에 나타난 민에 대한 인식은 일정한 한계를 갖고 있다. 그럼에도 불구하고 후기 의병운동을 계기로 민을 국가의 실체, 국가와 민족의 구성인자, 또는 실질적 주권자로서 인식해 가는 단초 들이 나타났다.[34] 후기 의병운동을 목격하면서 신채호도 더 이상 영웅의 등장을 기다리기보다는 새롭게 탄생한 민에 주목하고 신국민의 탄생을 염원하게 된 것이다.

신민회는 어떻게 신민운동을 전개했을까? 신민회는 민주주의 사상에 기초하여 국가는 국민의 것이며 국가의 부강은 국가를 이루고 있는 국민의 부강에서 나온다고 보았다. 따라서 그들의 실력양성은 신민(新民)의 힘, 즉 시민의 힘을 기르는 것을 뜻했다. 이 신민은 다름 아닌 시민을 뜻하는 것이었기 때문에 신민회의 주장은 시민형성을 통해 독립을 쟁취하고 새로운 공화국을 건설하겠다는 것과 다름 아니다.

신민회는 신민운동의 일환으로 국가의식을 함양하고 국민역량을 강화하기 위해 교육사업에 많은 노력을 쏟았다. 신민회는 통용장정 제2절 3조와 4조에 교육에 관한 과제를 규정하고 있었다. 3조에서

33. 《대한매일신보》, 1910년 2월 22일자.
34. 윤대원, 앞의 논문, 68쪽.

는 "정미한 학교를 건설하야 인재를 양성할 사"를 규정하였고, 4조에서는 "각처 학교의 교육방침을 지도할 사"를 규정하였다.

이 장정에 따라 교육사업을 열정과 헌신으로 추진하였다. 안창호가 세운 대성학교는 이 중에서 가장 성공한 사례로 들 수 있다. 이에 버금가는 것으로 오산학교, 보창학교가 있다. 대성학교를 통해 안창호는 지식계발뿐만 아니라 애국주의와 건전한 인격의 양성을 강조하였다. 애국주의를 통해 국가의식을 고취하였던 것이다. 새로운 교육을 받은 새 세대의 역량으로 독립을 쟁취하겠다는 논리인 것이다. 신민회가 국가의식과 국민역량을 확충하기 위해 노력한 사업 중에서 가장 성공한 영역이 교육부문이라고 할 수 있다.

신민회가 교육을 통해 궁극적으로 얻고자 했던 것은 민의 개혁이었다. 안창호는 신민, 신채호는 신국민이라고 표현했지만 이는 모두 근대적 의미의 시민 개념과 크게 다르지 않았다. 신민회는 신민 또는 신국민, 즉 시민형성을 통해 독립된 국가로 나아가고자 했다. 적자 생존의 냉엄하고 치열한 국제경쟁에서 살아남기 위해서는 국가 간 경쟁에서 승리해야 했다. 국가 간 경쟁을 수행하는 실질적인 주체는 결국 국민이고, 이러한 경쟁주체로서 국민을 새롭게 하지 않는다면 국가 간 생존경쟁에서 승리하는 것은 불가능하다. 신민회가 신국민을 형성해야 독립국가를 건설할 수 있다고 본 이론적 기저에는 "생존경쟁"이라는 진화론이 자리잡고 있었다.

신민회의 주요 구성분자들을 살펴보면 서구 근대 시민사상의 영향을 받은 사람들이 많았다. 중산 시민층과 개화된 신 지식인층들로서 과거 독립협회 시절 만민공동회 활동을 하던 청년들이 주축을 이루고 있다. 이들이 주도하는 신민회가 시민형성에 관심을 갖는 것은 역사적 맥락을 갖고 있는 것으로 자연스러운 결과였다.

시민형성우선론에 입각한 신민회의 독립론에 대해서 윤치호, 안창호, 신채호는 모두 공감하고 있다. 독립을 해야 진정한 의미의 시민이 형성될 수 있다는 발상은 현대에서도 주목할 만한 논리이다. 근대적 의미의 시민이 형성되기 위해서는 주권이 전제되어야 하기 때문이다. 주권의 담지자인 시민이 형성되기 위해서는 국민주권사상에 입각한 공화제 국가건설이 전제조건이다.

시민형성이 먼저냐 국가건설이 먼저냐 하는 질문은 신민회에 있어서는 같은 의미일 수가 있다. 신민회에 있어서 시민형성과 국가건설은 두 개의 서로 다른 과제가 아니라 독립이라는 하나의 과제의 서로 다른 면이었을 뿐이기 때문이다. 시민형성을 위해서는 독립된 주권국가가 반드시 전제되어야 한다. 따라서 주권을 상실한 당시는 시민이 형성될 수 없는 것이다. 시민을 형성하기 위해서도 독립은 필요한 것이 되었다. 시민형성우선론은 독립우선론으로 연결될 수밖에 없는 논리를 갖고 있다.

V. 결론

신민회가 독립을 목표로 했을 때 구상했던 국가체제는 공화제였다. 신민회 운동의 궁극적인 목표인 공화제 독립국가 건설은 좌절되었다. 신민회의 활동이 좌절로 끝났지만 그 사상적 맥락은 매우 중요한 의미를 갖고 있다. 신민회는 독립협회 이래 근대 민족국가 건설의 이상적인 정치체제로 제기된 공화제를 사상적 근간으로 삼아 활동했다. 신민회의 사상적 족적은 3 · 1운동 이후 각 운동단체들이 독립국가의 정체로 공화제를 수용하게 되는 징검다리 역할을 한 것이다. 좀 더 시야를 넓히면 임시정부를 거쳐 대한민국이 공화국으로 탄생하게 되는 길목에는 신민회의 새나라 운동이 자리잡고 있는 것이다. 대한민국 헌법 제1조의 대한민국은 민주공화국이라는 조항의 역사적 뿌리는 임시정부와 3 · 1운동뿐만 아니라 신민회까지도 거슬러 올라갈 수 있다.

신민회는 당시의 애국계몽 단체들이 주장하던 자강독립론에 더하여 선독립론을 발전시켰다. 신민회가 처음부터 선독립론을 주장한 것은 아니다. 오히려 초기에는 선 실력배양 후 독립론의 입장을 견지하였다. 1908년경까지는 대체로 선 실력양성론의 입장이었다. 그러나 시간이 가면서 선 실력양성론을 비판하며 독립과 실력배양의 병행을 주장하게 되었고, 마침내 이를 완전히 극복하여 선 독립 후 실력양성론의 입장으로 변화해 갔다. 이 변화의 계기는 신민회가 시도했던 경제적 실력배양운동이 처참하게 실패한 데 있었다.

신민회의 사상적 지주는 발기인 안창호, 회장 윤치호, 그리고 신채호였다. 이들 각각의 사상적 특성에 따라 노선의 변화 · 발전이 있었다. 윤치호는 신민회의 교육과 계몽을 통한 실력양성론을 적극적으로 지지하였지만 독립군 기지를 통한 국권회복운동을 강력하게 지지하지는 않았다. 안창호는 기회와 실력을 동시에 강조하는 입장이었다. 실력을 길러 기회를 만들어 가고 기회가 만들어지면 그동안 준비한 실력을 발휘하여 적극적으로 독립을 쟁취하자는 입장이다. 특히 실력양성을 자력으로 해야 한다는 자력적 실력양성론의 입장이라고 할 수 있다. 안창호의 노선이 현실 속에서 철저하게 좌절을 겪고 자력적 실력양성을 하기 위해서도 독립이 전제되어야 한다는 사실을 깨닫게 된다.

그래서 신채호는 적극적인 무장투쟁을 통해 국권을 회복하자는 입장에서 서게 된다. 신채호는 실력양성이 있은 후에 국가독립이 있는 것이 아니라 국가의 독립이 부강의 전제조건이 된다는 입장이다. 이러한 맥락에서 신민회는 독립군기지 건설도 추진하였던 것이다. 이처럼 신민회의 국가건설 노선은 초기 수용했던 자강독립론을 극복하고 선 독립론으로 발전하였다.

신민회는 제국주의를 비판하였다. 그러나 신민회가 지향했던 부국강병의 최종 형태는 강자가 되는 것이었다. 제국주의 침략을 비판적으로 보았지만 강국이 됨으로써 독립을 할 수 있고 독립을 하는 것도 강국이 되기 위해서라는 이율배반적인 논리를 극복하기 어려웠다. 이런 이율배반적인 논리를 갖고 제국주의 아래서 제국주의를 극복하고 식민지 사회의 변동과 근대화의 문제를 이끌어 가기에는 역부족이었다.

그러나 이 모든 것들에도 불구하고 신민회가 이상적인 국가상으로 공화제를 지향하였다는 점을 기억할 필요가 있다. 신민회가 공화제를 지향하며 신민, 신국민, 즉 근대적 의미의 시민의 역할에 주목하였다는 점에서 평가받을 가치가 있다. 신민의 탄생을 통해 당시 한국이 처한 위기를 극복할 실마리를 찾고자 했다. 신민회는 시민의 주권의식이 부족하여 국가의 위기가 왔다고 진단하고 여기서 처방을 구했다. 신민회의 처방은 당연히 국민주권사상에 바탕을 둔 공화제 국가건설로 모아질 수밖에 없었다. 신민회의 처방은 단기적으로는 실패했지만 신민회의 처방은 옳았기 때문에 이후 한민족의 근대적 국가건설운동은 민주공화제를 향하여 매진했고 대한민국은 공화제 국가로 출발할 수 있었다. 대한민국이 민주공화제를 채택하는 데 아무런 이견이 없었고, 이후 비교적 성공적으로 자리잡게 되는 역사적 뿌리는 임시정부, 3 · 1운동, 신민회, 나아가 독립협회로 거슬러 올라갈 수 있는 공화제에 대한 민의 열망으로 모아질 수 있다.

참고문헌

❖《공립신보》

❖《대한자강회월보》

❖《대한매일신보》

❖《대한협회회보》

❖《서북학회월보》

❖《신한민보》

❖《황성신문》

❖「안악-신민회사건 판결문」, 1977, 『한국학보』 8.

❖ 강만길, 1978, 「한국독립운동의 역사적 성격」, 『아세아학보』 21권 1호.

❖ 강만길, 1985, 『한국민족운동사』, 한길사.

❖ 강만길, 이우성 편, 1985, 『한국의 역사인식』 상 · 하, 창작과 비평사.

❖ 강재언, 1981, 『한국의 개화사상』, 비봉출판사.

❖ 강재언, 1987, 『한국의 근대사상』, 한길사.

❖ 권희영, 1980, 「대한자강회의 사회사상과 민족운동」, 『논문집』 제2집(해군사관학교).

❖ 김도형, 1994, 『대한제국기의 정치사상 연구』, 지식산업사.

❖ 김명구, 2003, 「한말 · 일제강점 초기 신채호의 민족주의 사상」, 『단재 신채호의 현대적 조명』, 도서출판 다운샘.

❖ 김명배, 1981, 「윤치호박사의 영학」, 『금랑문화논총』 제668호.

❖ 김명숙, 1979, 「단재 신채호의 독립혁명사상」, 『서울대』 2호.

❖ 김병기, 2000, 「도산안창호와 서간도 독립운동 단체」, 『도산사상연구』 제7집.

❖ 김숙자, 1992, 「신민회연구-사상분석을 중심으로」, 『국사관논총』 32.

❖ 김영국, 1969, 「한말 민족운동의 계보적 연구」, 『한국정치학회보』 3집.

❖ 김영식, 1932, 『평양대성학교와 안창호』, 삼천리사.

❖ 김영의, 1934, 『윤치호선생략전』, 기독교조선감리회총리원.

❖ 김영작, 1989, 『한말 내셔널리즘 연구 : 사상과 현실』, 청계.

❖ 김영호, 1971, 「단재의 사상 : 애국계몽사상을 중심으로」, 『나라사랑』 3집 여름호.

❖ 김영호, 1971, 「단재의 생애와 활동」, 『나라사랑』 3집 여름호.

❖ 김영호, 1972, 「실학과 개화사상의 연관문제」, 『한국사연구』 8집.

❖ 김영호, 1976, 「단재 신채호의 사관」, 『독서생활』 6집.

❖ 김용미, 1996, 「신민회의 국권회복운동과 정치사상」, 연세대학교 석사학위논문.

❖ 김윤경, 1963, 「도산의 생애와 독립운동」, 《조선일보》 3월 8일.

❖ 김의환, 1974, 『의병운동사』, 박영사.

❖ 金淸壽, 1985, 「신민회 연구 : 조직과 활동을 중심으로」, 영남대학교 석사학위논문.

❖ 김춘현, 1972, 「도산안창호의 교육사상」, 공주교대 논문집 제9집.

❖ 김태영, 1985, 「개화사상가 및 애국계몽사상가의 사관」, 『한국의 역사인식 하』 창작과 비평사.

❖ 김한식, 1980, 「정치사상면에서 본 '실학'의 의미규정」, 『한국학보』 19집.

❖ 김형효, 1973, 「단재 그 주체사관의 그늘 : 신채호의 역사의식에 대한 철학적 비평」, 『문학사상』 13집.

❖ 김홍일, 1987, 『한국근대민족주의 운동연구』, 금문당.

❖ 단재신채호선생기념사업회, 1987, 『개정판 단재 신채호 전집 : 상중하 별집』, 형설출판사

❖ 단재신채호선생기념사업회편, 1986, 『단재 신채호와 민족사관』, 형설.

❖ 대전대학교 직역협력연구원 엮음, 2003, 『단재 신채호의 현대적 조명』, 도서출판 다운샘.

❖ 도산기념사업회, 1954, 『속 도산안창호』, 도산기념사업회.

❖ 무정부주의운동사 편찬위원회편, 1983, 『한국 아나키즘 운동사』, 형설.

❖ 문승익, 1976, 「한국 근대정치사상의 논리적 성격 : 자주사상의 구조」, 『한국정치학회보』 10집.

❖ 민경배, 1978, 「초기 윤치호의 기독교신앙과 개화사상」, 『동방학지』 19집 특간 국학개요 1.

❖ 박만규, 1997, 「한말 안창호의 근대국민 형성론과 그 성격」, 『전남사학』 11집.

❖ 박명규, 1984, 『도산안창호의 사회사상』, 지식산업사.

❖ 박상환, 1999, 「한국 근대 민족운동가들의 지도노선에 대한 비교검토 : 이승만, 안창호, 이동휘, 신채호를 중심으로」, 『홍익대인문과학』, 12.

❖ 박영석, 1983, 「일제하 서간도지역 공화적 민족주의계열 한국독립운동단체에 관한 연구」, 『성곡논총』 14집.

❖ 박영석, 1984, 『일제하독립운동사연구』, 일조각.

❖ 박정신, 1977, 「윤치호연구」, 『백산학보』 제23호.

❖ 박찬승, 1990, 「한말 자강운동론의 각 계열과 그 성격」, 『한국사연구』 68.

❖ 박찬승, 1992, 『한국근대정치사상사연구』, 역사비평사.

❖ 박충석, 1982, 『한국정치사상사』, 삼영사.

❖ 박현환, 1954, 『속 도산안창호』, 삼협문화사.

❖ 박현환, 1955, 『흥사단 운동』, 흥사단 본부.

❖ 서중석, 1989, 『한국근현대의 민족문제연구』, 지식산업사.

❖ 선우훈, 1955, 『민족의 수난—백오인사건 진상』, 독립정신보급회.

❖ 신복룡, 1999, 「신채호의 민족주의」, 『한국의 정치사상가』, 집문당.

❖ 신용하, 1977, 「신민회의 창건과 국권회복운동」 상 · 하, 『한국학보』 8집, 9집, 일지사.

❖ 신용하, 1980,「신채호의 애국계몽사상 상하」, 『한국학보』 19, 20집.

❖ 신용하, 1982, 『신채호의 사회사상 연구』, 한길사.

❖ 신용하, 1983, 「신채호의 민족주의와 무정부주의」, 『성곡논총』 14집.
❖ 신용하, 1985, 『한국민족독립운동사연구』, 을유문화사.
❖ 신용하, 1987, 「신채호의 초기민족주의사관과 후기민족주의사관」, 『한국근대사회사상사연구』, 일지사.
❖ 신용하, 1990, 「신민회와 대한매일신보의 민족운동」, 『산운사학』, 4.
❖ 신일철, 1974, 「신채호의 민족사관 역사이론」, 『성곡논총』 5집.
❖ 신일철, 1975, 「단재의 진화론적 사관」, 『문학사상』.
❖ 신일철, 1977, 「신채호의 무정부주의 사상」, 『한국사상』 15집.
❖ 신일철, 1978, 「한국독립운동의 사상사적 성격」, 『고대아세아 연구』 59집.
❖ 신일철, 1981, 『신채호의 역사사상연구』, 고려대학교 출판부.
❖ 신일철, 1990, 「신채호의 근대적 국사상 발상과정」, 『한국사상』 18집.
❖ 신채호, 1977, 『단재 신채호전집』, 형설출판사.
❖ 신채호, 1910, 「20세기 新國民」, 《대한매일신보》, 2. 22–3. 3일자.
❖ 안병직, 1973, 「단재 신채호의 민족주의」, 『창작과 비평』.
❖ 안병직, 1973, 『신채호』, 한길사.
❖ 안창호, 1973, 『안창호논설집』, 을유문화사.
❖ 안헬렌, 1963, 「도산과의 일생」, 《동아일보》, 3월 15일.
❖ 애국동지회편, 1956, 『한국독립운동사』, 애국동지회.
❖ 양병우, 1972, 「민족사와 세계사 : 단재사학과 프로이센학파의 비교」, 『신동아』 3월호.
❖ 양재혁, 1987, 「서구문화의 영향과 전통유교가치관의 변화 : 신채호와 신국민론」, 『동양사상과 마르크시즘』, 일월서각.
❖ 역사문제연구소, 1990, 『민족해방운동사』, 역사비평사.
❖ 원의상, 1969, 「신흥무관학교」, 『신동아』 6월호.
❖ 유호열, 1973, 「독립협회의 민권사상연구」, 『사학연구』 제22호.
❖ 유호열, 1979, 「윤치호의 전통관과 국가관」, 『사학연구』 제29호.
❖ 유호열, 1983, 「개화초기의 윤치호 연구」, 『숭실 사학』 제1집.

❖ 유호열, 1997, 『대한제국기의 민족운동』, 일조각.
❖ 윤경로, 1983, 「백오인사건의 일연구」, 『한성사학』 창간호.
❖ 윤경로, 1990, 『105인 사건과 신민회 연구』, 일지사.
❖ 윤경로, 1992, 「신민회활동의 경제적 기반」, 『한민족독립운동사논집』.
❖ 윤경로, 2001, 「105인사건」, 『내일을 여는 역사』 제6호(가을호).
❖ 윤대원, 2001, 「한말 일제 초기 정체론의 논의 과정과 민주공화제의 수용」, 『중국현대사연구』 제21집.
❖ 윤병민, 1977, 「1910년대의 한국독립운동」, 『한국근대사론』 II, 지식산업사.
❖ 윤병석, 2000, 「도산안창호의 애국계몽운동과 독립운동」, 『도산사상연구』 제7집.
❖ 윤치호, 『윤치호 일기 : 일제시대편』, 미간행.
❖ 윤치호, 1926, 「독립협회의 시종」, 『신민』 제14호(6월).
❖ 윤치호, 1930, 「회교 30년」, 『조선남감리교회 삼십년 기념보』, 조선남감리교회전도국.
❖ 윤치호, 1931, 「독립협회의 활동」, 『동광』 제26호 (10호).
❖ 윤치호, 1973–76, 『윤치호일기 : 개화기편』, 국사편찬위원회.
❖ 윤치호, 1980,『윤치호 서간집』, 국사편찬위원회.
❖ 이광린, 1980, 「구한말 신학과 구학과의 논쟁」, 『동방학지』 23 · 24집.
❖ 이광린, 1981, 「개화당의 형성」, 『개화당연구』, 일조각.
❖ 이광린, 1981, 「구한말 진화론의 수용과 그 영향」, 『한국개화사상연구』, 일조각.
❖ 이광린, 1981, 『한국개화사상연구』, 일조각.
❖ 이광린, 1984, 『한국근대정치사연구』, 사계절.
❖ 이광수, 1959, 『도산안창호』, 대성문화사.
❖ 이광수, 1962, 「규모의 인 윤치호씨」, 『이광수전집』 17권, 삼중당.
❖ 이기백, 1963, 「민족사관의 문제 : 단재와 육당을 중심으로」, 『사상계』 11권

2호.

❖ 이만열, 1980, 「단재 사학의 배경과 구조」, 『창작과 비평』, 여름호.

❖ 이명현, 1985, 「개혁적 창조와 사회」, 도산사상연구회.

❖ 이용희, 1977, 『한국민족주의』, 서문당.

❖ 이원순, 1982, 「애국계몽운동의 해석과 평가」, 『한국근대사의 재조명』.

❖ 李鍾殷(역), 1991, 『현대 정치이론의 이해』, 나남, Spragens, Thomas Arthur Jr., *Understanding Political Theory*, New York : St. Marin's Press.

❖ 이형반, 1975, 「도산안창호의 이상촌건설운동」, 『제주대 논문집』 7.

❖ 이형반, 1980, 「도산사상연구사의 점검」, 『기러기』 11호.

❖ 임종국, 1980, 「일제말 친일 군상의 실태」, 『해방전후사의 인식』, 한길사.

❖ 임종국, 1982, 『일제침략과 친일파』, 청사.

❖ 장이욱, 1970, 『도산의 인격과 생애』, 대성문화사.

❖ 장이욱, 1979, 『도산안창호』, 태극출판사.

❖ 장하진, 1981, 「윤치호의 민족주의와 근대의식」, 『인문과학논문집』 제VIII권 제1호, 충남대학교 인문과학연구소.

❖ 전영택, 1954, 「내가 본 안도산」, 『새벽』 9월호.

❖ 전택부, 1978, 『한국기독교청년회운동사』, 정음사.

❖ 정창열, 1988, 「한말 신채호의 역사인식」, 『손보기박사정년기념한국사학논총』.

❖ 조동걸, 1993, 『한국민족주의의 발전과 독립운동사연구』, 지식산업사.

❖ 조항래, 1976, 「구한말 사회단체의 구국운동」, 『성곡논총』 7집.

❖ 朱耀翰. 1963. 『安島山 全書』. 三中堂.

❖ 주요한, 1975, 『인격혁명 상 · 하』, 대성문화사.

❖ 주요한, 1981, 「도산의 미주시절」, 『나라사랑』 제39집.

❖ 주진오, 1988, 「독립협회의 사회사상과 사회진화론」, 『손보기박사정년기념한국사학논총』.

❖ 지명관, 1965, 『민족의 철인 안창호』, 신구문화사.

❖ 진경환 주, 1985, 『조선상고사』, 인물연구소.

❖ 진덕규, 1976, 『한국의 민족주의』, 현대사상사.

❖ 차기벽, 1981, 『한국민족주의의 이념과 실태』, 까치.

❖ 차상찬, 1931, 「내가 본 윤치호선생」, 『혜성』 1권2호 (4월).

❖ 천관우, 1971, 「언론인으로서의 단재 : 한국언론사에서 본 단재의 위치」, 『나라사랑』 3집 여름호.

❖ 최덕수, 1978, 「독립협회의 정체론 및 외교론 연구」, 『민족문화연구』 제13호, 고려대학교 민족문화연구소.

❖ 최형익, 2004, 「한국에서 근대 민주주의의 기원」, 『정신문화연구』 가을호 제27권 3호.

❖ 최홍규, 1986, 『신채호의 민족주의사상 : 생애와 사상』, 형설.

❖ 한관일, 2000, 「한국 개화기 신민회의 교육구국 사상」, 『청주대교육과학연구』 14집.

❖ 한국민족운동사연구회, 1987, 『한국민족운동사연구』, 지식산업사.

❖ 한배호, 1977, 「한 초대교인의 근대화의식과 한말 정치관–『윤치호일기』를 중심으로」, 『숭전대학교논문집』 제7집.

❖ 한우근, 1968, 「개화당시의 위기인식과 개화사상」, 『한국사연구』 2집.

❖ 한흥수, 1970, 「독립협회의 정치집단화과정」, 『사회과학논집』 제3집, 연세대학교 사회과학연구소.

❖ 홍이섭, 1960, 「단재사학의 이념」, 『세계』 2권 4호.

❖ 홍이섭, 1962, 「단재신채호 : 일본의 압정하에서 민족정기를 부르짖는 사관」, 『사상계』.

❖ 황성모, 1976, 「근대사상의 한국적 성격」, 『한국정치학회보』 10집.

❖ 흥사단, 1964, 『흥사단 50년사』, 대성문화사.

❖ 흥사단, 1965–1985, 『기러기』, 흥사단출판부.

❖ 흥사단, 1965–1985, 『흥사단보』, 흥사단출판부.

❖ 흥사단, 1983, 『도산안창호』, 흥사단출판부.

제 7 장

조소앙의 국가건설사상 :
혁명, 보편적 균등화, 신민주국

홍원표 (한국외국어대)

Ⅰ. 서론 : 칠흑 같은 시대 '흰색의 나(素印)'[1)]

국가건설은 새로운 시작이다. "혁명현상과 시작문제의 연계성은 명백하다"(Arendt 1966, 10). 폭력은 주변적인 정치현상임에도 불구하고 왜 인간의 삶에서 새로운 시작을 극명하게 보여주고 있는가! 폭력은 근본적으로 정당하지 않지만 정의를 가능케 하는 원동력이기 때문이다. 조소앙은 이족전제와 군주전제의 억압적 질서를 극복하고 새로운 국가를 건설하기 위해서 폭력에 의한 파괴의 불가피성을 제기하

1. 조소앙은 소앙생(嘯印生), 소해생(嘯海生), 소앙(嘯印), 소앙(素印), 소앙(素昂) 등 다양한 호를 사용하고 있다. 아울러 『김상옥전』에서는 한살림(韓薩任)이라고 표기하고 있다. 이와 관련해서 김기승(2003, 125−6)을 참조하시오.

고 있다.

어둠에서 빛으로 향하려는 욕구는 인간의 자연스러운 성향일 것이다. 우리 민족과 희망을 상징하는 소앙이란 호에서도 나타나듯이 칡흑과 같은 '대마장(大魔障)'을 빛의 세계로 바꾸려는 조용은(趙鏞殷 1887-1958)은 민족에 빛을 제공하려는 의지를 마음에 품었을 것이다. 암담한 시대에 빛을 밝혔던 독립운동가들과 지식인들의 노력은 당대 사람들뿐만 아니라 우리들에게도 많은 교훈을 주고 있다. 독립운동가들은 민족문제를 다양한 관점에서 해결하려고 노력했지만, 소앙은 "한국 고유의 민족주의적인 이데올로기를 창안하여 망국민족의 통일독립을 쟁취하려는 … 한국적 정치사상을 제시한 대표적인 사상가이며 실천가이다"(홍선희 1975, 12; 1982, 12).

소앙은 제국주의의 침탈과 군주체제가 불평등을 심화시킨다는 사실을 경험하고, 이러한 현실상황을 극복하기 위한 이상으로서 보편적 균등화를 강조하였다. 이것은 현실적 상황을 진단하고 처방하는 하나의 이정표였다. 따라서 그는 균등화를 위한 투쟁으로서 '혁명'의 필연성을 인정하였다. 억압적 질서를 해체시키려는 노력은 대부분 폭력적 수단을 동반하기 때문에 소앙은 혁명적 실천으로서 파괴와 건설을 지속적으로 강조하였다. 따라서 조소앙의 국가건설사상에서 혁명에 관한 선행적 이해가 필요하다.

근대의 역사에서 혁명과 건국이 밀접하게 연계되어 있다는 사실을 발견하기란 어렵지 않다. 미국혁명이 제한군주정과의 투쟁, 독립전쟁으로 시작되어 건국으로 이어지듯이 소앙은 일본 제국주의와의 투쟁, 자주독립운동에 헌신하면서 신민주국과 균등사회 건설의 사상적 기초를 마련하였다. 소앙의 혁명사상이 유럽혁명을 모델로 하고 있다는 지적은 러시아혁명 및 유럽정치에 대한 소앙의 경험과 무관하지 않다. 그러나 소앙의 혁명사상은 후술하는 바와 같이 특이한 요소들을 담고 있다. 소앙은 복국, 건국, 치국을 혁명의 일환으로 상정하면서도 각 단계에서 상이한 실천전략을 제시하였다. 제2절에서는 이와 관련된 내용을 제시할 것이다. 즉 소앙이 현실을 어떻게 인식하였으며 억압적 질서가 편재하는 상황을 어떻게 진단했는가, 특히 진단과정에서는 보편적 균등화에 관한 조소앙의 독특한 입장을 부각시킨다.

이후의 절들에서는 단계적인 처방책을 제시하고 있다.[2] 제3절에서는 억압계급을 어떠한 주의에 입각해 폭력으로 타도하는가, 즉 복국에 관한 내용을 검토한다. 소앙이 독립운동을 전개하면서 '복국(復國)' 이념을 어떻게 정립했는가를 추적할 것이다. 제4절에서는 해방 이후 조소앙의 건국활동과 '치국(治國)' 문제를 중점적으로 고찰한다. 제3절과 제4절에서는 소앙의 정치적 삶과 정신활동을 연계시켜 고찰하되 소앙의 행적에서 나타나는 '연속성'을 부각시킨다. 제5절에서는 신민주국과 균등사회의 성격, 그리고 이들 사이의 관계에 대한 이론적 분석에 초점을 둘 것이다. 결론에서는 전통, 근대, 현대가 공존하는 조소앙의 국가건설사상이 현실의 우리들에게 어떤 정치적 함의를 제공하고 있는가를 밝힌다.

2. 조소앙은 「한국독립당 당의 해석」에서 "전반부는 한국의 병증을 설명하는 데 역점을 두고, 후반부에서는 그 병증에 대한 처방을 내린다고 밝히고 있다." 이 문건은 현실인식, 진단, 그리고 처방하기 위한 보편적 기준(이상)을 제시하고 있다. 강만길 편, 『조소앙』, 194쪽.

Ⅱ. '불행한 의식'과 혁명사상

소앙은 일본 제국주의에 의한 민족의 사멸을 경험했던 시기에 민족의 생명을 부활시키려는 정신적 해결책을 모색하였다. 이러한 사유는 성균관 시절(1902–4), 일본 유학시절(1904–12), 중국망명 초기에 강하게 나타난다. 그는 현실의 불균등 질서를 극복할 수 있는 정신적 해결책으로 육성교를 창시하였다. 이때 소앙의 '불행한 의식'[3]은 강하게 표출된다.

그러나 소앙의 불행한 의식은 정치적 무기력과 소외를 정당화함으로써 정치영역으로부터 이탈하는 경향을 띠지는 않는다. 그는 「일신교령」에서 "일체육성(一體六聖)이 동원동심(同源同心)이라"는 주장에 입각해 자주독립을 위한 정신무장을 강조하였다. 육성교적 사유는 민족과 민족 간의 균등, 국가와 국가 간의 균등을 주장할 수 있는 근거였으며, 억압적 질서에 저항하기 위한 정당한 명분, 즉 종교적 해결책이었다. 그러나 소앙은 이러한 "종교적 사유를 현실적(정치적) 사유로 급속하게 이행"(김기승 2003, 127)함으로써 억압적 질서를 극복

3. 헤겔은 『정신현상학』에서 '불행한 의식(unhappy consciousness)'에 대해 언급하고 있다. 변화와 불확실성 속에서 절대적 안정과 확실성을 찾으려는 자유로운 정신의 열망은 인간의 정신적 불안정과 불변하는 실재 사이에 항구적인 연계성을 찾으려는 조직화된 시도 속에서 발견된다. 균등화와 현실적 불평등 사이의 불일치에서 영구적인 실재를 찾고자 했던 조소앙의 열망을 표현하고자 '불행한 의식'이란 용어를 차용한다.

하기 위한 정치이념으로서 보편적 균등화를 제기하였다. 조소앙의 불행한 의식은 혁명사상으로 발전하게 된다.

혁명은 균등화라는 이념에 입각해 모든 형태의 억압적 질서를 파괴하려는 투쟁인 독립운동(복국활동), 그리고 새로운 정치질서를 형성하고 완성시키는 과정(즉 건국 및 치국)과 연계된다. 따라서 조소앙의 불행한 의식이 혁명사상으로 발전하는 과정, 그리고 혁명사상의 주요 내용을 중점적으로 밝히되 제1항에서는 조소앙의 현실인식과 진단을, 제2항에서는 처방의 기준인 이상적 모델을 부각시킨다.

1. 억압적 질서와 '불행한 의식' : 종교적 사유에서 정치적 사유로

한일의정서가 체결되던 해인 1904년 소앙은 황실 유학생으로 선발되어 일본으로 유학을 떠났다. 「회고」에서 밝힌 바와 같이 "한일의정서가 이지용의 손에 조인되어 황성신문에 발표되는 이것이 나의 구학을 버리고 신학을 배우기로 정부에 응선한 동기였다."[4] 그는 유학기간 중에 동경부립제일중학교와 명치대학에서 근대 교육을 체계적으로 배우면서도[5] 민족의 사멸에 직면하여 "나는 독립을 공고케 할

4. 조소앙, 「회고」, 『조소앙선생문집』 하, 166쪽.

5. 조소앙의 청년기 수학과정에 대해서는 김기승, 「조소앙의 사상적 변천과정 : 청년기 수학과정을 중심으로」, 『삼균주의연구논집』 제19집(1999), 107-202쪽을 참조하시오.

책임을 가진 인간이었다"[6]라고 밝혔다.

이때 그는 종교문제에 관심을 갖기 시작하였다. 1910년 기독교에 입교하면서 종교문제에 관심을 가졌던 소앙은 다른 종교에도 심취하게 되었고, 새로운 종교를 구상하기 시작하였다. 그는 1913년 귀국하여 잠시 교편을 잡았으나 상해로 망명하면서 일신교에 관심에 갖게 되었다. 일신교에 대한 소앙의 관심은 기독교를 한국화하려는 의도에서 비롯되었다. 소앙은 보편과 특수를 담지한 육성교를 창립하였다. 이와 같이 민족의 생존을 보장하기 어려운 암담한 현실을 극복하려는 소앙의 문제의식은 종교적 사유로 구체화되었다. 달리 표현하면 현실과 이상 간의 심각한 괴리에서 나타난 조소앙의 불행한 의식은 육성교 창립으로 나타난다.

일반적으로 불행한 의식은 반정치적 성향을 지닌 이념으로 발현된다. 종교적 관점에서 세계일가를 강조하는 입장은 제국주의적 질서 속에서 약소민족의 자율성을 소극적이면서도 비정치적으로 표현하려는 의도를 담고 있다. 소앙은 육성이 일신의 다른 현현이라는 점을 강조하고 민족적 개체성을 부각시킴으로써 자신의 정신적 좌절을 극복하고자 노력하였다. 이러한 불행한 의식은 독립운동가들의 새로운 종교의 창립으로 표출되었다. 예컨대, 1909년 나철이 단군교를 개창하였으며, 독립운동자와 국내 국사학자들은 단군에 관심을 가지고 있었다. 이들은 민족의 사멸에 직면하여 정신무장의 수단을 찾으려고 노력했다. 1913년 상해망명 당시 소앙에게 많은 영향을 준 신규식 역시 대동교의 이론가였다.

6. 조소앙, 「회고」, 『조소앙선생문집』 하, 167쪽.

소앙은 육성교를 구상하면서 「일신교령」이라는 경문을 정리하였다. "신과 영이 합하면 유선이 방광하야 일체독립, 일체자유, 일체평등, 일체귀일, 일체행복, 영생부활, 초월열반의 경지에 이르니 선지위덕이 크고도 멀다"라는 문구에도 나타나듯이 이 경문은 민족의 사멸을 극복하기 위한 정신무장을 강조하는 내용들로 구성되어 있다. 「학지광에 기함」에서 밝혔듯이 육성은 단군(獨立自强), 석가(慈悲齊衆), 공자(忠恕一貫), 소크라테스(知德合致), 예수(愛人如己), 마호메트(信行必勇)이다. 이 글은 일신교에 대한 믿음이 어떻게 정치적 투쟁의 정당화와 연계되는가를 밝히고 있다.[7] 민족의 사멸에 직면하여 형성된 종교적 사유는 정치적 사유로 전환하기 시작하였다. 이러한 전환은 「대한독립선언서」에서 뚜렷하게 나타나지만 소앙의 혁명사상에 반영되고 있다. 소앙의 혁명사상은 종교적–정치적 요소를 담고 있다.

소앙의 현실인식을 압축적으로 담고 있는 불교적 개념은 "대마장 대지옥"[8]이다. 소앙은 이후 민족의 사멸을 "정치적 유린, 교육적 압박, 경제적 파탄"[9]으로 표현하고 있다. 현실인식에 대한 표현의 차이에도 나타나듯이 현실인식에 대한 비정치적 해결책은 정치화되는 양상을 보이게 된다.

---

7. 관련된 내용은 다음과 같다. "우리 靈父 하나님은 一切生靈을 平等的 獨立的 全一的 自由的 自彊的 自信的 特性과 本能을 부여하셧나니 彼妄見의 差別 附屬部分 迷信 强制 被動 依賴 등의 약점은 天理에 위반함이라." 『소앙선생문집』 하, 241쪽.
8. 조소앙, 「학지광에 기함」, 정신문화연구원, 『한국독립운동사자료집–조소앙 편(1)』, 569쪽.
9. 조소앙, 「한국의 현상과 그 혁명적 추세」, 『조소앙』, 19–78쪽.

소앙은『소앙집』에 발표된「한국의 현상과 그 혁명추세」에서 한민족 사멸의 원인을 두 가지 측면에서 세부적으로 밝히고 있다. 제1-3장에서는 이민족 지배에 의한 민족간 불균등 심화를, 제4-5장에서는 한국혁명의 역사적 기초로서 계급적 불균등을 언급하고 근대혁명의 정치적 의미를 다음과 분석하였다.

첫째, 소앙은 삼균주의에 입각해 일본 제국주의에 의한 불균등의 심화를 구체적으로 밝히고 있다. 그에 따르면 체포와 구금의 일상화, 한인 군경기관의 억압, 언론 · 집회 · 결사 · 출판 자유의 억압으로 인한 정치적 유린은 한민족의 정치적 균등화를 제약하고 있다. 다양한 형태의 교육적 압박이 교육의 균등화를 저해하고 있으며, 일본의 토지겸병과 토지정책의 파행으로 인한 경제적 불균등이 심화되고 있다는 것이다. 소앙은 1930년대 초반까지 일본의 제국주의적 억압에 의한 민족 간 불균등, 국가 불균등의 심화를 부각시키고, 이를 극복하기 위한 혁명의 당위성을 제시하였다.

둘째, 소앙은 군주전정의 억압에 의한 불균등의 역사적 지속상태를 제기하였다. 소앙은 한국혁명의 역사적 기초를 언급하면서 '인민 기본권리의 불평등', '인민 생활권리의 불평등', '학문할 권리의 불평등'을 지적하고 있다. 그는 삼한 이래 기본권, 경제권, 교육권의 불평등을 제기하였다. 이러한 분석은 국가의 상실이 오랜 역사적 전통의 계승으로 인하여 발생하였다는 것을 밝히는 데 역점을 두려는 의도를 담고 있다.

소앙은 불평등을 극복하려는 역사적 사건을 '혁명'[10]이란 범주

10. 근대적 의미의 혁명 개념은 소앙의 혁명 개념과 상당한 차이가 있다. 소앙은

에서 연대기적으로 소개하고 있다. 그는 5차례의 근대 혁명을 특징화하고 있다. 1863년 이하응의 황족혁명, 1884년 김옥균 등의 귀족 벌족혁명, 1894년 전봉준의 평민혁명, 1896년 서재필의 민권혁명, 1919년 독립운동으로 규정하고 있다. 소앙은 5차례의 '혁명'을 특징화하고 광주혁명의 진상을 자세하게 언급하였다.

2. 혁명의 '궁극구경(窮極究竟)'과 실천전략

앞에서도 언급했듯이 소앙은 민족의 사멸을 야기한 근본적 원인으로서 한민족에게 강요된 내외적 불평등을 경험하였다. 그는 불평등을 제기하기 위한 정신적 해결책으로서 육성교를 제창하였지만 구조적으로 편재하는 불평등을 극복할 수 있는 정치적 해결책을 모색하였다. 이들을 포괄하는 이상은 보편적 균등화였다. 따라서 보편적 균등화에 대한 열정은 삼균주의의 심층구조와 같다.

이러한 열정은 평등에 대한 소앙의 독특한 정의에 그대로 나타나고 있다. 그는 「신지비사(神誌秘詞)」의 '首尾均平位 興邦保泰平', 한유의 '凡物不得其則鳴', 공자의 '不患寡而患不均', 혁명의 성인(成因)이 불평(不平)이라는 서구의 입장 등을 소개함으로써 균등의 절대적 당위성을 밝히고자 하였다.[11] 소앙은 균등 개념을 제시하면서 전통

내란, 빈란, 정권변동(정변), 통치자의 교체를 혁명의 범주에 포함시키고 있다. 소앙의 혁명 개념에 대한 심층 적 고찰은 별도의 연구를 필요로 한다.

과 근대, 서구와 동양의 입장을 융합하고자 하였다.

그렇다면 '균등의 실현'과 '자유의 확립(constitution libertatis)' 사이에는 어떠한 연관성이 있는가? 균등은 정치영역, 경제영역, 교육영역 등 제도적 영역뿐만 아니라 개인과 개인, 민족과 민족, 국가와 국가 사이 등 행위자 관계에서 구체화되며, 개인적 또는 사회적 차원과 공적(정치적) 차원을 포괄하는 개념이다. 소앙의 경우 자유의 확립은 균등의 실현에 포함되는 개념이다. 소앙은 균등사회란 자유사회의 최고형태로 규정하고 있기 때문에 균등과 자유 사이의 갈등을 상정하고 있지 않다.

소앙은 '불평(不平)'을 혁명의 원인으로 규정하면서 그 대상을 다음과 같이 밝히고 있다. "역사적 병폐가 응결하고 뿌리내린 데다가 외래적 특수조건이 가미되어 크게 소용돌이치게 되면 거대하고 흉악하고 모진 괴물이 되니 이것이 혁명의 대상이다."[12] 「각국혁명운동사요」에서도 혁명의 대상은 간접적으로 언급되고 있다. 중국의 고전적 해석에 따르면 혁명은 통치자의 교체를 의미한다. 서구의 사전적 정의에 따르면 혁명은 '국가헌법을 변혁하는 운동', 정치조직, 정부, 헌법에 대하여 근본적 변혁을 격렬한 수단으로 실행하는 운동, 인민이 기존 정부를 전복하고 신정부를 건립하는 운동이다.[13]

19세기 혁명과 전쟁은 밀접하게 연계되어 있다. 이러한 현실인식은 소앙이 일본 유학시절 발표한 「甲辰 이후 列國大勢의 변동을 논

11. 조소앙, 「한국독립당 당의해석」, 『소앙선생문집』 상, 206–7쪽.
12. 조소앙, 「한국의 현상과 그 혁명추세」, 『조소앙』, 47쪽.
13. 조소앙, 「各國革命運動史要」, 『소앙선생문집』 상, 110–1쪽.

함」에 뚜렷하게 나타나고 있다.[14] 여기에서 소앙은 전쟁을 국제질서에서 '힘의 변이'를 야기하는 사건일 뿐만 아니라 혁명을 촉발시키는 원동력으로 이해하고 있다. 소앙은 당시 전쟁과 혁명이 정치질서 변화의 원동력으로 이해하였다. 소앙은 러일전쟁이 조선에 암담한 결과를 초래하였다고 지적하면서 전도된 정치질서를 전환하기 위해서 폭력을 사용해야 한다고 주장하였다.

그렇다면 혁명의 명분과 실천전략에 대한 소앙의 입장은 어떠한가? 소앙은 혁명이란 "일정한 주의에 호응된 집단이 폭력으로써 그들과 대립한 통치계급의 모든 기관을 여지없이 전복하고 즉각에 그들이 표방하는 주의로서 새로 통치기관을 시설하는 정치운동"[15]으로 규정하고 있다. 이 문구는 혁명의 주요한 목표와 수단을 담고 있다.

혁명과 폭력의 사용은 밀접하게 연계되어 있다. 소앙은 혁명대상에 대한 폭력의 비타협적 사용을 언급하면서 혁명을 건설과 연관시키고 있다. 이족전제와 군주전제의 억압을 극복하는 과정에서 폭력은 정당화된다. 소앙은 폭력과 권력의 차이를 인정하면서도 민족혁명에서 폭력의 정당화를 인정하고, "권력이 생명 및 단결과 연관된다"[16]고 주장함으로써 권력의 근본적 정당성을 인정하고 있다.

14. "전쟁의 위대한 결과는 景히 露, 淸, 日, 波斯, 土耳基等諸國에 파급하야 小國이 强國이 되고 屬國이 獨立이되고 專制가 立憲이되고 衰亡國이 新進國이 되얏도다. … 精神的變動 卽民權의 思潮가 東西諸國으로 縱橫來往하야 或帝王을 퇴하고 或憲政을 建立하야시니 엇지 그 偉大치 않은가. 自古로 戰爭은 文明의 母라 하는 格言이 有하거니와 甲辰年은 실로 某某國에 대하여 歷史上 新紀元을 開하얏도다." (『소앙선생문집』 하, 234–5쪽)

15. 조소앙, 「各國革命運動史要」, 『소앙선생문집』 상, 111쪽.

16. 조소앙, 「5 · 10선거와 나의 정국관」, 『조소앙』, 296쪽.

새로운 정치질서의 수립은 '주의' 라는 명분과 밀접하게 연계되어 있다. 한국독립당은 단순히 배일운동만을 주의로 삼지 않고 보편적 균등화를 주의로 삼는다. 소앙은 "천황을 절대주의자로 신격화한" (차기벽 1985, 77) 제국주의와의 투쟁에서 새로운 절대자를 구상하게 된다. 천황보다 더 절대적인 존재의 상정은 혁명을 정신적으로 정당화하는 해결책이었다. 「일신교령」은 천황보다도 더 강력한 권위를 가지는 절대자로서 하나님을 상정하고 있다. 그러나 소앙은 정신적 해결책에 머무르지 않고 정치적 차원의 새로운 절대자를 찾게 되었다.

예컨대, 미국 「독립선언서」에서도 "모든 사람은 평등하게 태어났으며 … 우리는 이 진리를 자명하다고 주장한다"에서도 새로운 절대자를 상정하고 있다. 소앙은 "인류가 평등한 것은 동서고금의 진리이다"[17)]라고 밝힘으로써 절대자를 혁명의 근거로 삼고 있다. 소앙은 모든 혁명의 정당한 명제로서 인류의 평등화를 주장하고 있다. 그러나 미국혁명이 상호 합의와 동의의 정신에 입각해 혁명적 폭력을 행사하였듯이 소앙은 이족전제와 군주전제의 불균등을 타파하기 위해 '대동단결' 을 강조함으로써 절대자 문제에 대한 정치적 해결책을 제시하였다. 한 마디로 소앙은 이러한 종교적 차원의 일신이란 절대자로서부터 벗어나 보편적 균등화라는 세속적 절대자를 모색하고, 그 실현방법으로 대동단결과 투쟁을 강조하였다.

소앙은 혁명의 주체를 어떻게 설정하였는가? 소앙은 혁명의 대

17.『소앙선생문집』 상, 「한국독립당 당의해석」, 206쪽. " … 우리는 우리 민족의 행복 내지 전인류의 행복을 실현함에 유일한 절대적 기초가 되는 균등을 중심사상으로 한 것이다" (207쪽).

상이 국부적 관계를 통해서 해체될 수 있는 것이 아니라는 점을 밝히고 있다. 즉 "한 계급의 이해에 달려 있는 것이 아니라 각종 계급의 공통 연대가 있는 것이기 때문에 한국혁명의 대상은 한국민족 전체의 분투와 노력이 아니면 마침내 성공할 수 없다."[18] 따라서 소앙은 부르주아계급이나 노농계급 등 특정계급에 의한 혁명보다는 한민족 전체의 공동참여를 통한 혁명을 강조하고 있다.

소앙은 혁명을 주도하는 단체의 성격과 관련하여 대조직의 연합과 하부조직들의 자율성을 강조하고 있다. 그에 따르면 "연합이란 주의, 정강면에서 대소의 차이를 가진 2개 이상의 단체가 과정적 혹은 종국적인 공통 혹은 특수한 혁명적 목표에 도달하기 위한 혁명공작의 과정적 · 시간적인 횡적 합작이다."[19] 소앙은 연합조직에 참여하는 하부조직들의 자율성을 인정하면서도 혁명대상에 대항하기 위해 공동의 목표를 지향하는 방향에서 연합의 필요성을 인정하였다. 혁명조직을 구성하고 운영하는 데 있어서 자율성과 유대의 원리는 개인 간의 관계뿐만 아니라 조직 사이의 문제에도 적용된다.

18. 조소앙, 「한국의 현상과 그 혁명추세」, 『조소앙』, 47쪽.
19. 『소앙선생문집』 상, 129쪽 ; 『조소앙』, 79쪽.

Ⅲ. '이족전제' 시기 복국활동과 이념

복국, 건국, 치국, 그리고 세계일가를 포괄하는 사상으로서 삼균주의는 소앙의 고귀한 언행의 결과이다. 즉 삼균주의는 불평등 모순과 '민족적 계급성'에 대한 자각에서 형성된 정치적 사유와 실천의 산물이다. 따라서 국가건설사상은 논리적으로 혁명사상의 하위범주에 속한다. 혁명의 범주로서 독립운동과 건국은 시간적 맥락, 논리적 맥락, 목표의 맥락에서 차이가 있지만, 양자는 혁명의 관점에서 이해된다. 소앙은 '파괴'와 '건설'이 동시에 진행된다고 규정하고 있기 때문이다. 군주전제의 억압과 외래적 특수조건인 이족전제는 모두 혁명의 대상이 되었지만 민족의 생존을 확보하는 것이 혁명의 제1차적인 임무이다. 따라서 소앙은 1913년 중국으로 망명한 이후 1945년 12월 귀국할 때까지 독립운동에 직접 참여하면서 이를 실현하기 위한 복국이념을 체계화하였다. 이와 같이 삼균주의에 기초한 국가건설은 이론과 실천의 산물이었다.

여기에서는 국가건설과 관련된 삼균주의의 형성과 실천과정을 중심으로 고찰하기로 한다. 소앙의 활동을 4기로 나누어 고찰할 필요가 있다. 상해 망명 이후 「대한독립선언」 시기, 유럽 방문 이후 한살림당 결성 시기, 1930년대 삼균주의 형성과 한국독립당 활동 시기, 대한민국건국강령 이후 해방시기로 나누어 소앙의 복국이념과 활동을 연대기적으로 추적한다.

소앙은 1913년 상해로 망명한 이후 독립운동에 본격적으로 참여한다. 소앙은 동제사에 가입하고 박달교사로 활동하면서 육성교를 제창하게 되었다. 소앙은 1917년 「대동단결선언」을 작성하는 데 직접 참여하였다.[20] 소앙은 육성이 하나에 근원을 두고 있다는 일신교적 사고를 강조함으로써 다양한 독립운동 단체들이 노선과 운동의 차이에도 불구하고 독립운동이란 하나의 목표를 위해 대동단결해야 한다는 점을 부각시키고자 하였다. "원효의 십문화쟁론이 그 시대의 백가쟁명하는 모든 사상적 분열의 조화와 통합에 있었듯이"(임형진 1991, 73) 소앙의 삼균주의 역시 당시의 이념적 대립을 극복하자는 화합의 이념인 것이다. 따라서 독립운동의 가장 중요한 원칙은 대동단결이었다.[21] 「대동단결선언」은 대동단결을 통한 독립운동의 필연성을 명시하고 있다.[22] 이 문건은 대동단결의 중요성을 강조하고 있기 때문에 삼균주의의 중요한 원리를 담고 있다.

소앙은 제1차 세계대전이 종결되고 전후처리 문제가 제기되던 당시 길림성에 거주하고 있었다. 소앙은 김교헌, 김규식, 김동삼 등 39인 명의로 발표된 「대한독립선언서」의 작성에 참여하면서 독립운동

20. 이 선언서 작성에 있어서 조소앙의 역할, 그리고 의미에 대한 이해를 위해서는 조동걸, 「임시정부 수립을 위한 1917년의 '대동단결선언'」, 『삼균주의연구논집』 제11호(1989), 14–45쪽, 김소진, 『한국독립선언서연구』(서울 : 국학자료원, 1999)를 참조하시오.

21. 이에 관한 입장은 「3 · 1운동과 나」에서도 강조된다. "3 · 1운동 당시 나는 만주 길림에 있었다. 나의 정치신념이라 할까 나의 정치활동의 목표는 일찍부터 대동단결이었다." 이 글은 1946년《자유신문》에 기고한 것이다.

22. "아한(我韓)은 무시이래(無始以來)로 한인의 한(韓)이오. 비한인의 한이 아니라. 한인간의 주권수수(主權授受) 난 역사상 불문법의 국헌이오. 비한인에게 주권양여(主權讓與)난 근본적 무효오. 한국민성의 절대 불허하난 바이라."

에 관한 입장을 뚜렷하게 드러냈다. 소앙은 1919년 1월 대한독립의군부를 조직하고 「대한독립선언서」를 발표하였다. 이 선언서는 독립운동 이념과 방법을 제시하고 있다. 소앙은 일신교의 실천원리에 충실하게 "육탄혈전",[23] 즉 비타협적인 폭력사용을 정당화하였다. 외세의 억압으로부터 벗어나려는 독립운동을 혁명의 범주에 포함시키고 있는 소앙은 폭력의 정당화를 인정하고 있다.

고대국가의 건설과정에서 "폭력은 새로운 시작이었다"(Arendt 1966, 10). 소앙은 새로운 시작이 용기의 미덕을 필요로 한다는 점을 충분히 이해하고 있었다. 「일신교령」, 「대한독립선언서」, 그리고 「한살림요령」뿐만 아니라 이후 한국독립당 당의에서도 혁명과 폭력을 밀접하게 연계시키고 있다. 폭력의 정당화는 자기 희생과 밀접하게 연계될 수밖에 없기 때문에 소앙은 용기의 미덕을 강조하였다.

특히 소앙은 3 · 1운동을 계기로 독립운동에 관한 자신의 기본적 입장을 바꾸게 되었다. 독립운동에 관한 해결책은 종교적 방법에서 정치적 방법으로 바뀌게 된다. 따라서 소앙은 3 · 1운동 직후인 4월 10일 29인회의를 임시의정원 제1차회의로 하고 임시정부를 조직하여 이를 독립운동의 최고기관으로 하자는 동의를 제출하다. 이와 같이 소앙은 4월 11일 대한민국임시정부의 수립에 있어서 주도적인 역할을 하였다.

소앙은 폭력적인 방법 이외에 외교를 통한 독립운동의 필요성을 강조하고 이를 실천하고자 하였다. 소앙은 1919년부터 약 2년간 유럽지역을 순방하면서 만국사회당대회에 참석하였을 뿐만 아니라 러

23. 「대한독립선언서」, 『조소앙』, 12쪽.

시아혁명 과정을 이해할 수 있는 기회를 갖게 되었다.[24] 소앙은 유럽을 순방하는 기간 중에 유럽혁명을 간접적으로 경험하였다. 그러나 1921년 상해로 귀환한 소앙은 임시정부의 지도력 상실을 목도하면서 혁명소당의 대동단결을 위한 주의, 정책의 필요성을 주장하였다.

1920년대에 들어와 조소앙의 사상적 입장에 변화가 발생한다. 소앙은 한살림당(대동당)을 결성하였다. 「한살림요령」의 제1장 '본의' 에서 한살림은 현재의 한민족의 이중적 억압을 극복하는 민주독립, 즉 광복만한(光復卍韓)을 이루고, 빈민공생을 위한 계급전쟁을 수행하며, '무치(無治)' 의 공생세계를 지향한다고 규정하고 있다. 제2장 '강목' 에서는 불소찬(不素餐),[25] 무사권(無私權), 이성동권, 자강대(自强隊), 비전쟁(非戰爭), 민족연맹, 세계한살림(世界韓薩任)등 7개조의 실천강령을 제시하고 있다. 물론 일반적 해석에 따르면 "무치의 극락세계"가 전쟁이 없는 공생의 세계라는 주장은 무정부주의적 이상과 연관되는 것으로 이해된다. 이 극락세계는 삼균주의 혁명의 마지막 단계인 세계일가의 개념과 상응한다.

소앙은 한살림당에 가입하고 1922년 종로경찰서에 폭탄을 투척했던 김상옥의 열혈투쟁을 기리기 위해 1925년 『김상옥전』을 출간하였다. 「한살림요령(韓薩任要領)」은 한살림당의 강령으로서 빈부 차이와 신분의 차이를 부정하는 평등사회, 즉 대동사회를 지향하고 있다. 반면에, 「발해경(渤海經)」은 꿈 속에서 경문을 읽고 있는 대조영을 보

24. 유럽에서의 활동에 관한 선행연구로는 정용대(1988, 213–41)를 참조하시오.

25. "不拘男女貧賤必盡心勞力各行其能均受其樂(남녀 빈천에 구애받지 않고 마음을 다하여 노력하여 각자 그 능력을 발휘하여 고르게 그 즐거움을 향수하도록 한다."

고 깨어나 기억하는 것을 기록한 것으로서 민족주의적 요소를 담고 있을 뿐만 아니라, 독립운동에 적극적으로 참여할 수 있는 용기를 모든 미덕의 근원으로 삼고 있다.[26)]

이 두 경문을 비교할 때, 민족국가의 존재와 세계일가 사이의 논리적 상충문제에 대한 다른 해석이 필요하다. 소앙은 「일신교령」에서 육성일체를 강조함으로써 보편과 특수의 공존을 강조하고 있다. 마찬가지로 소앙은 「한살림요령」에서 민족국가의 존재를 인정하면서도 세계일가를 주장함으로써 보편과 특수의 공존으로서 평화로운 국제질서를 지향하였다.[27)]

그러나 1920년대 후반 소앙은 민족유일당운동에 참여하면서 독립운동 이념으로서 삼균주의를 좀더 체계화하기 시작하였다. 이 시기에는 민족운동은 이념의 차이, 주도권 문제, 조직방법 등의 문제로 민족연합전선을 결성할 수 없었다. 이러한 어려움에도 불구하고 소앙은 이동녕, 안창호, 김구 등과 한국독립당 결성에 참여하였다. 소앙은 1929년 독립당촉성회, 조선혁명당, 재상해한인소년동맹을 중심으로 한국독립당을 비밀결사로 창립하였고, 1930년 한국독립당을 결성하게 되었다.

따라서 소앙은 1930년대 한국독립당 당의, 당강, 당책을 마련하면서 복국이념으로서 삼균주의를 더욱 체계화하게 되었다. 민족진영은 만주사변(1931년)과 상해사변(1932년)을 계기로 효율적인 항일투

---

26. 人而無勇於仁何人而無勇於義何仁義之所以行者勇故勇也者仁義之機.

27. 이러한 측면에서 "조소앙은 그가 말하는 세계일가는 제국주의자들이 말하는 '팔굉일우(八紘一宇)'나 '세계화'와는 근본적으로 다른 성격의 것임을 힘주어 강조하였다"(신용하 2002, 87).

쟁을 위한 통일방안을 모색하고자 1932년 통일동맹을 결성하였으나 효율적인 투쟁을 전개하지 못하였다. 소앙은 1934년 『진광』지에 게재한 「大黨組織 문제」에서 대당조직이 형성되지 않은 이유, 그리고 대당조직 구성의 당위성, 개별단위의 자율적 연계를 주장하였다. 이와 같이 소앙은 "일정한 공동의 주의정책을 기본적 토대로 한 혁명당"[28]의 필요성을 강조하였다.

「혁명단체의 연합문제」에서 연합의 의미, 연합조직에 참가한 각 단체의 내부적 확산, 연합조직에 대한 영도권 획득문제를 제시함으로써 독립운동의 조직화를 제시하였다. 소앙은 대당조직의 원칙으로서 자단체의 자율성을 강조하고 있다. 공작의 실천과 사업의 진행 등에 관한 문제를 논의하고 토론하는 과정이 필수적이다. 이와 같이 소앙은 평의회와 같은 역할을 하는 자단체를 제시하였다. 아울러 각 단체 간의 연합에 있어서 의사소통의 중요성이 강조되었다.

소앙은 단일의 연합조직 형태를 띠는 한국독립당을 통해 복국을 주도하고자 하였다. 이러한 원칙 아래 한국독립당을 결성하고 삼균주의에 기초해 한국독립당의 당의, 본령, 책략, 조직화 문제를 밝히고 있다.

한국독립당은 자주독립 문제를 공개적으로 논의하고 실천하는 공공영역이다. 한국독립당은 제도적 차원에서 의회의 기능을 담당하고 있으며, 행위론의 차원에서 정치적 지혜를 표현하고 합의를 끌어내는 데 기여하였다. 한국독립당은 삼균주의가 잉태되는 장이기도 했으며, 민주적인 동의를 끌어내는 장이기도 했다. 독립운동 노선, 이념,

28. 『조소앙』, 83쪽.

방법에 관한 견해 차이가 충돌하였지만 한국독립당은 복국활동의 중심적 역할을 담당할 수 있었다.

1935년 6월 한국대일전선통일동맹의 주도로 각 혁명단체 대표회의가 남경에서 개최되었다. 각 혁명단체의 대표들은 대동단결한 민족혁명당을 결성하기로 결의하였다. 이를 계기로 형성된 민족혁명당은 삼균주의에 기초하여 당의를 정립하였다. 삼균주의는 민족연합전선이론으로서 중요한 위치를 차지하였다. 그럼에도 불구하고 소앙은 의열단 계열과의 대립 때문에 민족혁명당에서 탈퇴하였다.

상해 한국독립당의 송병조, 차이석 등이 김구를 중심으로 임시정부 의정원 회의를 소집하려는 움직임을 보이자 홍진, 조성환, 민병길 등은 한국독립당을 재건하였다. 이후 재건 한국독립당, 한국국민당, 조선혁명당은 민족진영의 3당 통합을 시도하였다. 이 3당의 정강은 공통된 내용을 담고 있다. 그러나 3당은 1940년에 이르러 비로소 통합 한국독립당을 창립하는 데 성공하였다.

임정은 1940년 한국광복군총사령부을 창설하고 '승인외교'에 착수하였다.[29] 그리고 1941년 11월에 작성된 「대한민국 건국강령」 총강에서는 건국정신, 영토와 주권에 관한 사항뿐만 아니라 복국과 건국을 위한 실천사항으로서 혁명의 당위성을 언급하고 있다. 제2장은 복국에 관한 내용을 명시하고 있다. 복국의 제1기는 "… 국호를 일정히 하여… 임시정부와 임시의정원을 세우고… 군력과 외교와 당무와 인심이 서로 융합하여 적에 대한 혈전을 정부로써 계속하는 과정"[30]

29. 1940년 임정의 승인외교에 관한 내용을 이해하기 위해서는 박성수(2002, 24-48)를 참조하시오.

이다. 복국의 제2기는 "일부 국토를 회복하고 … 당, 정, 군의 기구가 국내에 옮겨져 국제적 지위를… 취득함에 충족한 조건이 성숙할 때"[31] 이다. 복국의 제3기는 "적의 세력에 포위된 국토와 부로(俘虜)된 인민과 … 침점된 정치, 경제와 말살된 교육과 문화 등을 완전히 탈환하여 평등지위와 자유의지로써 자국 정부와 조약을 체결할 때"[32]이다.

제3장은 건국에 관한 내용을 담고 있다. 제1-3항은 건국과정을 제시하였고, 제4항은 인민의 기본 권리와 의무를 규정하였다. 제5항은 중앙정부와 지방제도의 윤곽을 정리하였으며, 제6항은 경제제도를, 7항은 교육제도에 관한 사항을 언급하였다.

소앙은 이후 미래 한국의 지위에 관한 문제를 대내외적으로 밝히고 있다. 「미래 세계에 있어서 한국의 지위」는 주로 독립운동자들에게 밝힌 내용이다. 아울러 소앙은 전후 한국문제 처리에 관한 국제적 협상에 대응하여 즉각적인 한국독립을 옹호하고자 「전후 한국 독립문제의 국제공동관리에 찬동할 수 없다」는 입장을 발표하였다.

30. 조소앙, 「대한민국 건국강령」, 『조소앙』, 103쪽.
31. 앞의 글.
32. 앞의 글.

Ⅳ. 해방 이후 건국활동과 '치국' 구상

삼균주의는 이족전제와 군주전제를 혁명의 대상으로 삼고 있다. 그러나 일본의 패망은 민족혁명의 직접적인 결실은 아니었으며, 식민통치 하에서 형해화된 군주전제 역시 일본의 패망과 더불어 사라졌다.[33] 따라서 우리 민족은 해방과 더불어 국가를 자율적으로 건설해야 하는 문제에 직면하게 되었다. 해방은 바로 자유의 확립 또는 정치 사회적 균등으로 이어지는 것은 아니었기 때문에, 소앙은 이러한 시대적 한계로 인해 해방정국을 복국과정으로 이해하였다. 혁명정신의 지속적인 발현은 여전히 강조될 수밖에 없었다.

그러나 소앙은 해방정국을 복국의 단계로 설정하면서도 독립국가 건설을 위한 활동에 참여하면서 폭력이 아닌 민주적 방식으로 건국을 추진하였다. 이족전제의 소멸로 폭력의 대상도 소멸되었기 때문이다. 「한국독립당 제5차 임시대표대회 선언」은 삼균주의의 기본 틀을 유지하면서 건국에 관한 실천전략을 담고 있다(김기승 2003, 258). 그러나 미군정은 임시정부의 존재를 인정하지 않았기 때문에 소앙은

33. 조소앙은 「대동단결선언」에서 "융희 황제가 삼보(三寶)를 포기한 8월 29일은 오인동지(吾人同志)가 3보를 계승한 8월 29일이니 … 오인동지는 완전한 상속자니 저 제권 소멸의 시(時)가 즉 민권 발생의 시(時)요, 구한(舊韓) 최종의 1일은 즉 신한(新韓) 최초의 1일이니 …"라고 밝힘으로써 이미 구한의 몰락을 인정하였다. 「대동단결선언」, 『도산안창호전집』(도산안창호선생기념사업회, 2000), 682쪽.

임시정부 요인들과 함께 개인 자격으로 1945년 12월 1일 귀국하였다.

임시정부는 일본 패방 직전 대내외 선언을 통해 신탁통치를 일관되게 반대하였듯이, 조소앙은 귀국 직후 「임시정부의 성격」을 통해 민족혁명의 결집체인 임시정부가 건국과정에서 자주적이며 중심적인 역할을 해야 한다는 점을 강조하였다. 소앙은 모스크바 삼상회의의 결정에 반대하여 신탁통치의 부당성을 제기하였으며, 1946년 《서울신문》에 게재한 「삼균주의의 대로」라는 글에서 해방정국을 복국의 단계로 규정하였다. 이 당시 임시정부와 미군정은 갈등상태를 여전히 유지하였다. 이와 같이 반탁운동이 전개되는 과정에서 혼란이 지속되자 소앙은 1946년 12월 삼균주의 청년동맹의 결성과 선언을 통해 삼균주의를 실천하려는 의지를 보였다.

주장의 핵심은 독립국가, 민주정부, 균등사회 건설이었다. 소앙은 「통일과업의 전망」에서 외군분점(外軍分占)과 사상대립으로 야기된 남북분열을 극복하기 위해 무력통일 방식보다는 '화평통일론'을 지향하고자 하였다. 따라서 소앙은 이러한 원칙에 입각해 12월 21일 남조선 과도입법의원 추천과 당선을 거부하고, 여전히 남북한 통일선거를 통해 통일국가를 구성하는 데 목표를 두고 있었다.

소앙의 입장에서 볼 때 한국문제의 국제적 해결방식, 즉 헤이그 만국평화회의 밀사파견, 베르사이유 평화회의 결정, 한국문제의 유엔 이관은 모두 자주적 독립과는 거리가 있었다. 따라서 소앙은 1947년 한국문제가 유엔에 이관되자 한국문제의 유엔 상정에 대해 비판적 입장을 보였다.[34] 이때 미소 양국은 파리 유엔총회에서 대립양상을 보이

---

34. 조소앙, 「유엔으로 향하는 한국문제」, 『조소앙』, 263－65쪽.

기 시작하였다. 소앙은 이러한 상황을 다음과 같이 예상하고 있다. 소련은 "북한정권을 승인하려는 전제조건으로 여러 가지 유리한 문건과 구실을 제출할 것이며",[35] 미국은 "대한민국 정부의 전통적 역사성과 중앙정부의 성격을 발휘하여 대한민국으로 하여금 영토회복을 용인케 할 수 있는 실력과 이론으로 병진할 것이다."[36]

소앙은 "미소 양국의 세계적 대립으로 인한 전세계 인류의 고통", 특히 "남북의 분열각립(分裂各立)한 계획이 야기할 … 동족상잔의 참화"[37]를 우려하였다. 따라서 소앙은 4월 19일 「남북협상안」을 발표하고 김구와 더불어 북행을 하였다. 소앙은 남북민중의 공동분투, 대한민국 정부와 북한 실권 소유자 사이의 타협, 국제해방을 촉진하는 외교론 등 평화통일 방식을 통해 "외교문제를 내정에서 구하는 원칙, 즉 내부의 대립을 해소함으로써 외부의 모순을 극복하고"[38] 통일국가를 자주적으로 건설하고자 남북협상을 추진하였다. 소앙은 「남북회담에 관한 결정서」를 통해 남북협상을 자주적인 통일국가 수립운동의 일환으로 평가하였지만 남북협상은 사실상 실패로 끝났다.

1948년 8월 15일 대한민국 정부가 수립되자 남북협상운동을 전개하였던 세력은 참여세력과 불참세력으로 분열되었다. 소앙은 건국과정에 직접 참여하지 않았지만 10월 10일자 성명서를 통해 대한민국이 대한민국임시정부를 합법적으로 계승하였다는 점을 인정하였다.[39]

35. 조소앙, 「미 · 소 대립예상」, 『조소앙선생문집』 하, 97쪽.
36. 앞의 글.
37. 조소앙, 「공동성명서」, 『소앙선생문집』 하, 104쪽.
38. 조소앙, 「남북협상안」, 『소앙선생문집』 하, 105－6쪽. 이것은 1948년 4월 20일자 『서울신문』에 발표되었다.

소앙은 대한민국 정부의 수립으로 한국이 이제 복국의 단계를 지나 건국과정에 진입하였다는 것을 인정하게 되었다.

따라서 소앙은 복국단계에서 정당화되는 혁명적 방법, 즉 폭력 사용을 포기하고 민주적 방법에 입각해 건국임무를 수행해야 한다는 점을 인정하였다. 「정계은퇴 성명」에서 언급했듯이, "무력과 테러로써 정권을 찬탈하는 것은 벌써 고대의 누습(陋習)"[40]이 되었다. 혁명과정에서 파괴는 폭력을 수반하지만 건설은 권력의 창출과 연계되어 있다. 폭력과 권력의 차이를 명백히 이해하였던 소앙은 건국과정에서 삼균주의를 확산시킬 수 있는 새로운 행위주체를 확립할 필요성을 제기하였다.

소앙은 1948년 10월 11일 「성명서」에서 한국독립당의 "강령과 정책을 국내 대중의 기초 위에 세우기 위하여 수정할 필요"가 있다고 역설하면서 해방정국에서 나타난 "소극태도, 부동형태, 무조직 형태, 아미타불식 통일철병 구호"의 한계를 극복하고 민족진영의 재단결, 현실적 행동론, 신조직 전변론을 실현하고자 한독당과 결별을 선언하였다.[41] 소앙은 1948년 12월 「사회당 결당대회 선언서」에서 삼균주의를 지향하며 대한민국 헌법에 명시된 균등사회를 실현할 수 있는 정

39. "현재 서울이 있는 대한민국은 그 선신이 피의 두루마기를 입은 3 · 1운동의 골격이며 5천년 독립민족의 적자이며 장래 통일정권으로 돌진하는 발동기가 되고 가교가 되며 민족진영의 최고조직체임을 이에 천명한다." 『조소앙』, 272쪽.

40. 『소앙선생문집』 하, 100쪽 ; 한국정신문화연구원, 『한국독립운동사자료집－조소앙 편(1)』, 916쪽.

41. 앞의 책, 271－7쪽.

치단체인 사회당을 결성하였다. 이 정당은 "인물중심의 정당이 아니라 삼균주의 국가건설을 위한 이념중심의 정당, 진보정당이었다"(노경채 2003, 39).

소앙에 따르면 냉전질서의 한반도 이식은 동족상잔을 심화시키는 요인이 되었다. "이와 같은 외재적 원인으로 인하여 우리 사회는 소위 진보적 민주주의라는 계급 독재자들이 무산계급 독재를 실시코자 함으로써 … 또 일부 자본주의 특권계급은 … 자계급(自階級)의 특권을 연장하고, 발전시키고자 봉건잔재와 결합하여 엄연히 일개세력을 형성하고 있다."[42] 이러한 관점에서 소앙은 삼균주의 이념과 제도를 실현할 수 있는 균등사회의 완전한 실현을 사회당 결당의 목표로 삼았다. 당시 소앙이 생각했던 삼균주의 사회건설의 현실적인 모델은 노동당에 의해 주도되는 영국이었다.[43]

소앙은 이 성명에서 경제적 균등의 중요성에 역점을 두고 있다. 즉 애국심, 국력, 토지제도의 상호 연계성이 강조되고 있다. "국민의 애국심은 국방역량에 나타나고 국방역량은 농촌에 그 기초를 두었다."[44] 이와 같이 소앙은 건국의 완성과 치국에 있어서 경제적 균등의 실현에 역점을 두고 있다. 이러한 입장은 1950년 3월 2대 총선거에서 밝힌 「나의 국회의원 출마이유와 정견」에서 경제정책을 중점적으로 소개한 사실에도 잘 나타나고 있다. 소앙은 이 성명을 통해 "정부의 인물과 정책이 변할지라도 국가의 본질적 혁명은 계속되는 것"[45]이라

42. 조소앙, 「사회당 결당대회 선언서」, 『소앙선생문집』 하, 115쪽.
43. 조소앙, 「삼균주의자가 본 세계」, 『소앙집』, 251쪽 ; 『소앙선생문집』 하, 123쪽.
44. 앞의 글, 124쪽.

고 밝히고, 민족진영의 아성인 대한민국의 사명과 역할을 역설하였다. 소앙은 자주독립의 확립과 균등사회 건설을 위해 계획경제의 필요성을 밝히고 이를 실현하기 위해 산업부흥과 자원적극개발, 경제안정정책, 실업대책 등 구체적 정책을 제시하였다.

물론 소앙은 「5 · 10선거와 나의 정국관」에서 자주독립과 남북통일의 완성, 민주정치의 발전, 대의정치의 정상적 발전을 위한 언론의 자유, 그리고 자치능력의 향상, 인사정책에 있어서 적재적소주의, 인민의 자유와 권리보장 등에 관한 정치적 견해를 밝혔다.

아울러 소앙은 교육정책의 중요성을 제기하고 있다. "사람은 육체와 생명과 정신의 3요소로 구성되어 있다"[46]는 점을 밝히고 있다. 소앙은 인간조건으로서 부력, 권력, 지력을 들었다. 소앙은 부력을 확보하기 위한 활동으로 노동의 중요성을 밝히고 있으며, 권력을 확보하기 위해 단결, 즉 정치행위의 중요성을 제시하고 있다. 소앙은 식민통치로 인한 민족과 국가의 사멸을 경험하였기 때문에 생존영역으로서 국가, 그리고 권력을 형성하는 장으로서 단결을 위한 공간의 필요성을 제기하였다. 소앙은 또한 활동적 삶의 발전에 기여하는 능력으로서 지력을 강조하였다. 따라서 삼균주의의 교육론은 중요한 위치를 차지하고 있다.

이와 같이 소앙은 건국 이후 균등사회를 지향하기 위해 삼균주의를 제도화하려는 구상을 지속적으로 제기하였다. 이러한 입장은 인간조건에 대한 소앙의 입장으로 압축된다. "사람은 육체와 생명과 정

45. 『조소앙』, 281쪽.
46. 조소앙, 「차기 총선거와 나의 정국관」, 『소앙선생문집』 하, 140쪽.

신의 3요소로 구성되어 있다. 육체를 유지시킴에 부력이 필요하고 생명을 유지발전시킴에 권력이 필요하고 정신을 유지발전시킴이 지력이 필요한 것이다."[47)]

소앙은 분단이라는 상황에 직면하여 통일국가를 지향하면서 삼균제도를 실현시키는 데 헌신하였다. 따라서 삼균주의 운동의 초점은 파괴에서 건설로 바뀌었다. 소앙은 폭력적 방법이 아닌 민주적 방식, 대화와 합의를 통해 균등화를 실현하고자 했다.

Ⅴ. '신민주국'과 균등사회 : 보편적 균등화의 추구

지금까지 정치행위(독립운동)와 정신활동(정치적 사유)을 연계시키면서 '삼균주의 국가'를 실현하려는 조소앙의 행적을 고찰하였다. 여기에서는 조소앙의 언행(言行)을 종합하여 국가론과 균등사회론을 밝힐 것이다.

소앙은 독립운동과 해방 후 건국활동을 통해 독립국가의 건립, 민주정부의 완성, 균등사회의 건설을 실현하려고 노력하였다. 소앙은 '국가 없는' 임시정부에 관한 강령을 통해 '국가 있는' 민주정부, 즉 건국 후 국가와 정부형태에 관한 구상을 밝혔다. 아울러 국가와 정부에 관한 구상은 균등사회에 관한 구상과 밀접하게 연계되어 있다.

47. 앞의 글.

소앙이 구상한 신민주국은 국가와 정부의 성격뿐만 아니라 이들 사이의 관계를 함축하고 있는 개념이다. 우선, 독립국가의 성격에 관한 논의가 필요하다. 이를 위해서는 개인, 민족, 국제체계와의 연계성을 고려할 필요가 있다.

한민족에 대한 조소앙의 인식은 3 · 1운동을 계기로 비관적 견해에서 낙관적 견해로 바뀌었다.[48] 소앙은 계몽을 통해 개화된 집단으로서의 민족보다 현존하는 민족을 독립운동의 주체로 상정하였다. 따라서 소앙의 민족관은 문명론자들의 개화국민 개념과는 근본적으로 상이한 차원을 담고 있다. 그에 따르면 "민족은 개인의 집단이며 국가의 내용적 구성체로서 집단적 효과를 가지고 있다."[49] 그가 상정하는 민족의 구성요소는 공동의 문자, 언어, 국토, 주권, 경제, 문화, 민족정기이다. 소앙은 이들 중 어느 하나라도 결여된다면 민족의 성립요건이 상실된다고 밝힘으로써 민족의 총체를 국가로 규정하고 있다.

소앙은 국가를 구성하는 단위인 민족을 문화공동체로 상정하였다. "문화적 공동체로서의 민족은 종족적인 연대와 충성심을 강조한다. … 그래서 한말과 일제 강점기에 지도자들은 한민족이 단군의 자손이라는 것을 강조하고 문화공동체로서의 민족이었다는 것을 우선

48. 「3 · 1운동과 나」에서 밝힌 바와 같이, "3 · 1운동 전 1917년 7월 나는 … 대동단결이 필요하다는 취지하에 … 국내외의 각계에 초청하였다. 그러나 각자 영웅으로 할거한 단체는 하나도 여기에 호응해오지 않았다. 나는 적이 우리 민족의 단결성의 결여를 개탄하고 실망하였다. 그러나 이것은 나의 오계이며 오산이었다."

49. 조소앙, 「三均의 大路」, 『소앙선생문집』 하, 74쪽. 민족과 국가를 동일시하려는 경향 때문에, '민족'을 '민족국가'로 정의하고 있는 입장은 김용호(1991, 301-2)를 참조하시오.

적으로 확인하여 … 민족으로서의 정체성을 명백히 하려고 노력하였다."[50] 그러나 소앙은 광의의 삼균주의에 입각해 민족 간, 국가 간 균등을 강조함으로써 정치공동체로서 민족을 강조하였다. 현실적으로 우리는 "두 개의 다른 정치적 민족이 존재하는 한반도에서 국민국가를 형성하지 않았다."[51] 이를 이미 우려했던 소앙은 해방정국 하에서 남북협상을 통해 통일국가를 지향하였으며, 건국 이후 남한이 그 임무를 수행하는 주체가 되어야 한다는 점을 인정하였다. 이러한 측면에서 볼 때 소앙은 문화공동체와 정치공동체로서 민족을 고려하였다.

복국은 이족전제의 억압으로부터 해방된 상태, 즉 "독립국의 형식을 내용으로"[52] 한다. 건국은 "민주정부, 즉 신민주제도의 형식"을 의미한다. 이를 이해하기 위해서는 삼균주의의 두 가지 측면, 행위론적 관점의 균등과 제도론적 관점의 균등이 어떻게 연계되는가를 먼저 고찰해야 할 것이다. "조소앙은 삼균주의를 정책적 · 제도적 대안의 개념으로 제한하지 않고 철학적 세계관이나 역사관으로 발전시켜 민족과 인류가 처한 제반 현실을 분석하고 해결하려는 학문적 이론으로 체계화하는 작업을 계속해 왔다" (김기승 2003, 219).

광의의 삼균주의는 개인 간, 민족 간, 국가 간 균등을 정당화하

50. 이종은, 「한국에서의 국가」, 『한국철학회 50주년 논문집』, 216쪽. 이러한 입장은 「대한독립선언의 다음과 같은 내용에도 명백히 나타난다. "자아 동심동덕(同心同德)인 이천만 형제자매야. 아 단군대황조께서 상제에 좌우하사 우리의 기운을 명하시며, 세계와 시대가 우리의 복리를 조(助)하는 도다" (『조소앙』, 11쪽).

51. 앞의 글, 262쪽.

52. 조소앙, 「한국독립당 당의 연구방법」, 『조소앙』, 187쪽.

고 있기 때문에 '행위자'의 관점과 이념적 원리를 강조한다. 협의의 삼균주의는 정치균등, 경제균등, 교육균등을 정당화하기 때문에 '제도'의 관점과 경험적·구체적 발현양태와 연관된다. 따라서 국민국가의 정치적 성격을 이해하는 데 있어서 삼균제도의 정책적 실현 구상을 고찰할 필요가 있다. '삼균주의'와 '삼균제도'의 호환적 사용은 행위자와 제도의 상호 연관성을 함의하고 있다.

국민국가가 어떠한 정치적 성격과 역할을 담당하고 있는가? 정치적 균등과 관련한 소앙의 제도적 구상을 고찰할 필요가 있다. 소앙은 "국민 전체가 정권을 균등히 향유해야" 한다는 점을 강조하였다. 개개인은 정치균등과 관련한 기본 권리로서 민권(선거권, 피선거권, 참정권, 파면권), 국권(입법권, 사법권, 행정권, 감찰권), 인권(자유권, 평등권)을 향유할 수 있다. 민권의 실현은 인권의 실현에 선행된다. 따라서 평등의 실현은 자유실현의 전제조건이 된다. 개개인은 이에 부응하여 수법, 납세, 병역, 복무 등 인민의 의무를 담당해야 한다. 소앙은 이러한 제도의 실현을 통해 개인과 개인 간의 균등을 실현할 수 있다고 생각하였다.

그렇다면 개인과 국가, 사회와 국가의 관계는 어떻게 이해되는가? 조소앙의 경우 "개인은 사회, 민족, 국가 내지 세계조직의 구성분자로서 물질구성의 원자나 전자와 같고 생물구성의 완자(完子)와 같다.[53] 소앙은 개인을 독립적인 존재로 인정함으로써 근대의 개체성 원리를 수용하면서도 개인과 국가 간의 조화관계를 인정하고 있다.

소앙은 민족을 개인의 집합체이며 국가의 내용적 구성체로 규

53. 앞의 책, 190쪽,

정하고 있기 때문에 특정 계급에 의한 국가 지배를 지양하였다. 따라서 소앙은 자본주의에 기초한 민주주의 국가에 대해서 부정적 입장을 가지고 있었다. 자본주의적 민주주의 국가는 노자(勞子) 간의 대립과 갈등으로 인한 모순이 내포된 국가이기 때문이다. 아울러 소앙은 "무산자계급을 표방하는 사회주의 민주주의"에 대해서도 거부하였다. 개인 간의 균등화를 지향하는 소앙은 특정 계급이 정치적 권리를 행사하는 정치체제를 인정할 수 없었다. 따라서 소앙은 한민족 전체를 기반으로 하는 '전민적 민주주의', "삼균주의 국가"(한시준, 1993, 38)[54]를 현실적으로 바람직한 국가로 상정하였다.

물론 소앙이 상정하고 있는 '전민적 민주주의 국가'는 사회민주주의와 밀접하게 연계되어 있다. 소앙은 1948년 한국독립당과 결별을 선언하면서 "우리 민중은 무산계급 독재도 자본주의 특권계급의 사이비 민주주의 정치도 원하지 않는다"[55]라고 밝혔으며, 1949년 3월 24일 발표한 「삼균주의자가 본 세계」에서 "영국 같은 나라가 삼균주의 사회건설에 가장 충실한 노력을 기울이고 있는" 것으로 언급하였다.[56]

정부에 관한 조소앙의 입장은 「임시정부의 성격」에 반영되어

54. 우리는 정부형태와 연관시켜 현대 국가를 자유주의 국가, 민주주의 국가, 또는 자본주의적 민주주의 국가로 표현한다. 이런 맥락에서 볼 때, 조소앙의 국가를 삼균주의 국가로 표현하는 것이 합당하다고 생각된다.

55. 조소앙, 「사회당 결당대회 선언서」, 『소앙선생문집』 하, 115쪽.

56. 페비어니즘과 삼균주의의 유사성과 차이를 이해하기 위해서는 다음 문헌을 참조하시오. 권영권, 「삼균주의의 이론체계」, 『삼균주의논집』 제1집(1983), 115−144쪽 ; 정용대, 「삼균주의와 제3의 길」, 『삼균주의연구논집』 제19집(1998), 55−66쪽.

있다. "정부의 사상은 … 집체적 심경인 것이다. … 우리는 오직 인민 대중에게 기초를 둔 정부를 조직하려는 것이다. 우리의 정치 포부는 영국의 노동당보다 더 진보적인 정치 포부를 가졌음을 말해둔다."[57)]

「건국강령」은 정부와 의회의 관계를 언급하고 있다. "중앙정부는 … 의회에서 통과한 헌법에 의거하여 조직한 국무회의의 결의로 국무를 집행하는 최고 행정기관이다." 따라서 소앙은 민주정치의 발전을 위해 정부도 의회의 기초 위에 서야 한다는 점을 강조하였으며, "원칙상으로 내각책임제가 옳고 우리 사회당의 입장으로는 단원제가 옳다"[58)]고 주장함으로써 의회제 정부를 구상하였다. 소앙은 복국과정에서 폭력에 의한 방법을 강조하였으나 건국과정에서는 의회주의적 방법을 택하였다. 그러나 소앙은 정치적 균등과 자유를 강조하면서도 "민주정치의 본의는 인민이 정치에 참가한다는 점보다 자유와 권리를 보장하는 데 목적이 있는 것이니"라고 규정함으로써 적극적인 정치참여에 대해서는 소극적인 입장을 보였다.[59)]

이와 같이 삼균주의 원리에 기초해 신민주국을 수립하는 것이 건국의 주요 목표이다. 그러나 치국은 민주정부의 수립에서 한 단계 더 나아간 상태로서 자유사회의 최고급 형태를 내포한다. 소앙은 "균권, 균부, 균지의 종극구경(終極究竟)"[60)]을 이룰 때 자유사회에 도달할 수 있다는 점을 강조함으로써 건국 이후 치국의 목표를 분명히 하였다. 소앙은 균등사회와 자유사회를 일치시켰다. 이러한 측면에서 소앙

57. 조소앙, 「임시정부의 성격」, 『소앙선생문집』하, 56쪽.
58. 조소앙, 「사회당 성명」, 『소앙선생문집』 하, 125쪽.
59. 조소앙, 「5 · 10총선거와 나의 정국관」, 『조소앙』, 291–2쪽.
60. 앞의 글.

은 자유와 평등 개념 사이의 조화를 인정하고 있다.

혁명과 건국과정은 '자유'의 확립과 제도화를 기본으로 한다. 소앙은 이 문제에 대해 명백히 밝히지 않았다. 소앙은 균등사회와 자유사회를 동일한 맥락에서 사용하고 있다. 균권, 균부, 균지는 정치적 자유와 개인적 자유를 포괄하고 있다. 소앙은 권력이 존재하지 않으면 정치적 생명을 상실한다고 주장함으로써 정치적 자유의 중요성을 지적하고 있다. 따라서 소앙은 모든 인민이 정치적 자유를 완벽하게 실현할 수 있는 신민주국을 건국의 주요 목표로 삼았다.

그러나 정치적 자유의 발현만으로 신민주국은 실현되지 않는다. 소앙은 또한 개인적 자유와 권리의 평등에 대해서도 언급하고 있다. 균부와 균지는 개인적 자유와 권리의 확장에 필요하기 때문에 균등사회에 관한 구상을 살펴볼 필요가 있다.

개인은 정치, 경제, 교육의 3권을 향유하는 개별적인 인격체로서 규정된다. 신민주국을 형성하는 데 있어서 개인의 정치적 위상을 강화시키고 있지만 「대한민국 건국강령」 제6항은 토지 및 일반경제제도를, 제7항은 교육제도의 전형을 언급하고 있다.

소앙은 경제적 균등의 중요성을 강조하고 있지만 경제활동의 절대적 우위성을 인정하지 않는다. 「党意圖說內方圖」에 관한 설명에 따르면 "경제문제는 8각 관계를 분명히 가지고 있다. 경제문제는 일체의 중심이며 일체의 원천이기 때문이다."[61] 소앙은 민족을 중심으로 국민 전체의 부력을 증가시킴으로써 국제적 상호 교류를 촉진시킬 뿐만 아니라 개인에게 생산, 분배, 소비의 권리를 균등하게 부여하는

61. 조소앙, 「한국독립당 당의 연구방법」, 『조소앙』, 189쪽.

경제정책을 이상으로 하였다. 소앙은 이를 통해 경제정의가 실현되는 균등사회를 지향하였다.

그러나 소앙은 자본주의 하에서 나타나는 두 가지 모순, 즉 생산의 집단적 무정부상태와 분배의 불합리 불균등성을 극복하기 위해 "국민 각개의 균등생활을 확보함과 민족 전체의 발전과 국가를 건립 보위함에 있어서 연환관계를 가지게 하는"[62] 주요한 제도로서 토지국유제, 대생산기관의 국유화를 들고 있다. 소앙은 이를 통해 일상적 삶에서의 균등을 실현하고자 하였다. 그러나 경제문제와 관련하여 「대한민국 건국강령」과 「나의 주장」에서 제시한 구상 사이에는 차이점이 있다.[63] 「나의 주장」에서 제시한 경제정책은 이전보다 자본주의적 요소를 더 인정하고 있다(김기승 2003, 31). 물론 소앙의 경제정책은 사회주의적 색채를 띠고 있지만, 소앙의 경제균등정책 중 일부는 서구 사회주의에만 근거한 것이 아니라 "토지국유화의 문제를 전통시대의 공전제에 논리적 근원을 두고"(조동걸 2001, 352) 있듯이 우리의 전통적 제도에 근거를 두고 있다.

소앙은 한 국가의 문화를 그 국민의 정신영혼으로 이해하였기 때문에 균등사회에 관한 구상에 있어서 교육균등은 중요하다. "교육은 개인의 완성, 민족과 국가의 평등뿐만 아니라 세계의 발전에 기여하기 때문에 그 내용에 있어서는 '개인 천재주의', '민족본위의 폐쇄적 입장, '국가만능의 국가주의'를 극복해야 한다."[64] 따라서 소앙은

62. 조소앙, 「대한민국 건국강령」, 『소앙선생문집』 상, 152쪽.
63. 이와 관련한 분석을 고찰하기 위해서는 강만길(1987)을 참조하시오.
64. 조소앙, 「한국독립당 당의 연구」, 『조소앙』, 191쪽.

"국민 각개의 과학적 지식을 보편적으로 균등하기" 위하여 의무교육, 보습교육, 교육기관 설치 및 지역적 안배, 교과서 편찬 및 무상분배, 군사교육, 교육기관 감독 및 한교(韓僑)교육 등 교육정책을 제시하였다.[65)]

삼균주의 교육은 체력(체육), 뇌력(지육), 심력(덕육)의 인력을 함양하고, 직업인, 공업인, 과학인의 삼인주의(三人主義)와 우생, 혜생, 위생의 삼생주의(三生主義)로 신인(新人), 신민족, 신세계 창조를 기본으로 하고 있다.[66)] 소앙은 인간의 생존욕구의 3대 조건으로 권력, 부력, 지력을 들고 있다. 소앙의 사상이 독특한 점은 이들을 정교하게 연계시키고 있다는 점이다. 육체, 부력, 노동에 관한 문제는 경제이고, 생명, 권력, 단결에 관한 문제가 정치이며, 정신, 지력, 학습에 관한 문제가 교육이다.[67)] 소앙은 활동적 삶으로서 노동과 정치행위의 중요성을 제시하면서도 정신활동을 위한 교육의 중요성을 밝히고 있다.

소앙의 국가건설사상에서 국가와 사회, 즉 신민주국과 균등사회는 동일한 위상을 가지면서도 상호 의존관계를 유지한다. 정치균등, 경제균등, 교육균등의 균형적 발현을 강조하고 있듯이 삼균주의는 국가와 사회의 조화관계를 강조하고 있다. 물론 복국기에는 국가의 역할을 담당하는 조직이 사회와의 관계에서 우위에 서 있게 된다. 그러나 건국에서 치국의 단계로 넘어가면서 사회에 대한 국가의 우위성

65. 이에 관한 구체적 연구를 이해하기 위해서는 홍호선(1988, 10-86)을 참조하시오.
66. 삼균제도의 균등체계표와 관련해서는 『삼균주의연구논집』 제1집, 그리고 제13집 이후 앞부분에 게재한 것을 참조하시오.
67. 조소앙, 「5 · 10선거와 나의 정국관」, 『조소앙』, 296쪽.

은 약화된다. 국가는 사회로부터 상대적 자율성을 유지하고 있다.

Ⅵ. 결론 : 건국정신의 확장과 심화를 위하여

민족의 정치적 사멸상태를 삶의 상태로 전환시키려는 시도는 정신적 분투와 정치적 투쟁을 필요로 한다. 이와 같이 새로운 시작은 민족 전체 또는 특정한 사람의 희생을 통해서 나타난다. 조소앙은 임정 및 한국독립당 인사들과 더불어 이족전제와 군주전제의 억압으로 야기된 모순을 극복하고 새로운 시작을 가능케 하는 원동력을 찾고자 노력하였다. 이러한 열정은 동양과 서양의 융합을 통해 공간적 한계를 넘어서고 시간적 한계를 넘어서는 삼균주의 사상으로 발전하였다. 삼균주의는 보편성을 지향하고 있다. 소앙의 삼균주의는 단순히 복국과 건국에 관한 이념만을 포함하고 있지 않고 치국과 세계일가에 관한 구상을 담고 있기 때문이다.

소앙의 국가건설사상에서 대동단결과 투쟁은 보편적 평등화를 실현하기 위한 가장 고귀한 정치행위이다. 억압적 질서를 극복하기 위한 파괴활동은 복국과정에서, 그리고 정의로운 국가를 지향하는 건설활동은 건국과 치국과정에서 강조된다. 물론 소앙은 치국에 관한 구체적인 전략을 언급하지는 않았지만 건국정신을 지속적으로 발현시킬 수 있는 제도적 보완과 확장을 강조하였다. 소앙의 국가건설사상에서 치국의 완성은 세계일가와 연계된다. 따라서 조소앙의 민족주의는 저항의 성격을 띠고 있으면서도 국가간 공존을 수용하는 조화의 형태를 띠고 있는 '개방적' 민족주의이다.

삼균주의는 자주독립을 위한 이념뿐만 아니라 건국과 치국을 위한 구상을 담고 있기 때문에 시대성을 넘어서 우리 시대의 정치를 인도할 수 있는 정치적 지혜와 원리를 담고 있다. 억압적 질서를 해체하고 평등화를 실현하기 위한 투쟁과 대동단결은 건국과정뿐만 아니라 치국과정의 주요 실천원리이다.

과거 민주화 세력은 권위주의와의 투쟁 속에서 혁명사상을 담고 있는 삼균주의에 왜 주목하지 않았는가? 역사의 아이러니이다. 한국 민주화 운동의 기본 정신과 원리를 삼균주의에서 발견하기란 어렵지 않다. 대한민국 헌법에 반영된 균등사회의 이상이 보편적 균등화를 지향하고 있다. 보편적 균등화는 하향적 균등화가 아닌 상향적 균등화를 기반으로 하고 있다. 한국 민주주의의 발전을 고려할 때, 우리는 서구의 민주주의를 수용하였지만 이제 소앙의 국가건설사상에서 한국 민주주의의 중요한 교훈을 찾을 수 있을 것이다.

아울러 소앙의 국가건설사상은 탈냉전시대 이데올로기의 한국화를 극복할 수 있는 이념과 원리를 제공하며, 이데올로기적 장애를 넘어서 통일국가를 지향하는 데 기여할 수 있는 건국정신을 제시하고 있다. 소앙은 이데올로기적 갈등으로 분열된 독립운동단체를 통합시켰던 실천적 지혜와 정신, 각 단체들의 자율성과 유대, 즉 대동단결의 정신을 우리들에게 보여주고 있기 때문이다.

한 마디로 소앙의 삼균주의는 칡흑 같은 시대를 밝혔던 빛이었으며, 한국 민주주의의 발전과 통일국가에 기여할 수 있는 중요한 원리와 실천적 지혜를 담고 있다. 삼균주의의 기본 원리가 1948년 건국과정에 반영되어 있다는 점에 주목할 때, 우리는 소앙의 건국정신을 끊임없이 확장시키고 보완하도록 노력해야 할 것이다.

참고문헌

【자료】

❖ 강만길 편, 1982, 『조소앙』, 서울 : 한길사.

❖ 삼균학회 편, 1979, 『조소앙선생문집』 상 · 하, 서울 : 횃불사.

❖ 한국정신문화연구원 편, 1995–7, 『한국독립운동사자료집–조소앙 편(1–4)』.

❖ 도산안창호기념사업회 편, 2000, 『도산안창호전집』 제5권.

【2차 문헌】

❖ 강만길, 1987, 「민족운동, 삼균주의, 조소앙」, 『조소앙』, pp. 311–332.

❖ 권영건, 1983, 「삼균주의의 이론체계」, pp. 115–44, 『삼균주의연구논집』 제1집.

❖ 김기승, 2003, 「1940년대 조소앙의 정세인식과 삼균주의」, pp. 20–33, 『삼균주의연구논집』 제24집.

❖ 김기승, 2003, 『조소앙이 꿈꾼 세계』, 서울 : 지영사.

❖ 김소진, 1999, 『한국독립선언서연구』, 서울 : 국학자료원.

❖ 김용호, 1991, 「조소앙의 삼균주의」, pp. 288–319, 김영국 외, 『한국정치사상』, 서울 : 박영사.

❖ 김영수, 1986, 「삼균주의와 그 헌법정신」, pp. 41–61, 『삼균주의연구논집』 제7집.

❖ 노경채, 1996, 『한국독립당연구』, 서울 : 신서원.

❖ 노경채, 2003, 「해방후 조소앙 정치노선의 현대사적 의미」, pp. 34–41, 『삼균주의연구논집』 제24집, 박성수, 「1940년대 임시정부의 승인외교와

조소앙」, pp. 24–48,『삼균주의연구논집』제23집(2002).
❖ 서굉일, 1999,「조소앙의 육성교와 21세기 문명」, pp. 11–26,『삼균주의연구논집』제19집.
❖ 신용하, 2002,「조소앙의 사회사상과 삼균주의」, pp. 49–89,『삼균주의연구논집』제23집.
❖ 이균영, 1996,『신간회 연구』, 서울 : 역사비평사.
❖ 이종은, 2004,「한국에서의 국가」, pp. 195–273,『한국철학회 50주년 기념 논문집 : 철학과 인접학문의 대화』(서울 : 철학과 현실사).
❖ 이현희, 1988,「韓國獨立運動史上의 삼균주의와 한국독립당 : 조소앙과 관련하여」, pp. 148–166,『삼균주의연구논집』제10집.
❖ 임형진, 1991,「삼균주의에 나타난 한국민족주의 사상 연구 : 한국 전통사상의 계승을 중심으로」, 성균관대학교 석사학위논문『삼균주의연구논집』제12집 수록).
❖ 장을병, 1988,「건국강령에 나타난 조소앙의 민주주의 이념」, pp. 98–114,『삼균주의연구 논집』제10집.
❖ 조동걸, 1987,「임시정부 수립을 위한 1917년의 '대동단결선언'」, pp. 14–45,『삼균주의연구논집』제9집.
❖ 조동걸, 2001,『한국근현대사의 이상과 형상』, 서울 : 푸른역사.
❖ 조범래, 1988,「한국독립당 연구」, pp. 163–202, 한국민족운동사연구회 편,『한국민족운동사연구』, 서울 : 지식산업사.
❖ 정용대, 1988,「조소앙의 유럽외교활동의 연구」, pp. 213–228,『삼균주의연구논집』제10집.
❖ 정용대, 1999,「삼균주의와 제3의 길」, pp. 55–66,『삼균주의연구논집』제19집.
❖ 차기벽, 1985,「일제하 한국민족주의사상」, pp. 71–127,『삼균주의연구논집』제5집.
❖ 최충식, 1986,「삼균주의와 삼민주의」, pp. 22–40.『삼균주의연구논집』제

7집.

❖ 한시준, 1993, 「조소앙의 삼균주의」, pp. 21−40, 『삼균주의연구논집』 제13집.

❖ 홍선희, 1975, 『조소앙사상 : 삼균주의의 정립과 이론체계』, 서울 : 태극출판사.

❖ 홍선희, 1982, 『조소앙의 삼균주의 연구』, 서울 : 한길사.

❖ 홍호선, 1988. 「조소앙의 교육균등론 연구」, pp. 10−86, 『삼균주의연구논집』 제10집.

❖ Arendt Hannah, 1966, *On Revolution*, New York : The Viking Press.

❖ Hegel. G. W. F., 1967, trans. J. B. Baillie, *The Phenomenology of Mind*, New York and London : Harper & Row, Publishers.

【지은이 소개】

• 김기승

고려대학교 사학과 학사, 석사, 박사 졸업

고려대학교, 수원대학교, 배재대학교, 한성대학교 강사 역임

현 순천향대학교 어문학부 국제문화전공 교수

저서

『한국 근현대 사회사상사 연구』

『조소앙이 꿈꾼 세계』

논문

「대한독립선언서의 사상적 구조」

「사회민주주의」 외 다수

• 오문환(吳文煥, Moon-Hwan Oh)

연세대학교 정치외교학과 졸업

동 대학원 정치학 석·박사

한국정치사상 전공

北京大學校 政治學與行政學系 硏究學者

연세대, 서강대, 성균관대 등 강사

연세대 사회과학연구소 선임연구원

현 경희대 연구교수

저서

『해월 최시형의 정치사상』(2003, 모시는사람들)

『동학의 정치철학』(2003, 모시는사람들)

『다시개벽의 심학』(2006, 모시는사람들)

논문

「율곡의 군자관과 그 정치철학적 의미」

「다산 정약용의 근대성 비판 : 인간관 분석을 중심으로」 외 다수

• **이승현**

국회도서관 연구관

저서

『북한현대사 1』(2004, 한울아카데미, 공저)

논문

「남북관계 측면에서 본 개헌논의」(2006, 국가전략)

「신민회의 국가건설사상」(2006, 정신문화연구)

「헌법개정 논의의 정치적 원리」(2006, 헌법학연구, 공저)

「이상재의 국가건설사상」(2004, 정신문화연구)

「1960년대 북한의 권력구조 재편과 유일사상의 대두」(2002, 현대북한연구)

• **임형진**(林炯眞)

경기대 행정학과, 성균관대 정치학과 석사, 경희대 정치외교학과 박사

현 경기대 사회과학부 대우교수, (사)동학민족통일회 사무총장, 민주화운동 보상심의위원회 관련자심의위원, 경인일보 객원논설위원

저서

『동학의 정치사상』, 『민족통일운동의 역사와 사상』, 『동학 · 천도교의 민족통일운동』 외 다수

• **장현근**(張鉉根, Hyon－Geun Chang, E－mail : koosnikr@unitel.co.kr)

경희대 정치외교학과 졸업. 중국문화대학 대학원에서 상앙(商卬)연구로 석사를, 순자(荀子)연구로 박사를 받음. 현재 용인대학교 국제학부 교수이며,《전통과 현대》편집위원임. 유가사상의 현대화를 위한 탐색을 계속하고 있으며, 자유－자본－민주주의에 대한 동양사상적 대안 모색에 관심을 두고 경전탐구와 새로운 해석을 지속하고 있음. 주요 저서로는『맹자 : 도덕국가를 향한 지침서』,『중국정치사상입문』(편저),『상군서 : 난세의 부국강병론』,『아시아적 가치』(공저),『중국사상의 뿌리』등이 있고, 역서로는『중국정치사상사』(선진 상/하),『순자』등이 있음. 주요 논문으로는「순자정치사상에서 '예'의 기능」,「군자와 세계시민」,「주자학의 관학화와 사상사적 한계」,「사회철학으로서 현대 유학의 행로」,「荀子 '解蔽' '正名'的 政治意

義」(中文),「從王覇之辯透視荀子的聖王論」(中文) 외 30여 편이 있음.

- **조현수**(E-Mail : hynjoe@hanmir.com)

독일 Marburg대학에서 정치이론/사상 및 (고전)정치경제학 연구

동대학에서 정치학 박사학위 취득

성균관대학교 사회과학연구소 책임연구원, 인하대학교 사회과학연구소 전임연구원 역임

현재 국민대학교 사회과학연구소 연구교수로 활동

발표 논문으로는「칼 폴라니와 프리드리히 하이에크의 '기획과 진화'」,「『도덕감정론』과 『국부론』에서 나타난 아담 스미드의 정치이론적 의미에 관한 소고」,「'노동'과 '잉여가치' 생산의 관점에서 본 Karl Marx의 '권력' 개념 : 욕망의 갈등 속에서」,「'가치형태분석'의 사회적 의미」,「사회비판이론으로서의『자본』: '노동'의 해체를 통한『자본』독해」외 다수의 논문 및 연구보고서 등이 있다.

역서

『정치학 : 현대정치의 이론과 실천』이 있으며, 새로운 사회공동체 형성을 위한 사회철학 및 이념 연구에 관심을 가지고 있다.

- **홍원표**

한국외국어대학교 대학원 정치외교학과 졸업

현재 한국외국어대학교 사회과학대학 교수

저서

『현대 정치철학의 지형』(2002, 인간사랑)

『정치의 대전환』(1997, 인간사랑, 공저)

논문

「한나 아렌트 정치철학에서 선악의 문제」

「언어행위와 공공영역 : 대화, 논쟁, 이야기하기를 중심으로」

국가건설사상 Ⅱ

초판1쇄 / 2006년 12월 30일

지은이 **이종은 외**
펴낸이 **여국동**
펴낸곳 **도서출판 인간사랑**
인 쇄 **백왕인쇄**
제 본 **은정제책사**

출판등록 1983. 1. 26. / 제일-3호

정가 20,000원

ISBN 89-7418-202-5 93340

(411-815) 경기도 고양시 일산구 백석동 1178-1
TEL (031)901-8144, 907-2003
FAX (031)905-5815
e-mail / igsr@Yahoo.co.kr
igsr@Naver.com